JURA

Juristische Ausbildung

Übungen

herausgegeben von

Prof. Dr. Dagmar Coester-Waltjen, München
Prof. Dr. Dirk Ehlers, Münster
Prof. Dr. Klaus Geppert, Berlin
Prof. Dr. Dr. h. c. Harro Otto, Bayreuth
Prof. Dr. Jens Petersen, Potsdam
Prof. Dr. Friedrich Schoch, Freiburg i. Br.
Prof. Dr. Klaus Schreiber, Bochum

W DE G
RECHT

De Gruyter Recht · Berlin

Markus Brauer

Übungen
im Kapital-
gesellschaftsrecht

mit Bezügen zum
Kapitalmarktrecht

W
DE
G
RECHT

De Gruyter Recht · Berlin

Dr. Markus Brauer
Wissenschaftlicher Assistent am Lehrstuhl für Bürgerliches Recht
und Handels- und Wirtschaftsrecht II an der Universität Passau

⊗ Gedruckt auf säurefreiem Papier,
das die US-ANSI-Norm über Haltbarkeit erfüllt.

Bibliografische Information der Deutschen Bibliothek

*Die Deutsche Bibliothek verzeichnet diese Publikation
in der Deutschen Nationalbibliografie; detaillierte bibliografische Daten
sind im Internet über* http://dnb.ddb.de *abrufbar.*

ISBN-13: 978-3-89949-244-6
ISBN-10: 3-89949-244-7

Einband: Iris Farnschläder, D-34131 Kassel
Datenkonvertierung/Satz: WERKSATZ Schmidt & Schulz GmbH,
D-06773 Gräfenhainichen
Druck und Bindung: Druckhaus »Thomas Müntzer« GmbH,
Bad Langensalza/Thüringen

Vorwort

Dieses Fallbuch gibt dem fortgeschrittenen Studenten, der sich mit dem Kapitalgesellschaftsrecht und dem Kapitalmarktrecht befasst, eine anwendungsbezogene Abhandlung der – nicht zuletzt mit Blick auf die Praxis gesprochen: – „Klassikerprobleme" dieser Rechtsgebiete auf Examensniveau an die Hand.

Besonderes Augenmerk wird auf die sorgfältige und realistische *klausurmäßige* Aufbereitung der Lösungen gelegt. Das erfordert zunächst die möglichst saubere und souveräne Umsetzung der Gutachtentechnik in einfachen und verständlichen Formulierungen. Die Falllösungen sind sodann auf wenige, besonders wichtige Lösungsansätze zu den Problemen beschränkt. Ergänzt werden die Lösungen durch didaktische Hinweise für die Bearbeitung.

Der sinnvollen Vorbereitung und Vertiefung der Problemkreise dienen die Leseempfehlungen zu jedem Fall. Auch insoweit habe ich mich auf das aus meiner Sicht besonders Empfehlenswerte beschränkt. Besonderer Stellenwert kommt insoweit dem Lehrbuch zum Kapitalgesellschaftsrecht aus der Hand meines verehrten Lehrers und Doktorvaters Professor *Dr. Jan Wilhelm* zu. Es stellt die hier behandelten Probleme auf aktuellstem Stand dar und bietet überzeugende Lösungen auf der Basis wissenschaftlicher Durchdringung des Stoffes an.

Die Fälle 1–10 stammen von mir, Herr Notar *Michael Volmer*, Obernburg, hat freundlicherweise aus dem Fundus eines erfahrenen Ausbildungsleiters Fall 11, einen anspruchsvollen Fall mit Vertragsgestaltungselementen, für die Veröffentlichung zur Verfügung gestellt.

Danken möchte ich zunächst Herrn Professor *Wilhelm*, auf dessen Unterstützung ich bei der Anfertigung des Buches jederzeit zählen durfte. Außerdem danke ich Frau *Maria Renji* für ihre freundliche Bereitschaft, das Manuskript, so sorgfältig wie geschehen, zu erstellen.

Anregungen und Kritik zum Fallbuch – zu richten an: markusbrauer@gmx.de (betr. Fall 11 an: notare.obernburg@web.de) – sind sehr willkommen.

Passau, im Juni 2005   *Markus Brauer*

Inhaltsverzeichnis Jura Übungen Kapitalgesellschaftsrecht

Abkürzungsverzeichnis

SaaO	am angebenen Ort
AG	Aktiengesellschaft
aE	andere(r) Ansicht
AG	Aktiengesellschaft
AktG	Aktiengesetz
AnfG	Anfechtungsgesetz
AnSVG	Anlegerschutzverbesserungsgesetz
arg e	argumentum e contrario
Aufl	Auflage
AcP	Archiv für die civilistische Praxis
BaFin	Bundesanstalt für Finanzdienstleistungsaufsicht
BB	Betriebsberater
BGB	Bürgerliches Gesetzbuch
BGH	Bundesgerichtshof
BGHZ	Entscheidungen des Bundesgerichtshofes in Zivilsachen
BKR	Zeitschrift für Bank- und Kapitalmarktrecht
BörsG	Börsengesetz
BörsZulV	Börsenzulassungsverordnung
Buchst	Buchstabe
Bzw	beziehungsweise
c. i. c.	culpa in contrahendo
DAV	Deutscher Anwaltsverein
DB	Der Betrieb
dh	das heißt
f	folgende/folgender
ff	fortfolgende
GbR	Gesellschaft bürgerlichen Rechts
GmbH	Gesellschaft mit beschränkter Haftung
GmbHG	Gesetz betreffend die Gesellschaften mit beschränkter Haftung
GmbHR	GmbH-Rundschau
GVG	Gerichtsverfassungsgesetz
GWB	Gesetz gegen Wettbewerbsbeschränkungen
hM	herrschende Meinung
HRB	Handelsregister B
i. Gr.	in Gründung
iHv	in Höhe von

iRv	in Rechtsanwendung von/in Regelung von
iE	im Ergebnis
InsO	Insolvenzordnung
iVm	in Verbindung mit
iS	im Sinne
iSd	im Sinne des (der)
iSe	im Sinne eines (einer)
iü	im Übrigen
Ltd	Limited
LG	Landgericht
mbH	mit beschränkter Haftung
MüKo	Münchener Kommentar
mwN	mit weiteren Nachweisen
Nr	Nummer
NJW	Neue Juristische Wochenschrift
NZG	Neue Zeitschrift für Gesellschaftsrecht
o. g.	oben genannten (genannter)
oHG	offene Handelsgesellschaft
OLG	Oberlandesgericht
pVV	positive Vertragsverletzung
Rn	Randnummer
StGB	Strafgesetzbuch
s	siehe
S	Seite
Str	strittig
TOP	Tagesordnungspunkt
ua	unter anderem/und andere
UMAG	Gesetz zur Unternehmensintegrität und Modernisierung des Anfechtungsrechts
URNr.	Urkundenrollennummer
Var	Variante
WpHG	Wertpapierhandelsgesetz
WM	Wertpapiermitteilungen
ZIP	Zeitschrift für Wirtschaftsrecht
ZPO	Zivilprozeßordnung

Fall 1: Frühstart ins Gesellschaftsleben

Alf Anselm und Bert Bracht, die ihr BWL-Studium 1997 abgebrochen haben, planen angesichts absehbar rüder Einschnitte der Bundesregierung in das soziale Netz den Schritt aus der Arbeitslosigkeit in die Selbstständigkeit. Sie beschließen, einen Zigarrenhandel aufzuziehen.

Anselm und Bracht verabreden zunächst mündlich, eine „A to Z Cigars GmbH" zu gründen. Das Grundkapital soll € 25.000,– betragen. Anselm soll eine Bareinlage von € 10.000,– leisten, Bracht soll ebenfalls € 10.000,– einzahlen und außerdem seinen Alfa Spider (Wert: € 5.000,–) in die Gesellschaft einlegen. Anselm und Bracht wollen die Geschäfte der Gesellschaft gemeinsam führen.

Um ihre Geschäftsräume standesgemäß einzurichten, begeben sich Anselm und Bracht am 1. 9. 2004 zum Möbelhaus von Heiner Hindel und erwerben dort – wobei der Kaufpreis von € 6.000,– bis Ende Oktober 2004 gestundet wird – eine schwarze Ledergarnitur namens der „A to Z Cigars GmbH".

Zwei Wochen später, am 15. 9. 2004, begeben sie sich zum Notar, der den Gesellschaftsvertrag (insbesondere mit den vorgesehenen Einlagen und der Einsetzung von Anselm und Bertram als Geschäftsführer) beurkundet. Nachdem Anselm € 5.000,– auf seine Stammeinlage auf ein Konto der Gesellschaft eingezahlt hat, Bracht ebenfalls € 5.000,– bezahlt und den Alfa eingebracht hat, stellt der Notar den Eintragungsantrag zum Handelsregister.

Da Anselm und Bracht am 18. 9. 2004 ein günstiges Angebot über den Kauf mehrerer hundert Zigarren im Internet ausmachen, mit dem sie den Kauf der Ledergarnitur zu finanzieren gedenken, bestellen sie diese im Namen der „A to Z Cigars GmbH i. Gr." bei Irmtraud Immel zum Preis von € 10.000,–. Die Zigarren werden umgehend geliefert.

Variante 1
Anselm und Bracht zerstreiten sich in der Folge, weil sich die Geschäfte schlecht entwickeln. Das eingezahlte Barkapital ist bald ersatzlos verbraucht. Anselm und Bracht nehmen daraufhin am 1. 11. 2004 den Antrag auf Eintragung ihrer GmbH in das Handelsregister zurück und beenden ihre Geschäftstätigkeit umgehend. Hindel und Immel, die davon erfahren, möchten wissen, an wen sie sich wegen ihrer Ansprüche halten können.

Variante 2
Sachverhalt wie im Grundfall geschildert und in Variante 1 erweitert, mit folgender Änderung: Wie ist die Rechtslage, wenn Anselm und Bracht den

Eintragungsantrag nicht zurückziehen und die GmbH doch noch in das Handelsregister eingetragen wird?

Variante 3

Anselm und Bracht haben die Anfangsschwierigkeiten überwunden, das Geschäft kommt langsam ins Rollen. Die Gesellschaft wird in das Handelsregister eingetragen. Bald mangelt es jedoch an Liquidität. Man beschließt, die noch ausstehenden Einlagen möglichst bald einzuzahlen. Anselm und Bracht zahlen auch wirklich am 1. 11. 2004 je weitere € 5.000,– auf das Geschäftskonto der GmbH ein.

Wenig später erweist sich, dass der Alfa Spider schon bei der Übereignung an die GmbH einen unerkennbaren, irreparablen Motorschaden hatte, dem der Alfa schließlich erliegt (Restwert: € 500,–).

Am 1. 12. 2004 liefert Anselm der Gesellschaft einen Humidorschrank und erhält dafür den (angemessenen) Preis von € 7.000,– ausgezahlt.

Als die Gesellschaft ein Jahr später insolvent ist, fragt sich der zuständige Insolvenzverwalter Ingo Itzig, ob der GmbH noch Ansprüche gegen Anselm und Bracht mit Blick auf die beschriebenen Vorgänge zustehen und ob sie Gegenansprüchen ausgesetzt sein wird.

Lösung zu Fall 1

Schwerpunkte: Haftung in den Gründungsstadien; Kapitalaufbringung: mangelhafte Sacheinlage, verdeckte Sacheinlage

Leseempfehlung:

zu den Varianten 1 und 2

Wilhelm Kapitalgesellschaftsrecht 2. Aufl Rn 304 ff; *Karsten Schmidt* Gesellschaftsrechts 4. Aufl S 1010 ff (beide zur Haftung in den Gründungsstadien); *BGH* NJW 1997, 1507 (Innenhaftungskonzept) mit Anm *Altmeppen; Altmeppen* NJW 1997, 3272 (zum Innenhaftungskonzept). §§ 1–11 GmbHG.

zur Variante 3

Scholz GmbHG 9. Aufl § 5 Rn 62 ff (mangelhafte Einlage); *Wilhelm* Kapitalgesellschaftsrecht 2. Aufl Rn 227 ff (zur Sacheinlage, insbes zur verdeckten Sacheinlage); *Karsten Schmidt* Gesellschaftsrecht 4. Aufl S 886 ff (verdeckte Sacheinlage bei der AG); 1122 ff (bei der GmbH); *BGH* NJW 2003, 3127

(Unwirksamkeit von Leistungen auf eine verdeckte Sacheinlage bei der GmbH; Heilung).

Ausführlicher Überblick über das Recht der Kapitalaufbringung in der GmbH zudem bei *Geißler* GmbHR 2004, 1181.

§§ 9, 9a, 19 GmbHG, § 27 III AktG.

Lösung von Variante 1

A. Ansprüche des H gegen A und B

I. H gegen A, B auf Zahlung von € 6.000,– aus Kaufvertrag (§ 433 II BGB) iVm § 128 HGB analog

1. Voraussetzung eines Anspruchs des H gegen A und B persönlich ist, dass ein **Kaufvertrag** entweder zwischen H und A und B persönlich geschlossen wurde, oder dass A und B jedenfalls für eine Forderung des H aus Kaufvertrag haften.

a. H hat die seinerseits erforderliche **Willenserklärung** iSd §§ 145 ff BGB – ob Angebot oder Annahme lässt sich nach dem Sachverhalt nicht sagen – entweder selbst abgegeben oder er ist insoweit durch einen Angestellten vertreten worden (§§ 164 ff BGB).

b. **A und B** haben ebenfalls (zumindest konkludent) eine **eigene Willenserklärung** abgegeben, dies allerdings nicht in eigenem Namen, sondern namens der „A to Z Cigars GmbH". Sie sind also in **fremdem Namen** aufgetreten (§ 164 I 1, 2 BGB), die Rechtsfolgen ihrer Willenserklärung könnten deshalb nach dem Vertretungsrecht zunächst eine dritte Person, den Vertretenen, treffen (§ 164 I 1 BGB) und nicht unmittelbar A und B. Es ist daher vorerst zu prüfen, wer als dergestalt Vertretener in Betracht kommt, in **wessen Namen** A und B also, rechtlich gesehen, **aufgetreten sind**:

Hinweis: Es ist auch vertretbar, ein Handeln in fremdem Namen anzunehmen und erst bei der Frage, ob mit Vertretungsmacht gehandelt worden ist, zu klären, welcher Rechtsträger, formiert von A und B, bestand.

aa. Die **GmbH**, für die A und B zu handeln vorgaben, existierte zur Zeit des Geschäftsschlusses nicht, und sie entstand auch später als solche nicht (§ 11 I GmbHG). Möglicherweise trafen jedoch die Rechtsfolgen der Erklärung des A und B einen anderen, damals schon existenten Unternehmensträger. Denn die Auslegung der Erklärung nach §§ 133, 157 BGB ergibt, dass A und B jedenfalls nicht für sich, sondern für einen von ihnen betriebenen Unternehmensträger handeln wollten, § 164 I 2 BGB („unternehmensbezogenes Geschäft").

bb. Als ein solcher Unternehmensträger kommt zunächst eine **Gesellschaft bürgerlichen Rechts** in Betracht (§§ 705 ff BGB). Denn A und B hatten zum Zeitpunkt des Erwerbs der Möbel bereits *verabredet*, dass sie eine GmbH gründen wollten, und hatten insoweit schon verbindlich die Förderung eines gemeinsamen Zwecks unter Erbringung von Beiträgen vereinbart. Damit ist den Grundanforderungen an einen GbR-Vertrag genügt. Bedenken könnte man zwar hinsichtlich der **Wirksamkeit** dieser Verabredung haben, denn nach allgemeinen Grundsätzen bedarf eine verbindliche Einigung zum Abschluss eines formbedürftigen Vertrags – im Fall: des GmbH-Vertrags (§ 2 I 1 GmbHG) – ihrerseits dieser Form, damit die Schutzfunktion der betreffenden Formvorschrift nicht ins Leere läuft. Allerdings ist hier zu bedenken, dass die GbR durch den Kauf der Garnitur „in Vollzug gesetzt" worden ist und mithin als **„fehlerhafte Gesellschaft"** gleichwohl als wirksam anzusehen ist. Das folgt daraus, dass im Interesse des Gläubigerschutzes die Rückabwicklung einer Personengesellschaft, sobald sie in der „Außenwelt" in Erscheinung getreten ist, als regelmäßig schwer oder gar nicht realisierbar vermieden werden soll (Grundsätze der „fehlerhaft wirksamen Gesellschaft"). Eine wirksame Gesellschaft bestand. Im Namen dieses Unternehmensträgers haben A und B gehandelt.

Hinweis: Dieser Punkt dürfte auch noch knapper gehalten werden, da es sich ersichtlich nicht um einen Schwerpunkt der Klausur handelt. Längere Abhandlungen hierzu wären allenfalls in einer personengesellschaftsrechtlichen Klausur angezeigt.

cc. Zu überlegen ist als letztes noch, ob es sich nicht statt um eine (fehlerhaft wirksame) GbR um eine (fehlerhaft wirksame) **oHG** handeln könnte. Nach §§ 105 I, 1 I, II HGB spricht eine grundsätzliche Vermutung für die oHG, wenn – wie im Fall – ein Gewerbe (äußerlich erkennbarer, planmäßig betriebener, auf Dauer ausgelegter und mit Gewinnabsicht geführter Geschäftsbetrieb) betrieben wird. Doch ist diese Vermutung widerleglich, und nach den Angaben im Sachverhalt darf davon ausgegangen werden, dass das Gewerbe von A und B zum Zeitpunkt des Erwerbs der Couch (und auch später bis zur Beurkundung des Gründungsvertrags) *keinen* nach Art oder Umfang in kaufmännischer Weise eingerichteten Geschäftsbetrieb erforderte (§ 1 II HGB). Das spricht dafür, letztlich doch von einer **A, B-GbR** auszugehen.

dd. Die Willenserklärung des A und B ist folglich **im Namen einer A, B-GbR**, in kapitalgesellschaftsrechtlicher Diktion einer „Vorgründungsgesellschaft", abgegeben worden.

c. Diese GbR (und nicht A und B) treffen die Rechtsfolgen aus dem Vertragsschluss mit H, wenn A und B **Vertretungsmacht** für sie hatten (§§ 164 ff BGB) und die Gesellschaft als solche **rechtsfähig** ist. Was die Vertretungsmacht angeht, so sind in der Vorgründungsgesellschaft ihrem Zweck nach grundsätzlich (nur) solche Geschäfte gedeckt, die auf die Gründung gerichtet sind. Ob das hinsichtlich des Erwerbs der Ledersitzgruppe noch angenommen werden kann, kann aber dahinstehen, da unter Mitwirkung *aller* Gründungsgesellschafter und deshalb jedenfalls mit Vertretungsmacht für die Gesellschaft gehandelt worden ist. Daran, dass die GbR als solche rechtsfähig ist, wird heute nicht mehr ernsthaft gezweifelt. Es handelt sich insoweit um die Erscheinung einer „Gesamthand", die eine eigene Rechtspersönlichkeit hat, welche über die Summe der Rechtspersönlichkeiten ihrer Mitglieder hinausgeht.

Hinweis: Das ist auch in der Rechtsprechung nunmehr anerkannt, s BGH NJW 2001, 1056 (Anerkennung der „Akzessorietätslehre" für die GbR).

2. Ein **Kaufvertrag** ist mithin zwischen H und der A, B-GbR **zustande gekommen.**

3. Für die daraus resultierende Kaufpreisforderung des H **haften** A und B **analog § 128 HGB** bzw nach anderer Ansicht deswegen, weil die Gesellschafter neben sich selbst zugleich die GbR rechtsgeschäftlich verpflichteten („Doppelverpflichtungslehre").

4. Die Haftung ist auch nicht durch das spätere Entstehen einer Vor-GmbH (mit Beurkundung des Gesellschaftsvertrags am 15. 09. 2004) auf diese Gesellschaft **übergegangen** (wodurch die Haftung von A und B möglicherweise hätte erlöschen können). Vorgründungs- und Vorgesellschaft sind nämlich nicht identisch. Bei der Vorgesellschaft handelt es sich um eine bereits der späteren GmbH angenäherte Gesellschaft, während die Vorgründungsgesellschaft ausschließlich auf die Gründung ausgerichtet ist.

5. Die **Einrede der Stundung** besteht im November 2004 nicht mehr, der Kaufpreis war nur bis Oktober gestundet.

6. **Ergebnis:** A und B schulden H aus dem Kaufvertrag iVm § 128 HGB analog Zahlung von € 6.000,– als Gesamtschuldner.

II. H gegen A, B auf Zahlung von € 6.000,– aus § 179 BGB

1. Darüber hinaus könnten A und B deshalb als **Vertreter ohne Vertretungsmacht** haften, weil sie für eine (so) nicht existente Rechtspersönlichkeit aufgetreten sind. Sie haben vorgegeben, eine GmbH zu vertreten, während in Wirklichkeit „nur" eine GbR existierte.

2. Das führt aber nicht zur Haftung aus § 179 I BGB. Zwar ist das Auftreten für nicht existente Personen grundsätzlich ebenso von § 179 I BGB erfasst wie das Handeln ohne Vertretungsmacht (bzw *ist* es Handeln ohne Vertretungsmacht). Wie gesehen (oben sub *I.*), führten aber die Grundsätze über das unternehmensbezogene Geschäft gerade dazu, dass dem H sehr wohl ein (von A und B vertretener) Schuldner zur Verfügung stand. A und B sind somit nicht für eine „nicht existente" Person aufgetreten, sondern nur für eine *so* nicht existente Person. Eine Haftung aus § 179 I BGB käme daraus nur dann in Betracht, wenn H eine Verschlechterung, einen Nachteil erlitten hätte. Doch haften ihm, wie gesehen, neben einer Vorgründungsgesellschaft A und B persönlich, H steht also sogar besser, als wenn er mit einer GmbH kontrahiert hätte, die nur einen einzigen, beschränkten Haftungsfonds zur Verfügung gestellt hätte.

3. A und B haften daher nicht nach § 179 I BGB.

III. H gegen A, B auf Zahlung von € 6.000,– aus § 11 II GmbHG

§ 11 II GmbHG ist im Stadium der Vorgründungsgesellschaft nicht anwendbar (so auch *BGH* NJW 1984, 148). Es greift in diesem Stadium bereits die persönliche Haftung nach GbR-Recht. Der Rückgriff auf § 11 II GmbHG (analog), der einen Ausgleich für das Fehlen des versprochenen Haftungssubjekts schaffen soll, wäre daher verfehlt.

B. Ansprüche des H gegen die A,B-GbR auf Zahlung von € 6.000,– aus Kaufvertrag

Dieser Anspruch besteht, wie oben (unter *A.I.*) inzident gesehen.

C. Ansprüche der I gegen A und B

I. I gegen A, B auf Zahlung von € 10.000,– aus Kaufvertrag (§ 433 II BGB) iVm § 128 HGB

1. Es müsste ein **Kaufvertrag** zustande gekommen sein, kraft dessen I als Verkäuferin von A und B den Kaufpreis fordern kann. Hier kommt der Abschluss eines Kaufvertrags zwischen I und der „A to Z Cigars GmbH i. Gr.", einer **„Vor-GmbH"** in Frage.

A und B haben eine Willenserklärung abgegeben, die ausdrücklich nicht für sie persönlich, sondern für die Vor-GmbH gelten sollte, sie haben in **fremdem Namen** gehandelt (§ 164 I 2 BGB). Auch insoweit ist wieder zuerst zu untersuchen, ob und in welcher rechtlichen Gestalt die Vor-GmbH als potentiell Vertretene existierte, denn erst diese Erkenntnis kann im zweiten Schritt darüber Aufschluss geben, ob A und B persönlich in die Pflicht genommen werden können:

a. Klar ist, dass die **GmbH** als solche – mangels Eintragung – nicht entstanden sein kann, § 11 I GmbHG.

b. Beurteilt man nun die Vorgesellschaft, die mit der Beurkundung des Gesellschaftsvertrags entstand, nach allgemeinen gesellschaftsrechtlichen Grundsätzen, so gelangt man zu Folgendem: Werden von den Gesellschaftern im Namen der Gesellschaft Geschäfte vor Eintragung getätigt und haben die Gesellschafter sich noch nicht durch Erfüllung aller Gründungskautelen das Privileg der „Haftungsbeschränkung" verdient, indem sie einen neuen Rechtszustand ihres Verbands herbeiführen, so handelt es sich bei dem Zusammenschluss um eine **GbR oder** um eine **oHG.** Das Gesellschaftsrecht ist nämlich vom *numerus clausus* der verfügbaren Gesellschaftsformen geprägt. Für den Ausgangsfall bedeutet das, dass A und B für die – mit **Vertretungsmacht** begründete, §§ 125 f HGB – Verbindlichkeit der Vor-GmbH nach § **128 HGB** (analog) persönlich haften.

c. Andererseits könnte man (mit der höchstrichterlichen Rechtsprechung) berücksichtigen, dass es sich bei der Vor-GmbH um eine „Vorstufe" der GmbH, um eine mit der GmbH schon stark „verwandte" Gesellschaftsform, handelt. Die Vertreter dieser Ansicht verstehen die Vor-GmbH als **Gesellschaft** *sui generis,* auf die bereits alle Vorschriften des GmbHG anwendbar sein sollen, die nicht gerade die Eintragung der Gesellschaft voraussetzen. Schlösse man sich dieser Ansicht an, so hätte man in unserem Fall von einer Verpflichtung dieses Rechtssubjekts entweder analog § 35 GmbHG (wobei innerhalb der Vertreter dieser Ansicht umstritten ist, ob diese Norm bereits Anwendung finden kann, oder ob sie gerade die Eintragung voraussetzt) oder aber mit Blick darauf auszugehen, dass alle Gesellschafter am Erwerb der Couchgarnitur mitgewirkt haben und deshalb jedenfalls **Vertretungsmacht** bestand. Für die Haftungssituation von A und B würde das – auf der Basis der dargestellten Ansicht – Folgendes bedeuten: A und B unterlägen *nicht* einer **Außenhaftung.** Die Vertreter der dargestellten Lehre erkennen zwar an, dass gerade die „Beschränkung" der Haftung auf das Gesellschaftsvermögen Folge der Eintragung ist. Der BGH hat aber ausgeführt, dass er die spätere – auf eine Analogie zu §§ 9 I, 9 c I 2 GmbHG gegründete – „Unterbilanzhaftung" (betreffend das Stadium nach der Eintragung), die einhellig als reine Innenhaftung angesehen wird, bereits in das Vorstadium, in das Stadium der Vor-GmbH übertragen möchte. Die hier zu vertretende Haftung, die er „**Verlustdeckungshaftung**" nennt, sei nämlich das komplementäre Vorstadium zur späteren Unterbilanzhaftung. Die Unterbilanzhaftung, also die Haftung auf den Ausgleich einer unzulässigen Unterbilanz im GmbH-Vermögen zum Zeitpunkt der Eintragung, hält er für den Ausdruck eines allgemeinen Rechtsgedankens: Die Gläubiger dürften erwarten, zumindest zZt der Eintragung ein Stamm- bzw Grundkapital vorzufinden, das nur durch die zulässigen Belastungen, etwa durch die Gründungskosten, angegriffen sei. Es könne aber keinen Unterschied machen, ob wegen Überbewertung einer Sacheinlage (s §§ 9, 9 c GmbHG) Geld nachgeschossen werden müsse, weil der Einlagewert gar nicht erst erreicht worden sei, oder ob der (Bar- oder Sach-)Einlagewert zwar zunächst erreicht, in der Folge aber wieder vermindert worden sei. Dieser Gedanke des (gesellschaftsinternen) „Verlustausgleichs", entwickelt aus dem Kapitalaufbringungsprinzip, greife auch schon im Stadium der Vor-GmbH und führe ebenso zur Innenhaftung. Nur in Ausnahmefällen – so etwa bei Aufgabe der Eintragungsabsicht und Fortführung des Geschäftsbetriebs – komme eine Außenhaftung in Frage.

Hinweis: Die Diskussion um die Haftung in der Vorgesellschaft hat noch weitere Stadien durchlaufen. Diese sind bei Wilhelm *Kapitalgesellschaftsrecht 2. Aufl Rn 304 ff ausführlich dargestellt. In der Klausur muss zu diesen weiteren „Stationen" nicht Stellung bezogen werden. Die Darstellung ist auch so kompliziert genug.*

d. Mit Blick auf ihre unterschiedlichen Rechtsfolgen muss zu den geschilderten Lösungsansätzen Stellung bezogen werden: Gegen die zuletzt dargestellte Auffassung spricht nicht nur, dass sie den *numerus clausus* der Gesellschaftsformen durchbricht, sondern auch, dass es im Vorgesellschaftsstadium noch gar kein herzustellendes „Stammkapital" gibt, das aufgefüllt werden könnte. Darüber hinaus ist auch in der Sache eine Haftungsprivilegierung der Gesellschafter nicht gerechtfertigt, sie haben sich die Haftungsbeschränkung eben noch nicht durch Erfüllen aller Gründungserfordernisse „verdient". Deshalb ist die Vor-GmbH als Personengesellschaft, und zwar als oHG, einzuordnen (§ 1 II HGB).

2. Gleichwohl ist für die Fallfrage, deren Beantwortung die Rechtspraxis zu berücksichtigen hat, die Ansicht der Rechtsprechung zu beachten. Auch wenn nach hier vertretener Ansicht also eine Außenhaftung von A und B nach § 128 HGB anzunehmen ist, soll die Rechtsprechungslinie (zumindest „hilfsgutachtlich") weiter verfolgt werden. Sie geht, wie gesehen, vom Konzept einer – nicht auf § 128 HGB zu stützenden – Verlustdeckungshaftung aus, so dass neu anzusetzen ist:

II. I gegen A, B auf Zahlung von € 10.000,– analog §§ 9, 9c GmbHG analog („Verlustdeckungshaftung")

1. Dass der BGH für die Heranziehung von §§ 9, 9c GmbHG im Analogiewege von einer planwidrigen Regelungslücke sowie der Vergleichbarkeit der Fallgestaltungen ausgeht, ist in der Sache bereits dargelegt worden. Der BGH sieht es mangels Regelung des Vorgesellschaftsstadiums im GmbHG als geboten an, den – schon im Recht der GmbH nur im Analogiewege zu entwickelnden – Gedanken einer Verlustausgleichspflicht auf die Vorgesellschaft zu übertragen.

2. Folgt man dem, so ist als nächstes ein **Verlust** der Vor-GmbH, erwirtschaftet im Zeitraum vor der Eintragung, erforderlich. Hier sind die Einlagen, die an die Vor-GmbH geflossen waren, vollständig aufgebraucht, das „Stammkapital" ist mithin nicht mehr gedeckt.

3. Die Folge ist jedoch, wie bereits angedeutet, grundsätzlich die **Innenhaftung** von A und B gegenüber der „A to Z Cigars GmbH i. Gr." auf Auffüllung des „Stammkapitals" (bzw im Stadium der Vorgesellschaft: auf Herstellung eines positiven Eigenkapitalbetrags, der dem regulären Stammkapital entspräche).

4. A und B könnten allerdings deshalb in die **Außenhaftung** geraten sein, weil sie ihre Eintragungsabsicht später aufgaben. Die Rechtsprechung nimmt nämlich an, dass im Fall des Aufgebens der Eintragungsabsicht die Gesellschafter eben doch eine oHG betreiben wollen. Sie müssten dann auch – und zwar auch für sämtliche „Altverbindlichkeiten" aus der Zeit vor dem Fallenlassen der Eintragungsabsicht (insoweit offen gelassen noch von *BGH* NJW 1999, 1507; wie hier dann *BGH* NJW 2003, 429) – persönlich haften.

Diese Außenhaftung setzt aber in der Logik des Rechtsprechungsansatzes voraus, dass die Geschäftätigkeit von den Gesellschaftern trotz fehlender Eintragungsabsicht *fortgeführt* wird. A und B haben ihre Tätigkeit jedoch umgehend beendet.

5. **Ergebnis:** A und B haften der I nicht analog §§ 9, 9c GmbHG.

III. I gegen A, B auf Zahlung von € 10.000,– aus § 11 II GmbHG

1. Für einen solchen Anspruch müssten A und B zunächst als „**Handelnde**" einzustufen sein. Die Auslegung des Handelndenbegriffs ergibt, dass nur Geschäftsführungsorgane von dieser Norm erfasst sein sollen, denn an sie richtet sich § 11 GmbHG als „Druckmittel", um sie zu veranlassen, die Eintragung zügig herbei zu führen. A und B sind als Geschäftsführer aufgetreten, sie sind also Handelnde.

2. Sie müssten weiter **im Namen der „Gesellschaft"** aufgetreten sein. Würde man hier ausschließlich ein Auftreten für die spätere GmbH ausreichen lassen, so hafteten A und B im Fall nicht. Ein solch restriktives Verständnis wäre aber unzutreffend. Denn aus Sicht eines Vertragspartners macht es hinsichtlich der Haftungssituation keinerlei Unterschied, ob im Namen der späteren GmbH aufgetreten wird oder im Namen der Vor-GmbH. Stets haftet ihm – jedenfalls aus Sicht der Rechtsprechung – nicht dasjenige Haftungssubjekt, das er erwarten durfte und diese Situation wird – aus Sicht der Rechtsprechung – auch nicht durch eine persönliche Außenhaftung der Gesellschafter kompensiert.

3. A und B haften der I aus § 11 I GmbHG auf Zahlung von € 10.000,–.

D. I gegen die Vor-GmbH auf Zahlung von € 10.000,–

Dieser Anspruch besteht.

Lösung von Variante 2

A. Ansprüche des H gegen die Vorgründungsgesellschaft und gegen A und B

bleiben bestehen. Sie erlöschen nicht wegen der Entstehung der GmbH. Diese ist ein gänzlich neuer Rechtsträger, der mit der Vorgründungsgesellschaft nicht identisch ist.

B. Ansprüche des H gegen die GmbH auf Zahlung von € 6.000,– aus Kaufvertrag (§ 433 II BGB) iVm §§ 25 ff HGB

Die GmbH hat selbst kein Handelsgeschäft von der GbR erworben, sondern könnte ihrerseits nur als „Rechtsnachfolgerin" der Vor-GmbH für die Schuld der Vorgründungsgesellschaft einzustehen haben, wenn zunächst ihrerseits die Vor-GmbH über §§ 25 ff HGB in die Haftung geraten ist.

Das setzt voraus, dass die Vor-GmbH unter Lebenden ein Handelsgeschäft von der GbR erworben hat und deren „Firma" fortgeführt hat.

Die GbR führt aber als solche keine Firma und betreibt *per se* auch kein Handelsgewerbe. Auch eine analoge Anwendung der §§ 25 ff HGB, die gerade auf den kaufmännischen Rechtsverkehr Rücksicht nehmen, kommt nicht in Betracht.

C. Ansprüche der I gegen A und B
(aus dem Stadium der Vorgesellschaft)

erlöschen mit der Eintragung der GmbH:
   Die Handelndenhaftung erlischt, weil die Gläubiger dasjenige Haftungssubjekt erhalten, das sie erhalten sollten.
   An die Stelle der Verlustdeckungshaftung in der Vor-GmbH tritt die Unterbilanzhaftung, die als „Kapitalaufbringungshaftung" eine reine Innenhaftung gegenüber der Gesellschaft ist.

D. Anspruch der I gegen die Vor-GmbH

Der Zahlungsanspruch der I ist nach Entstehen der GmbH gegen diese gerichtet, denn die GmbH ist lediglich ein anderer Rechtszustand desselben
Unternehmensträgers. Die Vor-GmbH existiert als solche nicht mehr.

E. Anspruch der I gegen die GmbH
auf Zahlung von € 10.000,– aus Kaufvertrag

Dieser Anspruch besteht. Die GmbH treffen sämtliche Ansprüche, die vorher die Vorgesellschaft getroffen haben.

F. Ansprüche der GmbH gegen A und B

*Hinweis: Diese Ansprüche sind wegen der Frage nach der Rechtslage gegenüber
dem Grundfall (Variante 1) zusätzlich zu erörtern.*

I. GmbH gegen A, B auf Zahlung von € 10.000,–
(bzw auf Ausgleich der konkreten Unterbilanz)
aus §§ 9, 9 c GmbHG analog („Unterbilanzhaftung")

1. Dass und warum eine Unterbilanzhaftung in der GmbH als Institut anzuerkennen ist, wurde in der Sache bereits dargelegt. Dem BGH ist darin
beizupflichten, dass es vor dem Hintergrund des allgemeinen Gedankens
der Kapitalaufbringung keinen Unterschied macht, ob ein Einlagewert von
vornherein nicht erreicht wird (dazu §§ 9, 9c GmbHG) oder ob bis zum
Zeitpunkt der Eintragung nachträglich eine Minderung eintritt. Dieser Gedanke ist im Interesse des Gläubigerschutzes über den zu engen Wortlaut
der Normen hinaus iS einer Unterbilanzhaftung fortzudenken.
   2. Voraussetzung einer solchen Haftung von A und B ist zunächst die –
in der *Variante 2* erfolgte – **Eintragung** der GmbH.

3. Eine **Unterbilanz** ist, da die eingezahlten Barmittel der Gesellschaft (iHv € 10.000,–) „ersatzlos" aufgebraucht sind, anzunehmen. Das Stammkapital ist aufgrund des Verlustes der Barmittel entsprechend vermindert.

4. Ob die Unterbilanzhaftung auf aufgelaufene „**operative Verluste**" beschränkt werden sollte, dh solche Verluste, die aus der Geschäftstätigkeit resultieren, wie es *Karsten Schmidt* befürwortet (Gesellschaftsrecht 4. Aufl S 1030 f), kann hier dahin stehen, da im Fall genau solche Verluste entstanden sind.

5. **Ergebnis:** A und B haften *pro rata* auf Ausgleich der Unterbilanz, dh A zu 2/5, B zu 3/5. Angesichts der Unterbilanz iHv € 10.000,– haften A auf € 4.000, B auf € 6.000,–. § 24 GmbHG findet Anwendung.

II. Anspruch der GmbH gegen A, B auf Zahlung von je € 5.000,– aus dem Gesellschaftsvertrag

A und B müssen die noch ausstehenden Einlagen noch leisten (wobei auch insoweit § 24 GmbHG gilt).

Lösung von Variante 3

A. Ansprüche der GmbH gegen B wegen der Einlage des Alfa Spider

I. GmbH gegen B auf Zahlung von € 4.500,– aus § 9 I GmbHG

Dieser Anspruch besteht, denn der Wert des Alfa erreicht nicht den Betrag der versprochenen Stammeinlage von € 5.000,–. Vielmehr ist das Fahrzeug nur € 500,– wert.

II. GmbH gegen B auf Reparatur des Alfa Spider (Nacherfüllung), §§ 453, 437 Nr 1 BGB

Anwendbarkeit der §§ 434 ff BGB

1. Ein Anspruch der Gesellschaft gegen B auf Nacherfüllung setzt zunächst die **Anwendbarkeit** der gewährleistungsrechtlichen Vorschriften voraus.

2. Der Erwerb von Gesellschaftsanteilen gegen Bareinlage ist als ein Geschäft anzusehen, das dem Rechtskauf ähnelt und ist deshalb unter § 453 I BGB zu subsumieren. Zwar handelt es sich nicht im engeren Sinne um einen Kauf, sondern um ein gesellschaftsrechtlich geprägtes Geschäft. Im Zuge dieses Geschäfts erhält der Gesellschafter jedoch von der Gesellschaft einen Gesellschaftsanteil und zahlt seinerseits einen entsprechenden Preis

an diese. Wegen dieser großen Nähe zum Kauf sind die kaufrechtlichen Vorschriften entsprechend anzuwenden.

3. Die gesellschaftsrechtliche Folge des Nichterreichens des Sachwertes einer Einlage ist in § 9 GmbHG dahin geregelt, dass dies eine Zahlungspflicht des Gesellschafters nach sich zieht. Insoweit erscheint fraglich, ob daneben (oder alternativ?) eine Nacherfüllungspflicht angenommen werden kann. Hier kann das allerdings dahinstehen. Der Motorschaden am Alfa ist **irreparabel**. Somit kommt eine Nacherfüllungspflicht des Gesellschafters ohnehin nicht in Betracht.

III. GmbH gegen B auf Zahlung von € 4.500,– aus §§ 453, 437 Nr 2, 441 BGB

Anwendbarkeit der §§ 434 ff BGB

Wiederum ist zu fragen, inwieweit die gewährleistungsrechtlichen Vorschriften und insbesondere die Rechtsfolgen aus diesen Vorschriften zur Anordnung in § 9 GmbHG passen.

1. Dort ist eine Differenzhaftung in bar vorgesehen. Diese im Gläubigerinteresse angeordnete Rechtsfolge spricht dafür, die gewährleistungsrechtlichen Vorschriften mit ihren abweichenden Rechtsfolgen als **verdrängt** anzusehen. Weder kann, noch muss vom Gesellschafter verlangt werden, dass er zunächst nacherfüllt, um dann den weiteren Rechtsfolgen der §§ 434 ff BGB zu unterliegen. Das entscheidende Argument gegen die Anwendbarkeit des Gewährleistungsrechts findet sich in eben diesen Rechtsfolgen: So müsste die Minderung von Seiten der GmbH an sich dazu führen, dass der Empfänger (also der Gesellschafter) des Gesellschaftsanteils zur Herausgabe eines Teils des Geschäftsanteils verpflichtet würde. Das würde wirtschaftlich einer Kapitalherabsetzung entsprechen, bzw wäre vor dem Hintergrund des nur eingeschränkt zulässigen Erwerbs eigener Anteile durch die GmbH problematisch (§ 33 GmbHG). Außerdem passt auch die generelle Konzeption des Gewährleistungsrechts, das zunächst ein Nacherfüllungsrecht des Verkäufers vorsieht, nicht zur zwingenden Rechtsfolge des § 9 GmbHG.

2. Die wohl überwiegende Ansicht behilft sich damit, die dargestellte **Rechtsfolge** der Minderung **zu modifizieren**. Sie nimmt an, dass der Gesellschafter nicht zur Teilrückgewähr seines Anteils verpflichtet sei, sondern zu einer ergänzenden Barzahlung. Sie rekurriert insoweit auf die „hinter" der Sacheinlagepflicht liegende **Barzahlungspflicht**. Es entspreche einem allgemeinen Grundsatz, dass dort, wo eine Sacheinlage nicht oder nicht vollständig in Betracht komme, der Gesellschafter zur ergänzenden Bar-

leistung verpflichtet sei – insoweit wird ua auf § 9 GmbHG verwiesen. Diese Feststellung ist zutreffend, sie ist aber nur ein weiterer Beleg dafür, dass § 9 GmbHG als die entscheidende Norm – und damit nach hier vertretener Ansicht als vorrangig – anzusehen ist. Zudem bleibt es auch abei Berücksichtigung des Vorschlags einer Modifikation auf der Rechtsfolgenseite dabei, dass das Verhältnis von § 9 GmbHG zum Nacherfüllungsrecht des Verkäufers (Gesellschafters) problematisch ist.

3. Es besteht kein Anspruch der GmbH gegen B auf Zahlung von € 4.500,– aus Minderung.

IV. GmbH gegen B auf Rückübertragung des Gesellschaftsanteils aus §§ 437 Nr 2, 323 I, 326 V, 346 S 1 BGB

Anwendbarkeit der §§ 434 ff BGB

Wie bereits im Rahmen der Minderung (unter *III.*) erörtert, ist § 9 GmbHG als vorrangig und abschließend gegenüber dem Gewährleistungsrecht anzusehen. Ein Rücktritt der Gesellschaft gegenüber dem Gesellschafter vom Zeichnungsvertrag kommt schon deshalb nicht in Betracht.

V. GmbH gegen B auf Zahlung von € 5.000,– aus §§ 437 Nr 2, 323 I, 326 V, 346 S 1 BGB

Aus den genannten Gründen kommt es auch nicht in Betracht, mit der überwiegenden Meinung eine modifizierte Rechtsfolge des Rücktritts iS einer Zahlungsverpflichtung des Gesellschafters (anstelle der grundsätzlich anzunehmenden Rückgewährpflicht betreffend den Gesellschaftsanteil) anzunehmen.

VI. GmbH gegen B auf Zahlung von € 5.000,– aus §§ 437 Nr 3, 311a BGB

Auch hinsichtlich eines Schadensersatzanspruchs aus Gewährleistungsrecht gilt, dass nach dem Gewährleistungsrecht vor dem Schadensersatzverlangen grundsätzlich (hier nur wegen des *irreparablen* Schadens nicht) eine Frist zur Nacherfüllung zu setzen wäre, was nicht zu § 9 GmbHG passt. Zudem trifft § 9a II GmbHG eine spezielle Regelung bei Schädigungen der Gesellschaft durch (Sach-)Einlagen. Damit sind auch die schadensersatzrechtlichen Vorschriften des Gewährleistungsrechts ausgeschlossen.

IÜ hatte B auch keine Kenntnis vom Motorschaden, woran der Schadensersatzanspruch spätestens scheitern müsste.

B. Ansprüche der GmbH gegen A wegen des Alfa Spider auf Zahlung von € 4.500,– aus §§ 9 I, 24 GmbHG

Die Auslegung von § 24 GmbHG ergibt, dass die Norm alle Zahlungen erfassen soll, die auf die Einlageschuld eines Mitgesellschafters noch ausstehen. Das umfasst auch lediglich „ergänzende" Schulden aus einer Differenzhaftung, wie sie § 9 GmbH anordnet. Bei § 9 GmbHG handelt es sich nämlich um eine Art „Fortsetzung" der ursprünglichen Einlagepflicht.

Soweit B verpflichtet ist, seine Einlage zu ergänzen, ist mithin auch A – unter den weiteren Voraussetzungen des § 24 GmbHG – mit verpflichtet.

C. Ansprüche der GmbH gegen A wegen des Schrankkaufs

I. GmbH gegen A auf Zahlung von € 7.000,– (Bareinlage) aus dem Gesellschaftsvertrag.

1. Ursprünglich war eine **Bareinlageverpflichtung** des A in Höhe von € 10.000,– vorgesehen.

2. A hat zweimal € 5.000,– an die Gesellschaft gezahlt, seine Einlagepflicht war deswegen gemäß § 362 I BGB scheinbar **erloschen**.

3. Etwas anderes könnte sich daraus ergeben, dass das Kapitalaufbringungsrecht der GmbH eine Leistung der Einlage zur „**freien Verfügung**" der Geschäftsführung verlangt (*argumentum e* § 8 II GmbHG). Letztlich bestehen an der freien Verfügbarkeit aber keine durchgreifenden Zweifel. Eine genaue Abrede über die Verwendung gerade des eingezahlten Geldes gab es nämlich nicht. Zum Zeitpunkt der Einlageleistung mag zwar das Geschäft über den Humidorschrank als solches bereits vorgesehen gewesen sein. Das ändert aber nichts an der freien Verfügbarkeit der geleisteten Barmittel als solcher.

4. Möglicherweise hatte die Zahlungen des A aber deshalb keine Tilgungswirkung, weil im wirtschaftlichen Ergebnis gar keine Bar-, sondern eine **Sacheinlage** auf die Bareinlageverpflichtung bewirkt wurde und diese Sacheinlage die Bareinlageverpflichtung nicht tilgen konnte, § 19 V GmbHG.

a. Eine ausdrückliche Vereinbarung zwischen A und der Gesellschaft dahin, dass eine „Anrechnung" der Leistung des Humidorschranks auf die Bareinlageverpflichtung des A erfolgen solle (§ 364 BGB), lässt sich nicht feststellen. Vielmehr lieferte A den Schrank zu einem Zeitpunkt, als er seiner Bareinlageverpflichtung vermeintlich bereits genügt hatte.

b. Jedoch könnte die Anordnung des § 19 V GmbHG auch für die „**verdeckte**", also die nicht offen gelegte **Sacheinlage** gelten. Den Zahlungen des A ist die Tilgungswirkung (zumindest iHv € 7.000,–) unter Umständen deshalb zu versagen, weil diese Zahlungen letztlich gar nicht endgültig bei der GmbH verbleiben sollten, sondern ihr nur finanzielle Mittel zur Verfügung stellen sollten, um ein späteres Sachgeschäft zwischen der Gesellschaft und dem Gesellschafter zu erfüllen. Sollte eine solche verdeckte Sacheinlage anzunehmen sein, wäre eine Aushebelung des Gründungsrechts und der dort vorgesehenen Wertigkeitskontrollen sowie der Registerpublizität des Sacheinlagevorgangs zu befürchten. Denn der Gesellschafter wäre, ließe man das Geschäft zu, von seiner Bareinlagepflicht frei geworden, die Barmittel wären aber an ihn zurückgeflossen, die Gesellschaft hätte statt dessen einen Schrank erhalten. Dementsprechend könnte der Zahlung in Anwendung des § 19 V GmbHG die Tilgungswirkung zu versagen sein.

c. Allerdings ist das Institut der verdeckten Sacheinlage in Rechtsprechung und Literatur überaus **umstritten**. Ein großer Teil der Literatur lehnt diese Lehre ab. Sie kann für das Aktienrecht auf § 52 AktG verweisen, welcher Geschäften zwischen Gründern und der Gesellschaft nach der Gründung der Gesellschaft bestimmte – großzügige – Schranken setzt. Dieser Anordnung läuft die Lehre von der verdeckten Sacheinlage mit ihren ungleich strengeren Kautelen zuwider. Für die GmbH lässt sich sagen, dass dort *nicht einmal* dem § 52 AktG entsprechende Maßgaben existieren, also den Gründern nach der gesetzlichen Konzeption sogar noch größere Handlungsfreiheit zukommt. Die GmbH ist bei der Gründung und bei (gründungsnahen) Geschäften der GmbH mit den Gesellschaftern durch die Verantwortlichkeit der Geschäftsführer, das Kapitalerhaltungsrecht und durch das Verbot der Befreiung von der Bareinlagepflicht (§ 19 I GmbHG) geschützt. Zudem lässt sich gegen die Lehre von der verdeckten Sacheinlage vorbringen, dass ihre – sogleich noch näher zu besehenden – Kriterien willkürlich und ihre Konsequenzen ungerecht sind. Sie benachteiligt den Gesellschafter, der im Wesentlichen auf (in der Insolvenz häufig wertlose) Ersatzansprüche verwiesen wird, seinerseits aber nicht nur den Bareinlagenpflichten, sondern darüber hinaus noch bereicherungsrechtlichen Ansprüchen der Gesellschaft aus der Bezahlung des „Sacheinlagegeschäfts" ausgesetzt ist. Dies alles spricht gegen die Lehre von der verdeckten Sacheinlage.

d. Auch wenn die Lehre, wie gesehen, abzulehnen ist, wird sich der Insolvenzverwalter im hier zu begutachtenden Fall an der aktuellen Rechtsprechung orientieren, weshalb die näheren Voraussetzungen der verdeckten Sacheinlage hier – zumindest **hilfsgutachtlich** – noch erörtert werden sollen.

aa. Erforderlich ist zunächst eine **Bareinlageabrede** und die **Zahlung des Gesellschafters** hierauf. A war, wie gesehen, zu einer Bareinlage verpflichtet und hat einen entsprechenden Betrag an die Gesellschaft geleistet.

bb. Vorausgesetzt ist weiter ein **Umgehungsgeschäft.** Während ursprünglich eine Bareinlage verabredet war, muss es objektiv im Zuge dieses Geschäfts zur „Einbringung" eines Sachgegenstands gekommen sein. Das ist mit Blick auf den Humidorschrank der Fall. Um von einem Umgehungsgeschäft sprechen zu können, ist weiter eine „**Vorverabredung**" zwischen der Gesellschaft und dem Gesellschafter erforderlich (was teilweise nicht einmal für notwendig erachtet wird). Eine solche Abrede zur Umgehung der Bareinlageverpflichtung des Gesellschafters durch Leistung eines Sachgegenstands kann jedoch, lässt sie sich nicht tatsächlich feststellen, bei **engem sachlichem und zeitlichem Zusammenhang** von Einlageversprechen und Sachgeschäft **vermutet** werden. A hat den Schrank am 1. 12. 2004 geliefert. Der Gründungsvertrag war am 15. 9. 2004 beurkundet worden. Vom erforderlichen engen Zusammenhang – die hM legt hier einen Zeitraum von ca 6 Monaten zugrunde – kann deshalb ausgegangen werden.

cc. Damit sind aus Sicht der Rechtsprechung die Voraussetzungen einer verdeckten Sacheinlage erfüllt. Wegen des Umgehungscharakters des Geschäfts ist den Zahlungen des A an die Gesellschaft, die letztlich gar nicht als Leistungen auf die Bareinlagepflicht intendiert waren, die Tilgungswirkung zu versagen. So gesehen, besteht der Anspruch der GmbH gegen A auf Erbringung der Bareinlage nach wie vor fort.

II. GmbH gegen A auf Zahlung von € 7.000,– aus §§ 31 I, 30 I GmbHG

1. Lehnt man die Lehre von der verdeckten Sacheinlage ab, so ergeben sich im Fall keine weiteren Ansprüche zu Lasten des A. Hier wird jedoch die praxisbezogene Sicht des Insolvenzverwalters fortgeführt, den Konsequenzen der Lehre von der verdeckten Sacheinlage also weiter nachgegangen:

2. Es müsste zunächst **Vermögen** der Gesellschaft an A **ausgezahlt** worden sein. Zwar könnte man mit Blick auf die Grundsätze über den evidenten Missbrauch der Vertretungsmacht sowie mit Blick auf § 27 III AktG analog (und schließlich noch angesichts des möglichen Charakters der §§ 30, 31 GmbHG als Verbotsgesetze) zunächst Zweifel an der **Wirksamkeit** einer Leistung der Gesellschaft auf den Kaufvertrag mit A haben. Legt man allerdings, wie lebensnah anzunehmen ist, eine Überweisung der Gesellschaft iHv € 7.000,– an A zugrunde, so bestehen am wirksamen Abfluss der Mittel aus dem Vermögen der Gesellschaft an A letztlich keine Zweifel.

3. Das abgeflossene Vermögen müsste **zur Erhaltung des Stammkapitals erforderlich** gewesen sein.

Das Stammkapital ist eine Soll-Eigenkapitalgröße, die im Fall € 25.000,– beträgt. Es durfte demnach kein Vermögen der GmbH an A fließen, das diese Soll-Eigenkapitalgröße angriff. Es müsste mit anderen Worten auch nach der Zahlung noch ein Überschuss der Aktiva über die Passiva (= Eigenkapital) der Gesellschaft bestanden haben, der mindestens die Stammkapitalgröße erreichte.

Im Fall geht es nun nicht um eine einseitige Ausschüttung von Vermögen der Gesellschaft an den Gesellschafter, sondern um ein **Austauschgeschäft** zwischen Gesellschaft und Gesellschafter. In einem solchen Fall ist nicht statisch nur die Zahlung an den Gesellschafter zu berücksichtigen, sondern es muss mit Blick auf den Kapitalerhaltungsgrundsatz unter Umständen berücksichtigt werden, dass der Gesellschaft ein **Gegenwert** im Zuge des Austauschgeschäfts zufließt.

Inwieweit das Vermögen der GmbH zum Zeitpunkt der Zahlung das Stammkapital deckte, ist nicht ersichtlich. Man könnte im Sinne des eben Gesagten jedoch überlegen, ob der Anspruch aus §§ 31, 30 GmbHG nicht jedenfalls deshalb scheitern muss, weil die Gesellschaft einen angemessenen Gegenwert für ihr Geld erhielt. Der Preis für den Schrank war angemessen, was eine Herbeiführung oder Vertiefung einer Unterbilanz von vornherein ausschließen könnte.

Diese Annahme ginge jedoch fehl. Die Grundsätze über die verdeckte Sacheinlage führen nämlich zur **Unwirksamkeit** des gesamten Geschäfts nach §§ 19 V GmbHG, 27 III AktG analog. Der Gesellschaft wurde demnach *kein* ihr verbleibender Gegenwert zugeführt.

Es bleibt demnach bei der Sachverhaltsungewissheit, der zufolge über den Anspruch aus §§ 31, 30 GmbHG nicht abschließend befunden werden kann. Nur wenn die Zahlung zu einer Unterbilanz geführt hat, besteht der hier geprüfte Anspruch. Aus § 31 II GmbHG ergeben sich keine Einschränkungen.

Hinweis: Man muss sich hier zwei Dinge klarmachen:
*1. Für die Frage einer Unterbilanz – also danach fragend, ob zur Erhaltung des Stammkapitals erforderliches Vermögen abgeflossen ist – kommt es auf die **Bilanz** der Gesellschaft an. Wird ein Gegenstand aus der Gesellschaft abgezogen, der nicht zur Deckung des bilanziellen Stammkapitals erforderlich ist, greifen §§ 30, 31 GmbHG von vornherein nicht ein.*

2. Kommt es aber bei bilanzieller Betrachtung zu einer Unterbilanz, so muss im Falle eines Austauschgeschäfts weiter überlegt werden, ob die Gesellschaft einen angemessenen Gegenwert erhalten hat. In diesem Fall ist zwar der Abfluss in der Bilanz zu verzeichnen, er kann aber durch die Gegenleistung vollständig ausgeglichen sein. Ist das der Fall, so ist letztlich doch keine Unterbilanz eingetreten. Für diese Frage, also für die Frage, ob der Gesellschafter

einen angemessenen Gegenwert verschafft hat, ist aber nicht die Bilanz ent-
*scheidend. Entscheidend ist der **tatsächliche Wert** des aus dem Gesellschafts-*
vermögen abgeflossenen Vermögenswerts. Erwirbt also etwa ein Gesellschafter
eine Sache aus dem Vermögen der GmbH zum Buchwert, liegt aber der tat-
sächliche Wert höher, so ist dieser entscheidend.

In unserem Fall fließt Bargeld an den Gesellschafter, so dass es zu einer Dis-
krepanz zwischen „Buchwert" und tatsächlichem Wert – auf der „2. Stufe" –
nicht kommen konnte.

III. GmbH gegen A auf Zahlung von € 7.000,– aus § 812 I 1 Var 1 BGB

1. A hat eine Gutschrift bei seiner Bank erhalten.

2. Diese Leistung der Gesellschaft ist ihm ohne rechtlichen Grund zugeflossen. Der Kaufvertrag zwischen ihm und der Gesellschaft war nach
§§ 19 V GmbHG, 27 III AktG analog unwirksam.

3. Damit ist A mangels Herausgabemöglichkeit *in natura* zum Wertersatz verpflichtet, § 818 II BGB.

D. Ansprüche des A gegen die GmbH wegen des Erwerbs des Humidorschranks

I. A gegen die GmbH auf Rückgabe des Humidorschranks aus § 985 BGB

1. Das **Eigentum** am Schrank war ursprünglich bei A. Er hat es möglicherweise durch Übereignung an die GmbH verloren, § 929 S 1 BGB. Aufgrund
der im GmbH-Recht entsprechend heranzuziehenden Anordnung des
§ 27 III AktG ist jedoch – folgt man der Lehre von der verdeckten Sacheinlage – das Übereignungsgeschäft zwischen A und der GmbH als unwirksam
anzusehen. Der A hat sein Eigentum mithin nicht verloren.

2. Die GmbH ist **Besitzerin ohne Recht zum Besitz**, § 986 BGB. Der
Anspruch des A besteht.

II. A gegen die GmbH auf Übergabe des Schranks aus § 812 I 1 Var 1 BGB

A hat der GmbH den **Besitz** am Schrank **geleistet**. Die rechtsgrundlos be-
sitzende GmbH ist dementsprechend zur Herausgabe des Besitzes am
Schrank auch aus § 812 I 1 Var 1 BGB verpflichtet.

III. A gegen die GmbH auf Rückzahlung von € 7.000,–
aus § 812 I 1 Var 1 BGB

Wie oben gesehen, bestand iHv € 7.000,– kein Rechtsgrund für die Zahlung mangels Tilgungswirkung der Leistung des A an die Gesellschaft. Deshalb kann A den gezahlten Betrag von der Gesellschaft kondizieren.

E. Anspruch der GmbH gegen B wegen des Schrankkaufs

I. GmbH gegen B auf Zahlung von € 7.000,– (Bareinlage)
aus dem Gesellschaftsvertrag iVm § 24 GmbHG

Ein solcher Anspruch besteht unter den näheren Voraussetzungen des § 24 GmbHG. B haftet nämlich für die Bareinlageverpflichtung des A als Mitgesellschafter.

II. GmbH gegen B auf Zahlung von € 7.000,–
aus §§ 31 I, 30 I, 31 III GmbHG

Auch dieser Anspruch bestünde ggf (wie gesehen, ist der Nachweis einer Unterbilanz erforderlich).

Ergänzende Hinweise
– *Nicht* zu erörtern waren aufgrund der Aufgabenstellung zu Variante 3 die Möglichkeiten des A, sich durch **Aufrechnung** von Ansprüchen der GmbH zu befreien bzw eine **Einrede** hiergegen zu erheben.

Hinsichtlich der Einlageforderung wäre insoweit an das Aufrechnungsverbot des § 19 II 2 GmbHG zu denken. Dieses gilt auch in Hinblick auf den „verwandten" Anspruch aus §§ 31, 30 GmbHG (*BGH* ZIP 2001, 157). Legt man allein einen bereicherungsrechtlichen Anspruch der GmbH gegen A zugrunde, ist eine Aufrechnung zulässig (str, aA etwa *Lieb* ZIP 2002, 2016).

Das Aufrechnungsverbot des § 19 II 2 GmbHG schließt auch das Erheben einer Einrede durch den Gesellschafter – im Fall wäre an § 273 I BGB zu denken – gegen den Einlageanspruch der Gesellschaft aus (Roth/Altmeppen/ *Roth* GmbHG 4. Aufl § 19 Rn 29).

– Die Haftungssituation in den verschiedenen **Gründungsstadien der Aktiengesellschaft** entspricht dem hier zum GmbH-Recht Dargestellten.

– Die Grundsätze über die verdeckte Sacheinlage finden nicht nur bei der Gründung, sondern auch bei der **Kapitalerhöhung** Anwendung.

– Die **Heilung** einer verdeckten Sacheinlage in eine GmbH soll möglich sein im Wege der Satzungsänderung, die allen Anforderungen einer Sacheinlage genügt (s *Karsten Schmidt* Gesellschaftsrecht 4. Aufl S 1125 f). Zur

Treuepflicht der Mitgesellschafter, an einer Heilung mitzuwirken, zur Unwirksamkeit der Ausführungsgeschäfte sowie zum richtigen Einlagegegen-
stand bei der Heilung einer verdeckten Sacheinlage *BGH* NJW 2003, 3127.

Zur Heilung einer verdeckten Sacheinlage in der **AG** entsprechend § 52
AktG s *Karsten Schmidt* Gesellschaftsrecht 4. Aufl S 889 mwN.

– Weitere Problemkreise aus dem Recht der Kapitalaufbringung, die
bekannt sein sollten, werden bei *Wilhelm* Kapitalgesellschaftsrecht 2. Aufl
Rn 280 ff sowie in *Fall 3* vorgestellt.

Fall 2: Handel im Wandel (Gesellschaftsrecycling)

Karl Kubalik betreibt als Alleingesellschafter und Geschäftsführer seit 1990 in Passau ein Bekleidungsgeschäft, die „Chic mit Kubalik GmbH" (K-GmbH). Das Stammkapital beträgt € 30.000,–. In Höhe von € 3.000,– hat Kubalik im Wege der Sacheinlage ein Computersystem der Marke Apple (Typenbezeichnung: S-35) in die GmbH eingebracht. Der Wert der Anlage entsprach € 3.000,–. Das wirtschaftliche Umfeld in der Textilbranche wird Ende der 90er Jahre immer schwieriger. Als die K-GmbH im Jahre 2000 gerade noch die Betriebskosten erwirtschaften kann und zudem Kubalik schwer erkrankt, entscheidet sich dieser, das Ladenlokal der GmbH zu schließen und den Geschäftsbetrieb vorerst einzustellen.

Nach seiner Genesung Mitte 2002 beschließt Kubalik, erneut in das Wirtschaftsleben einzusteigen. Er ist der Ansicht, dass sich mit dem Verkauf von exklusiven Wohnungseinrichtungsgegenständen, insbesondere Antiquitäten, besser Geld verdienen lässt. Um die Kosten und den Aufwand für sein Projekt möglichst gering zu halten, beschließt Kubalik, seine K-GmbH, in der € 5.000,– Rest-Eigenkapital vorhanden sind, zu reaktivieren. Er tritt zunächst einen Geschäftsanteil von 10 % an seine Ehefrau Marta Kubalik ab, die von seiner neuen Geschäftsidee ebenfalls überzeugt ist. Karl Kubalik tritt als Geschäftsführer ab, die jüngere und belastbarere Marta tritt an seine Stelle. Außerdem benennen Karl und Marta die GmbH um in „Chez Kubalik – Gesellschaft für Exclusive Wohnideen mbH" (C-GmbH), der Unternehmensgegenstand wird angepasst. Schließlich wird noch das Stammkapital der Gesellschaft von ursprünglich € 30.000,– auf € 40.000,– erhöht. Karl Kubalik zahlt € 9.000, Marta € 1.000,– auf das Konto der GmbH, welches damit ein Guthaben von € 15.000,– aufweist.

Nach schleppendem Neustart der neu formierten GmbH ist das Eigenkapital Ende 2004 restlos aufgebraucht und eine erste Schuld der GmbH nicht gedeckt. Marta stellt ordnungsgemäß Insolvenzantrag für die C-GmbH. Karl wendet sich daraufhin an Rechtsanwalt Richard Rossmann und bittet um Auskunft darüber, ob er oder seine Ehefrau auf der Basis des geschilderten Sachverhalts damit rechnen müssen, von einem Insolvenzverwalter in irgendeiner Weise in Anspruch genommen zu werden.

Rossmann erfährt, dass Karl die alte Computeranlage (S-35) im Jahr 1996 gegen das Nachfolgemodell von Apple (S-45) ausgetauscht hat und dass derzeit ein Computersystem von Apple auf dem Markt ist (nunmehr:

Typenbezeichnung S-55), welches die Fortführung des alten Modells gemäß dem jeweiligen Stand der Technik darstellt.

Die von Rossmann zu erteilende Auskunft ist in einem umfassenden Gutachten vorzubereiten, das auf alle aufgeworfenen Rechtsfragen eingeht. Dabei ist insbesondere die Auffasung der höchstrichterlichen Rechtsprechung zu berücksichtigen.

Auf § 80 InsO wird hingewiesen.

Variante

Wie Grundfall, mit folgender Änderung. Karl Kubalik berichtet Rossmann, dass er im Rahmen der Kapitalerhöhung vor deren Eintragung zunächst die eingeforderte Bareinlage iHv € 4.000,– erbracht habe. Sodann sei man wie folgt vorgegangen: Karl habe für die Gesellschaft vor der Kapitalerhöhung Einkäufe im Wert von € 3.000,– getätigt. Statt die von der Gesellschaft geltend gemachte Resteinlageforderung iHv € 5.000,– bar zu begleichen, habe er einen „Aufhebungsvertrag" mit der GmbH geschlossen, in dem er, Karl, auf die Rückerstattung der € 3.000,– „verzichtet", die GmbH im Gegenzug von der Erhebung der Bareinlage in der selben Höhe „abgesehen" habe. Weitere € 2.000,– habe Karl später auf Wunsch der Marta nicht an die GmbH, sondern an einen Gläubiger der GmbH bezahlt. Die Kapitalerhöhung sei in das Handelsregister eingetragen worden.

Lösung zu Fall 2

Schwerpunkte: Mantelgründung; Verrechnung von Gesellschafterforderung mit Einlageforderung; Einlageerbringung durch Zahlung an Dritte

Leseempfehlung:

zum Grundfall
BGH NJW 2003, 892; NJW 2003, 3198. *Wilhelm* Kapitalgesellschaftsrecht 2. Aufl Rn 339 ff.
§ 19 GmbHG.

zur Variante
Wilhelm Kapitalgesellschaftsrecht 2. Aufl Rn 197 ff, 287 ff.

Lösung des Grundfalls

K fragt, inwieweit ein Insolvenzverwalter Ansprüche gegen ihn oder seine Ehefrau wird geltend machen können. Insoweit ist zunächst auf § 80 I InsO zu verweisen. Der Insolvenzverwalter kann nach dieser Vorschrift das zur Insolvenzmasse gehörende Vermögen des Schuldners (§ 35 InsO), hier der C-GmbH, verwalten und über es verfügen. Aus Sicht des K und der M ist demnach entscheidend, welche Ansprüche die C-GmbH gegen sie hat.

A. Ansprüche der C-GmbH gegen K

I. Anspruch der C-GmbH gegen K auf Einbringung der ursprünglichen Apple Computeranlage (Typ S-35) aus dem Gesellschaftsvertrag

Ursprünglich, so lässt sich dem Sachverhalt entnehmen, war K aus dem Gesellschaftsvertrag zur Einbringung der genannten Computeranlage als Sacheinlage verpflichtet. Diese Verpflichtung ist in der Folge gemäß § 362 I BGB erloschen. Allein aus dem Gesellschaftsvertrag kann deshalb kein solcher Anspruch der GmbH mehr hergeleitet werden.

II. Anspruch der C-GmbH gegen K auf (Neu-)Einbringung der ursprünglichen Apple Computeranlage (Typ S-35) oder einer entsprechenden Anlage aus dem Gesellschaftsvertrag iVm den Grundsätzen über eine „Mantelgründung"

1. Möglicherweise folgt aber aus einer erneuten Anwendung der Gründungsregeln des GmbH-Rechts, dass die Einlageverpflichtung infolge der diversen (Satzungs-)Änderungen bei der „K-GmbH" entweder „aufgelebt" ist oder zumindest in sonstiger Weise eine (neue) Pflicht zur Erbringung der ursprünglichen Einlagen entstanden ist. Es könnte sich nämlich bei dem im Sachverhalt beschriebenen Vorgang um eine sog. „Mantelgründung", einen gründungsähnlichen Vorgang, handeln, so dass K – wie bei einer „regulären" Gründung – die ursprünglich satzungsmäßig vorgesehene und zunächst erloschene Einlageforderung möglicherweise erneut zu erfüllen hat.

a. Um das Für und Wider einer (analogen) Anwendung der Gründungsvorschriften abwägen zu können, muss man sich zunächst klarmachen, was mit einer **Mantelgründung** überhaupt gemeint ist: Abzugrenzen ist die „Mantelgründung" von der weniger weit gehenden bloßen **Umstrukturierung** einer Gesellschaft. Einigkeit besteht in Rechtsprechung und Schrifttum nämlich darüber, dass eine solche Umstrukturierung keinen Bedenken ausgesetzt ist. Sie kann insbesondere nicht zum „Aufleben" oder Neuentstehen von Einlageverpflichtungen führen. Besondere gesetzliche Kapitalaufbringungsvorschriften, die es bei bloßen Umstrukturierungen einzuhalten gälte, existieren nämlich nicht.

Die Mantelgründung geht darüber insoweit hinaus, als sie von dem alten Unternehmen im Grunde mit Ausnahme der Rechtsform „nichts übrig lässt". Von einer solchen Mantelgründung ist dann zu sprechen, wenn das alte Unternehmen so weit reichenden Veränderungen unterzogen wird, dass bei wirtschaftlicher Betrachtung ein vollständig neues Unternehmen entstanden ist.

b. Ob allerdings ein solcher „Mantelgründungs"-Vorgang zum Aufleben bzw Neuentstehen einer Einlageverpflichtung in der Person der aktuellen Gesellschafter – hier: des K – führt, ist sehr zweifelhaft.

aa. Eine Zahlungspflicht des K aus einem gründungsähnlichen Vorgang würde jedenfalls dann ausscheiden, wenn die „Mantelgründung" nach § 134 BGB iVm den Vorschriften über die Gründung einer GmbH im GmbHG als **nichtig** anzusehen wäre. Das ist jedoch, wie heute allgemein anerkannt ist, nicht der Fall. Die Gründungsvorschriften sind keine „Verbotsgesetze", sondern Gründungskautelen, die mit bestimmten Sanktionen versehen sind.

bb. Als Grundlage einer Zahlungspflicht kommt eine Analogie zu den Gründungsvorschriften in Betracht. *Für* die **entsprechende Anwendung der Gründungsbestimmungen** des GmbH-Rechts hat sich denn auch früh schon eine Reihe von Stimmen aus der Literatur gefunden, die die „Gründungs"-Gesellschafter für verpflichtet halten, ihre Gesellschaft mit neuem Kapital auszustatten, wobei die Höhe dieser „Einlage"-Verpflichtung im einzelnen umstritten ist (dazu GroßKomm[4]/*Röhricht* AktG § 23 Rn 136 Fn 159 mwN). Dem hat sich der *BGH* in zwei Entscheidungen sowohl betreffend die Vorrats- als auch betreffend die Mantelgründung angeschlossen (*BGH* NJW 2003, 892 einerseits; NJW 2003, 3198 andererseits). Als Argument lässt sich hier anführen, dass jedenfalls bei wirtschaftlicher Betrachtung wie gesehen von der „alten" Gesellschaft nichts übrig bleibt, sondern im Grunde ein völlig neues Unternehmen in einem alten Rechtsmantel an den Markt gebracht wird. Damit erneuern sich aus Sicht der Marktteilnehmer die Gründungsrisiken, die insbesondere aus der Stellung als nicht alteingesessener „Newcomer" resultieren können. Das rechtfertigt es, so lässt sich argumentieren, der Wiederholung der Risiken des Gründungsstadiums mit einer Wiederholung der gesetzlichen „Absicherung" der Gesellschaft (und damit ihrer Gläubiger) durch eine erneute Kapitalausstattung zu begegnen.

cc. *Gegen* die Analogie spricht allerdings, dass das Gesetz an sich den Betrieb einer GmbH, deren Stammkapital einmal aufgebracht ist, nur durch die Vorschrift des § 64 GmbHG über die Insolvenzantragspflicht des Geschäftsführers der GmbH einschränkt. Außerhalb des Anwendungsbereichs des § 64 GmbHG kann mit der GmbH auch dann noch gewirtschaftet werden, wenn deren Stammkapital weit gehend oder ganz aufgezehrt ist. Eine Pflicht zum „Auffüllen" des Stammkapitals existiert gerade nicht. Eine irgendwie geartete Verpflichtung zu erneuter Kapitalausstattung der Gesellschaft scheint demnach ausgeschlossen. Massive Abgrenzungsschwierigkeiten sind zudem für solche Fälle zu erwarten, in denen eine GmbH „nur" in erheblichem Umfang saniert oder umstrukturiert werden soll. Die Grenze zu einer „Mantelgründung" kann in einem solchen Fall fließend sein.

dd. Gleichwohl muss Rechtsanwalt R für seine Beratung des K von der Ansicht der Rechtsprechung ausgehen. Jedenfalls bei einer *vollständigen* Einstellung des vorherigen Geschäftsbetriebs muss die Neuausrichtung der Gesellschaft als (wirtschaftliche) Neugründung verstanden und damit den Gründungsvorschriften des GmbHG unterworfen werden.

c. Deshalb ist als nächstes festzustellen, ob es sich bei den „Änderungen" in der K-GmbH tatsächlich um eine „Mantelgründung" iS der Rechtsprechung gehandelt hat.

aa. *Für* eine wirtschaftliche „Neugründung" spricht im Fall, dass der ursprüngliche Unternehmensgegenstand der K-GmbH in keiner Weise fortgeführt wird. Vielmehr erhält die Unternehmung neben einem neuen Betätigungsfeld einen neuen Namen, die Geschäftsführung wird ausgewechselt und die Kapitalausstattung verändert. Damit ist wirtschaftlich ein völlig neues Unternehmen entstanden.

bb. *Gegen* die Annahme einer Mantelgründung lässt sich möglicherweise zum ersten einwenden, dass K Hauptgesellschafter bleibt und, trotz Niederlegung des Geschäftsführeramtes, aufgrund seiner Gesellschafterstellung maßgeblich in der Gesellschaft tätig bleibt. Es wird in die GmbH lediglich M als Minderheitsgesellschafterin aufgenommen.

Diese Konstante ist jedoch nicht entscheidend. Die Bewertung einer Umgründung als Mantelgründung (wirtschaftliche Neugründung) knüpft nicht an die – nach außen ohnehin nicht unmittelbar wirtschaftlich in Erscheinung tretende – Existenz von neuen oder alten Gesellschaftern an, sondern an die Veränderung *der GmbH* selbst. *Ihre* Neuausrichtung, die Belegung eines gänzlich anders gearteten Geschäftsfelds *durch sie* ist entscheidender Gesichtspunkt für die Annahme einer „Neugründung" (so iE auch *Thür. OLG* DB 2004, 2363). Denn ihre neue wirtschaftliche Betätigung, verbunden mit den entsprechenden Risiken, rechtfertigt die erneuten Kapitalaufbringungspflichten.

Hinweis: Die genannte Rechtsprechung muss natürlich nicht bekannt sein. Es ist aber wichtig, die Abweichung vom „Normalfall" der Mantelgründung (mit Austausch der Gesellschafter) zu erkennen und kurz zu behandeln.

Zum Zweiten könnte man einwenden, dass das Stammkapital der GmbH bereits „freiwillig" von den Gesellschaftern erhöht worden ist, was das Risiko der Gläubiger verringert. Allerdings lässt sich die Änderung der Kapitalausstattung auch gerade umgekehrt als Bestandteil des „Änderungspakets" begreifen, welcher noch einmal belegt, dass eine grundlegende Neuausrichtung geplant ist. Insbesondere reicht die Kapitalerhöhung auch ihrem Umfang nach nicht aus, um die Gründungsrisiken in vollem Umfang aufzufangen. Anders hätte es sich etwa bei einer im Vergleich zum bisherigen Stammkapital *massiven* Kapitalerhöhung darstellen können. Dann hätte man möglicherweise argumentieren können, dass das erneute „Gründungsrisiko" durch die Kapitalzufuhr weit gehend abgedeckt sei.

Drittens fehlt es an einer Änderung des Sitzes der Gesellschaft. Auch das spricht aber nicht entscheidend gegen eine Mantelgründung, da dem Sitz der Gesellschaft nur untergeordnete Bedeutung zukommt gegenüber den weit einschneidenderen Änderungsmaßnahmen.

cc. Insgesamt ist deshalb festzuhalten: Die K-GmbH wurde lediglich als leere „Hülle" eingesetzt, um diese nach der vollständigen Einstellung des Unternehmens mit einem gänzlich andersartigen Geschäftsbetrieb zu füllen. Deshalb ist hier nicht von einer Umstrukturierung, sondern von einer „Mantelgründung" zu sprechen. Folglich ist – jedenfalls auf der Basis der Rechtsprechung – von einer Pflicht des K auszugehen, erneut Einlagen zu erbringen.

d. Damit stellt sich die Anschlussfrage, **worauf** diese **Verpflichtung gerichtet** ist, ob sie insbesondere bedeutet, dass K erneut die Computeranlage Apple S-35 einzubringen hat. Um hierzu Stellung nehmen zu können, ist die **dogmatische Grundlage der** (erneuten) **Einlagepflicht** aufzusuchen:

aa. Vorstellbar ist zum einen, den Gesellschaftern im Falle einer Mantelgründung aufzuerlegen, gleichsam abstrakt das *gesetzliche* **Mindeststammkapital** des § 5 I GmbHG aufzubringen, die Verpflichtung des K also auf eine gesetzliche Grundlage zu stützen. Das würde eine (erneute) Sacheinlageverpflichtung des K von vornherein ausschließen.

bb. Auf das gesetzliche Stammkapital abzustellen, ist aber nicht überzeugend. Zum einen sind die Mantelgründungsvorgänge in ihrer wirtschaftlichen Reichweite höchst unterschiedlich. Wenn man schon von einer „Neugründung" ausgeht, so ist zu berücksichtigen, dass im Handelsregister eine
weit höhere Kapitalausstattung ausgewiesen sein kann und dass Gläubiger
des „neuen" Unternehmens insoweit nach dem „Gründungsvorgang" auf
eine entsprechende Kapitalausstattung schließen können. Zum anderen
wäre es auch dogmatisch inkonsequent, einen gründungsähnlichen Vorgang anzunehmen, dann aber eine gänzlich anders geartete, letztlich fiktive
Grundlage für das Einlageversprechen zu konstruieren, als sie bei der Neugründung angenommen wird – hier ist der **Gesellschaftsvertrag** Grundlage
der Einlagepflicht. Die Mantelgründung bezieht sich auch nicht auf eine ab-
strakte GmbH, sondern auf eine konkrete Gesellschaft, deren Stammkapital
auch im Handelsregister publiziert ist. Maßgeblich ist demnach der *satzungsmäßige* Standard (so auch *BGH* NJW 2003, 3200).

*Hinweis: Es ist auch vertretbar (jedoch nicht so konsequent wie das Abstellen
auf den Gesellschaftsvertrag), den Anspruch auf § 3 I Nr 4 GmbHG (analog)
oder auf die „Vorbelastungshaftung" (herzuleiten aus § 9 GmbHG – s hierzu
Fall 1) zu stützen. Weniger konsequent ist dies, weil die Vorbelastungshaftung
an eine Situation anknüpft, in der die Gesellschaft bereits Einlagen erhalten
hat, diese aber angegriffen sind. Geht man von einer „Neugründung" aus, so
sind die Einlage eben auch neu zu erbringen und nicht als erbracht und bereits
aufgebraucht zu bewerten. Das vermischte den ursprünglichen Gründungsvorgang mit dem Neugründungsvorgang.*

cc. Damit scheint die Antwort auf die oben gestellte Frage bereits gefunden: K muss grundsätzlich als verpflichtet angesehen werden, die ursprüngliche Einlage einschließlich der Sacheinlage zu erneuern. Dass dies Ergebnis
aber nicht das endgültig richtige sein kann, liegt auf der Hand. Dies würde
bedeuten, die nochmalige Einbringung einer mittlerweile völlig veralteten
Computeranlage zu verlangen. Das würde aber keineswegs reichen. Aufgelebt ist ja die ursprüngliche Einlagepflicht des K, und die war auf eine Anlage im Werte von € 3.000,– gerichtet. Soweit die alte Anlage diesem Wert
nicht mehr entspricht, würde K die Differenzhaftung nach § 9 I GmbHG
treffen. In der dogmatischen Konsequenz des Mantelgründungsansatzes
mag dies zunächst liegen (erneute Heranziehung des satzungsmäßigen Ein-
lageversprechens). Sinnvoll ist die Auferlegung einer derartigen anachronis-
tischen Pflichterfüllung freilich nicht. Und darüber hinaus ist fraglich, ob
K überhaupt an alte Anlagen zum alten Preis herankommen kann. Die Er-

füllung der wieder aufgelebten Einlagepflicht durch Leistung einer alten Anlage scheidet also aus.

dd. Fraglich ist, ob die Verpflichtung des K „ersatzweise" auf die Einbringung einer **neuen, „vergleichbaren" Sacheinlage** (zB einer Apple Computeranlage Typ S-55) gerichtet sein kann. Auch das kann aber nicht in Betracht kommen. Zum einen würde dies generell zu erheblichen Abgrenzungsschwierigkeiten bei der Frage der „Vergleichbarkeit" führen. Insbesondere im Hauptfall der Sacheinlage, der Einbringung eines Unternehmens, würden solche Grundsätze versagen müssen. Zum anderen fehlt es an einer Grundlage für die Verpflichtung des Gesellschafters, der sich nur seinerzeit zu einer bestimmten Leistung verpflichtet hat, zur Beschaffung einer ganz anderen Sachleistung jetzt. Schließlich muss die Ersetzung der alten Einlage durch eine neue nach dem Wesen der Mantelgründung ausscheiden: Diese bedeutet ja eine „Umkrempelung" des Unternehmens hin zu einem neuen Bereich. Dies steht der Einbringung einer auf den vorherigen, gänzlich anders gearteten Geschäftsbetrieb gerichteten Sacheinlage in den meisten Fällen entgegen.

ee. Nach dem Bisherigen scheidet eine Sachleistung des K als unmöglich aus. Im Hinblick darauf muss der Ansatz der Mantelgründung sinnvoll weitergeführt werden. Ist eine Neueinbringung letztlich unmöglich, weil sie ihren Zweck – Kapitalausstattung der „erneuerten" GmbH – nicht erfüllen kann, so ist, wie stets im Verbandsrecht, die „unter" einem Sacheinlageversprechen liegende „ersatzweise" Bareinlagepflicht hervorzukehren. Insoweit lässt sich auf den Rechtsgedanken aus § 9 I GmbHG verweisen, der bei mangelhaften Sacheinlagen eine „ersatzweise" Barzahlungspflicht anordnet. Dieser Rechtsgedanke ergibt im Recht der Mantelgründung, indem hier eine Neuerbringung von Sacheinlagen aus dem Bereich des „alten" Geschäftsbetriebs nicht in Betracht kommt, ebenfalls die Ersetzung der Sachleistung durch die **Bareinlage.**

Hinweis: Der Klausurbearbeiter kann hier mit der neu ermittelten Anspruchsgrundlage neu ansetzen (und insbesondere, anders als in der folgenden Darstellung, zwischen der Differenzhaftung und der „sonstigen" Bareinlageverpflichtung des K nach Mantelgründungsgrundsätzen trennen), muss dies aber nicht zwingend. Der enge Zusammenhang der Überlegungen zur Sacheinlagepflicht mit denjenigen zur letztendlichen Bareinlageverpflichtung gestattet es hier ausnahmsweise, das richtige Anspruchsziel (Barzahlung) unter dem gutachtlichen Prüfungspunkt des Sacheinlageversprechens mit zu ermitteln.

2. Es ergibt sich nach alldem eine Bareinlagepflicht des K, und zwar einerseits – in Anlehnung an § 9 I GmbHG – in Höhe seines Geschäftsanteils von 90 % bezogen auf den Wert der ursprünglichen Sacheinlage (€ 3.000,–), andererseits – in Anwendung der Mantelgründungsgrundsätze – in Höhe seines Geschäftsanteils von 90 % bezogen auf das ursprüngliche Barstammkapital (€ 27.000,–). Zusammen genommen, schuldet K demnach grundsätzlich die Aufbringung von 90 % von € 30.000, dh € 27.000,–.

3. Zu fragen ist allerdings noch, wie sich auswirkt, dass ein Teil des ursprünglichen **Stammkapitals** (nämlich € 5.000,–) in der GmbH **noch vorhanden** ist.

In der dogmatischen Konsequenz des Ansatzes der Mantelgründung liegt es eigentlich, eine vollständige, uneingeschränkte Neuaufbringungspflicht anzunehmen. Eine Neugründung muss, wie jede Gründung, dazu führen, dass die – also alle – Verpflichtungen aus dem Gesellschaftsvertrag (neu) zu bedienen sind.

Andererseits ist zu bedenken, dass die Grundsätze über die Mantelgründung allein dem Gläubigerschutz dienen. Diese müssen aber nicht in höherem Maße geschützt werden, als es ihr Vertrauen rechtfertigt. Deshalb ist der Mantelgründungsansatz teleologisch dahin zu reduzieren, dass allein eine „Auffüllpflicht" der Gesellschafter – hier des K – hinsichtlich des Gesellschaftsvermögens anzunehmen ist, keine „sture" Neuausstattungspflicht.

4. K hat also 90 % von € 30.000, abzüglich des bei Mantelgründung noch vorhandenen Eigenkapitals von € 5.000, folglich € 22.500,– an die Insolvenzmasse zu zahlen. Der Betrag von € 22.500,– errechnet sich iE wie folgt: € 30.000,– Stammkapital ./. € 5.000,– Resteigenkapital ergeben € 25.000,– fehlendes Stammkapital. Gesellschaftsanteil von K ist 90 %, er muss daher 90 % von € 25.000, dh € 22.500,– aufbringen.

III. Anspruch der C-GmbH gegen K auf Zahlung von € 2.500,– aus dem Gesellschaftsvertrag iVm den Grundsätzen über eine Mantelgründung und iVm § 24 GmbHG

1. Wie hier kurz inzident festgehalten werden kann, ist auch die Mitgesellschafterin M als „Gründungsmitglied" der im Wege der Mantelgründung ins Leben gerufenen C-GmbH nach den Grundsätzen über die Mantelgründung zur „Neuerbringung" der übernommenen Einlage verpflichtet. Da sie allerdings nur 10 % der Anteile hält, ist ihre Verpflichtung entsprechend geringer als die des K, nämlich 10 % von € 30.000,– (Stammkapital) ./. € 5.000,– (Resteigenkapital), das sind € 2.500,–.

2. Unter den näheren Voraussetzungen des § 24 GmbHG (analog) hat deshalb K mit einer In-Anspruchnahme in Höhe weiterer € 2.500,– zu rechnen.

B. Ansprüche der C-GmbH gegen M
I. Anspruch der C-GmbH gegen M auf Zahlung von € 2.500,– aus dem Gesellschaftsvertrag iVm den Grundsätzen über eine „Mantelgründung"

Der Anspruch besteht, wie schon gesehen (soeben unter *III.*).

II. Anspruch der C-GmbH gegen M auf Zahlung von € 22.500,– aus dem Gesellschaftsvertrag iVm den Grundsätzen über eine „Mantelgründung" und § 24 GmbHG analog

Auch M muss umgekehrt für die gegen K gerichteten Ansprüche der C-GmbH (unter *I., II.*) aufkommen, sollten die Voraussetzungen des § 24 GmbHG (analog) später vorliegen.

Lösung der Variante

I. Anspruch der C-GmbH gegen K auf Zahlung von € 9.000,– aus dem Übernahmevertrag zwischen K und der C-GmbH (§ 55 I GmbHG)

1. Dieser Anspruch der GmbH bestand, könnte aber **durch Erfüllung erloschen** sein, § 362 I BGB. In Höhe von € 4.000,– ist das sicher der Fall, diese hat K einbezahlt.

a. In Höhe weiterer € 3.000,– könnte K von seiner Einlageschuld durch einen **Aufrechnungsvertrag** frei geworden sein.

Dazu ist zunächst zu prüfen, ob es sich bei der beiderseitigen Vereinbarung überhaupt um einen solchen Vertrag handelte. Die Erklärungen der Parteien sind dafür auszulegen, §§ 133, 157 BGB, wobei der gewählte Wortlaut („Verzicht") nicht entscheidend ist. Ziel der Vereinbarung ist eine Verrechnung der gegenseitigen Forderungen mit dem Ziel des beiderseitigen Erlöschens. Es ist vor diesem Hintergrund interessengerecht, eine **Aufrechnungsvereinbarung** anzunehmen. Ein wechselseitiger Forderungserlass wäre nicht nur rechtlich problematisch (§ 19 II 1 GmbHG), sondern auch lebensfremd, da offensichtlich ein „Verrechnen" der jeweiligen Forderungen erfolgen soll. Gleiches gilt für die Annahme zweier Aufhebungsverträge oder ähnlicher Konstruktionen.

aa. § 19 II 2 GmbHG verbietet allerdings „die Aufrechnung" gegen den Anspruch der Gesellschaft auf Einzahlung einer Stammeinlage. Daraus könnte abzuleiten sein, dass auch ein Aufrechnungs*vertrag*, wie ihn K und die GmbH abgeschlossen haben, also gleichsam eine „einverständliche" Aufrechnung, nicht zulässig ist. Dann wäre K nicht von seiner Bareinlagepflicht frei geworden.

Dazu müsste § 19 GmbHG zunächst **auf Kapitalerhöhungen anzuwenden** sein. Das ist bereits ausweislich des Wortlauts („Stammeinlage", s § 55 GmbHG) eindeutig der Fall.

Weiter müsste **§ 19 II 2 GmbHG** der konkret gewählten Gestaltung einer zweiseitigen **Aufrechnungs*vereinbarung* entgegenstehen.** Die Norm verbietet ihrem Wortlaut nach lediglich die Aufrechnung des Gesellschafters. Das kann freilich nicht allein entscheidend sein. Zu entscheiden ist nach dem Sinn und Zweck des § 19 II 2 GmbHG. Die Vorschrift soll verhindern, dass es im Belieben des Gesellschafters steht, sich durch eine Aufrechnungserklärung auf den Standpunkt zu stellen, er habe seiner Einlagepflicht genügt und damit der Gesellschaft das Prozessrisiko in Hinblick auf die Einlageforderung zu überbürden. Deshalb ist eine Aufrechnungs*vereinbarung*, welche die Gesellschaft einbindet, nicht grundsätzlich zu beanstanden.

bb. Allerdings ist jedenfalls **§ 19 II 1 GmbHG** zu beachten: Erfüllungswirkung kann die Aufrechnungsvereinbarung nur haben, wenn die Forderung des Gesellschafters zum Zeitpunkt der Vereinbarung **fällig** (sofort zahlbar), **liquide** (unbestritten oder ohne Weiteres beweisbar) und **vollwertig** (dh: das Gesellschaftsvermögen deckte alle bestehenden Verbindlichkeiten) war (allg *Wilhelm* Kapitalgesellschaftsrecht 2. Aufl Rn 288). Das wird R zu prüfen haben.

cc. Es bestehen jedoch weitere Bedenken hinsichtlich der Wirksamkeit der Aufrechnungsvereinbarung: So könnte die Aufrechnungsvereinbarung zum Ersten als **Sacheinlage** der Forderung des Gesellschafters anzusehen sein, mit der Folge, dass der Tilgungseffekt der Aufrechnungsvereinbarung verfehlt würde, § 19 V GmbHG. Zwar wurde im Fall keine Leistung an Erfüllungs Statt vereinbart (§ 19 V Var 1 GmbHG), und es geht auch nicht um die Aufrechnung einer für die Überlassung von Vermögensgegenständen zu gewährenden Vergütung (§ 19 V Var 2 GmbHG). Jedoch könnte zumindest in entsprechender Anwendung von § 19 V GmbHG der konkreten Vereinbarung zwischen K und seiner Gesellschaft die Erfüllungswirkung zu versagen sein („**verdeckte Sacheinlage**"). Denn letztlich würde es K, ließe man die Aufrechnungsvereinbarung zu, gestattet, eine Forderung statt einer Barleistung einzubringen. In der Tat kann man dies in konsequenter Weiterführung der Grundsätze der verdeckten Sacheinlage annehmen. Allerdings ist zum Einen diese Lehre an sich schon zweifelhaft. Sie stützt sich nämlich auf zweifelhafte, wenn nicht willkürliche Kriterien und führt zu überharten Konsequenzen für den betroffenen Gesellschafter.

Hinweis: Ausführlichere Argumentation in Fall 1, unter C. I. 4. c.

Zum Zweiten lässt sich jedenfalls für Aufrechnungsvereinbarungen § 19 II 2 GmbHG im Umkehrschluss entnehmen, dass sie zur Erfüllung führen können. Verboten ist dort nämlich *ausschließlich* die Aufrechnung durch den Gesellschafter. Damit lässt das Gesetz die Möglichkeit einer anderweitigen Gestaltung – wie eine Aufrechnungs*vereinbarung* – offen. Ebenso könnte die Gesellschaft die Aufrechnung erklären und mithin die Forderung des Gesellschafters „zur Einlage machen". Nimmt man diese Anordnung des Gesetzes ernst, so darf nicht das dergestalt gewonnene Auslegungsergebnis dadurch konterkariert werden, dass man den Abs 5 der Vorschrift heranzieht und aus ihm das genaue Gegenteil, nämlich die Unzulässigkeit einer Aufrechnungsvereinbarung, folgert. Das würde für den Regelfall des Fehlens einer satzungsmäßigen Vereinbarung betreffend eine spätere Aufrechnung § 19 II 2 GmbHG aushebeln und ihn praktisch bedeutungslos machen.

Hinweis: Die – herrschende – Gegenansicht, die § 19 V neben dem Umkehrschluss aus § 19 II 2 GmbHG anwendet, ist natürlich gut vertretbar. Zu den schwierigen Differenzierungen der „hM" in diesem Zusammenhang, insbesondere betreffend Vereinbarungen der Aufrechnung von „Altforderungen" bzw „Neuforderungen" s Roth/Altmeppen/Roth GmbHG 4. Aufl § 19 Rn 41ff (insbes 49), 28ff. Zum Ganzen auch Wilhelm Kapitalgesellschaftsrecht 2. Aufl Rn 287ff.

dd. Der Aufrechnungsvereinbarung scheitert auch nicht iHv € 2.250,– an **§ 57 II iVm 7 II GmbHG:** Dort ist vorgeschrieben, dass 25 % des auf jede Stammeinlage einzuzahlenden Kapitals **bar, zur freien Verfügung** der Gesellschaft eingezahlt sein müssen. Die Aufrechnungsvereinbarung bezieht sich aber gar nicht auf diesen – schon kraft Zahlung erloschenen – Teil der Einlageforderung.

ee. Ebenso wenig ist § 54 III AktG analog einschlägig. Dieser betrifft den vor der Anmeldung der Gesellschaft – hier möglicherweise entsprechend zu lesen: vor Eintragung der Kapitalerhöhung bei der GmbH – ein*ge*forderten Betrag.

Hinweis: Zu den letzten bei den Punkten (dd., ee.) werden in der Klausur keine Ausführungen erwartet, sie dienen hier nur der Vollständigkeit.

b. In Höhe von € 2.000,– ist K möglicherweise dadurch frei geworden, dass er auf eine wirksame **Anweisung** der M – und mithin der von ihr vertretenen GmbH – hin an einen Dritten leistete (§ 362 II BGB bzw § 787 I BGB – beide Normen sind Ausdruck desselben Rechtsgedankens).

Grundsätzliche Bedenken dagegen, der weisungsgemäßen Zahlung des Gesellschafters an einen Dritten Erfüllungswirkung beizumessen, bestehen im Fall jedenfalls mit Blick auf das Gebot effektiver Kapitalaufbringung (§ 19 II 1 GmbHG) nicht (dazu allg Roth/Altmeppen/*Roth* GmbHG 4. Aufl § 19 Rn 19). Die Forderung des Dritten war – soweit ersichtlich – fällig, liquide und vollwertig.

2. Die GmbH hat mithin keinerlei Ansprüche mehr gegen K.

II. Anspruch der C-GmbH gegen M auf Zahlung von € 9.000,– aus dem Übernahmevertrag zwischen K und der C-GmbH (§ 55 I GmbHG) iVm § 24 GmbHG

Ein solcher Anspruch besteht mithin ebenfalls nicht.

Ergänzende Hinweise:
- Parallele Problematik zu derjenigen der Mantelgründung bei der „**Vorratsgründung**" – auch hier erneute Anwendung des Gründungsrechts
- Parallele Problematik im Gründungs-/Kapitalerhöhungsrecht der **AG**
- Zu den verschiedenen zu beachtenden Sicherungen im Recht der Kapitalaufbringung und zu ihrem „Zusammenspiel" *Wilhelm* Kapitalgesellschaftsrecht 2. Aufl Rn 280 ff.

Fall 3: Astronomische Sanierungspläne

Die Aerospatial AG mit Sitz in Bremen betreibt seit 2003 einen Freizeitpark in Norddeutschland. Gesellschafter der AG sind Alf Anselm (zu 45 %), Bert Bracht (45 %) und Carl Coller (10 %). Das Grundkapital der AG beträgt € 500.000,–. Nach nur einem Jahr hat die Gesellschaft rd € 400.000,– Verluste eingefahren, weil die Zahl der Besucher weit hinter den Erwartungen zurück geblieben ist.

Anselm und Bracht entschließen sich daher zu einem Kapitalschnitt: Auf einer ordnungsgemäß einberufenen Hauptversammlung wird mit den Stimmen Anselms und Brachts, gegen die des Coller, zunächst zur Deckung der Verluste eine vereinfachte Kapitalherabsetzung um € 400.000,– durch Herabsetzung des Nennbetrags der Aktien und unter dem nächsten TOP eine Kapitalerhöhung um € 100.000,– beschlossen. Die jungen Aktien sollen, darüber sind sich Anselm und Bracht einig, dem erfahrenen Investor Ingo Immel überlassen werden, der nur mit einer 50 %-Beteiligung einzusteigen bereit ist. Mit Rücksicht hierauf wird das Bezugsrecht im Kapitalerhöhungsbeschluss ausgeschlossen. Von der Maßnahme versprechen sich Anselm und Bracht nicht nur neue Liquidität seitens Immel, sondern außerdem, früher oder später den lästigen Coller im Wege eines „Squeezeout" loszuwerden. Coller protestiert, vor allem gegen den Bezugsrechtsausschluss. Mit seinem (Collers) know-how sei es ein leichtes, „den Laden wieder flott zu machen", etwas Geld könne er ebenfalls aufbringen. Die Aufnahme Immels sei unnötig. Coller erhebt Widerspruch zu Protokoll und klagt gegen die Beschlüsse.

Die Beschlüsse und die Durchführung der Kapitalerhöhung werden zur Eintragung in das Handelsregister angemeldet, nachdem Immel die jungen Aktien gezeichnet und die Papiere auch ausgehändigt bekommen hat.

Anselm und Bracht, die mit Coller tief zerstritten sind, wollen weitere Klagen des Coller in Zukunft vermeiden. Sie übertragen gemeinsam mit Immel ihre Aktien auf die eigens gegründete A-B-I Holding GmbH. Diese lässt noch vor Eintragung der zuletzt gefassten Beschlüsse in das Handelsregister unter Wahrung der gesetzlichen Erfordernisse eine außerordentliche Hauptversammlung in der Aerospatial AG einberufen, auf der mit den Stimmen der Holding der Ausschluss des C aus der Gesellschaft gegen Gewährung einer (angemessenen) Abfindung von € 15.000,– beschlossen wird. Coller erhebt auch hiergegen Widerspruch zu Protokoll. Er sieht sich weiterhin als Aktionär, der nicht einfach „rausgeschmissen" werden könne. Insbesondere sei die Zusammenlegung der Aktien in der GmbH ein „Etikettenschwindel".

Wird eine Klage des Coller, gerichtet gegen den Kapitalherabsetzungs-, den Kapitalerhöhungsbeschluss sowie gegen den Ausschluss aus der AG Erfolg haben? Hierzu ist in einem umfassenden Gutachten – wenn nötig, hilfsgutachtlich – Stellung zu nehmen.

Lösung zu Fall 3

Schwerpunkte: Kapitalmaßnahmen; Anfechtung; Squeeze-out

Leseempfehlung:

Wilhelm Kapitalgesellschaftsrecht 2. Aufl Rn 516 ff (Kapitalmaßnahmen); 850 ff (Anfechtung); 645 ff (Squeeze-out); *BGH* NJW 1978, 1316 (Kali & Salz – sachlicher Grund beim Bezugsrechtsausschluss); NJW 1997, 2815 (Siemens/Nold – sachlicher Grund beim genehmigten Kapital); *Krieger* BB 2002, 53 (Squeeze-out); zur Vertiefung *Markwardt* BB 2004, 277 (missbräuchlicher Squeeze-out).

§§ 182 ff; 222 ff; 241 ff; 327a ff AktG.

Zu Änderungen des Anfechtungsrechts durch das UMAG s etwa *Diekmann/Leuering* NZG 2004, 249.

Eine Klage gegen die verschiedenen Beschlüsse verspricht Erfolg, wenn sie zulässig und begründet ist.

Möglicherweise wird sich ein Rechtsanwalt zunächst über die Begründetheit einer Klage Gedanken machen, dann erst über ihre Zulässigkeit. Da hier jedoch bereits die statthafte Klageart jeweils nicht unzweifelhaft ist und von der statthaften Klageart die Begründetheitserfordernisse abhängen, sei hier die Zulässigkeitsprüfung „ausnahmsweise" vorangestellt:

I. Zulässigkeit der Klagen vor dem LG Bremen

1. Klagen gegen den Kapitalherabsetzungs- und gegen den Kapitalerhöhungsbeschluss

a. Hinsichtlich der Zulässigkeitsvoraussetzungen ist zunächst zu fragen, welches die **richtige Klageart** für das Begehren des C ist. In Betracht kommt grundsätzlich eine **allgemeine Feststellungsklage**, § 256 ZPO. Jedoch stehen als speziellere Klagearten des Kapitalgesellschaftsrechts die Anfechtungs- und Nichtigkeitsklage zur Verfügung, §§ 241 ff AktG, da C sich gegen Hauptversammlungsbeschlüsse wendet.

b. Statthaft ist in beiden Fällen jedenfalls die **Anfechtungsklage**. Sie ist auf Nichtigerklärung eines Hauptversammlungsbeschlusses gerichtet, weshalb nach der Rechtsprechung das betreffende Gericht sämtliche in Betracht kommenden Nichtigkeitsgründe von Amts wegen mit zu prüfen hat.

Hinweis: Zum Klagegegenstand der Anfechtungsklage näher BGH NJW 2002, 3465.

c. Örtlich und sachlich **zuständig** ist das LG Bremen, § 246 III AktG.

d. Möglicherweise fehlt dem C die **Anfechtungsbefugnis**. Das kommt insbesondere mit Blick auf den durchgeführten „Squeeze-out" in Frage. Denn unter Umständen ist C gar nicht mehr Aktionär. Das Anfechtungsrecht des Aktionärs ist aber ein subjektives Recht, das nur unter bestimmten Voraussetzungen – ua: der Anfechtungsbefugnis – überhaupt zur Entstehung gelangt. Deshalb ist die Klage eines nicht anfechtungsbefugten Aktionärs nach einhelliger Auffassung un*begründet*, nicht aber un*zulässig*. Fragen der Anfechtungsbefugnis sind also erst im Rahmen der Begründetheitsprüfung näher zu untersuchen.

e. Richtiger **Klagegegner** ist jeweils die AG, § 246 II 1 AktG.

2. Klage gegen den Squeeze-out-Beschluss

a. Zweifel an der Statthaftigkeit einer **Anfechtungsklage** gegen den Ausschließungsbeschluss könnte man mit Blick auf § 327f S 1 AktG haben. Dort ist eine Anfechtungsklage allerdings nur insoweit ausgeschlossen, als die Unangemessenheit einer Abfindung des Aktionärs gerügt werden soll, nicht aber wird die Anfechtungsklage dort generell ausgeschlossen. Da C nicht Mängel der Abfindung rügt, sondern sonstige Mängel des betreffenden Hauptversammlungsbeschlusses geltend macht, ist seine Klage als Anfechtungsklage zulässig.

b. Für die **übrigen Zulässigkeitsvoraussetzungen** gilt das schon oben zu den Kapitalmaßnahmen Gesagte.

II. Begründetheit der Klagen

1. Gründe für die **Nichtigkeit** der von C angegriffenen Hauptversammlungsbeschlüsse sind nicht ersichtlich, § 241 AktG. Einzig betreffend den Squeeze-out-Beschluss könnte man an § 241 Nr 3, 4 AktG denken. Die von C aufgeworfene Frage nach der Erfüllung der tatbestandlichen Voraussetzungen eines Squeeze-out bzw einer etwaigen Rechtsmissbräuchlichkeit des Squeeze-out würde aber nicht zu einem *inhaltlichen* Sittenverstoß führen. Deshalb ist § 241 AktG nicht einschlägig.

2. Damit stellt sich die Frage nach der **Anfechtbarkeit** der jeweiligen Hauptversammlungsbeschlüsse, § 243 AktG.

a. Zunächst muss **C anfechtungsbefugt** sein, § 245 AktG.

aa. Erste Voraussetzung ist, dass C (noch) als **Aktionär** an der beklagten Aktiengesellschaft beteiligt ist. Zur Zeit der Klageerhebung war C fraglos Aktionär, er könnte allerdings mittlerweile infolge eines **Ausschlusses** nach §§ 327a ff AktG ausgeschieden sein, mit der Folge, dass seine Anfechtungsbefugnis möglicherweise entfallen ist. Zur Wirksamkeit dieses Ausschlusses muss jedoch hier nicht erschöpfend Stellung genommen werden. Der Squeeze-out-Beschluss ist bisher jedenfalls nicht in das Handelsregister eingetragen, daher fand ein Übergang der Aktien auf den Hauptaktionär keinesfalls statt, § 327e III AktG. Im Übrigen ist auch an die Registersperre nach § 327e II iVm § 319 V, VI AktG zu denken. C ist mithin als Aktionär grundsätzlich klagebefugt.

bb. Er ist auch bei den jeweiligen Hauptversammlungen **erschienen** und hat **Widerspruch** zur Niederschrift erklärt, § 245 AktG.

b. Um den Erfolg seiner Anfechtungsklage zu sichern, muss C seine Klagen innerhalb der **Anfechtungsfrist** des § 246 I AktG erheben.

c. Die Begründetheit seiner Klagen hängt schließlich davon ab, ob die angegriffenen Hauptversammlungsbeschlüsse **gegen** das **Gesetz oder** die **Satzung** der Aktiengesellschaft **verstießen**, § 243 I AktG.

aa. Zuerst sei der **Kapitalherabsetzungsbeschluss** untersucht. Die Zulässigkeit einer vereinfachten Kapitalherabsetzung richtet sich nach den §§ 222 ff, 229 ff AktG. Gesetzesverstöße sind insoweit nicht ersichtlich. Die Hauptversammlung ist ordnungsgemäß einberufen worden, A und B erreichen mit zusammen 90 % des vertretenen Grundkapitals auch die erforderliche qualifizierte Mehrheit bei der Beschlussfassung. Auch inhaltlich war der Beschluss nicht zu beanstanden. Insbesondere unterliegt ein Kapitalherabsetzungsbeschluss nicht der „materiellen Beschlusskontrolle", dh es ist kein „sachlicher Grund" für eine Kapitalherabsetzung erforderlich (näher *BGH* NJW 1998, 2054 – Sachsenmilch).

bb. Als nächstes ist der **Kapitalerhöhungsbeschluss unter Bezugsrechtsausschluss** zu überprüfen.

(1) Auch insoweit gilt, dass die Hauptversammlung ordnungsgemäß einberufen wurde, dass der Beschluss mit der erforderlichen Mehrheit gefasst worden ist und dass der Beschluss auch inhaltlich grundsätzlich nicht zu beanstanden ist.

(2) Der Kapitalerhöhungsbeschluss unter Bezugsrechtsausschluss unterliegt jedoch einem weiteren materiellen Rechtmäßigkeitserfordernis:

Der Bezugsrechtsausschluss bedarf eines **sachlichen Grundes**. Zwar scheint § 186 III 1 AktG auf den ersten Blick ein solches Erfordernis gar nicht zu enthalten. Das Gesetz scheint vielmehr ausschließlich einen Beschluss mit der erforderlichen Mehrheit zu verlangen. Jedoch kann man im Umkehrschluss zu § 186 III 4 AktG folgern, dass der Bezugsrechtsausschluss besonderen Anforderungen an seine Zulässigkeit unterliegt. § 186 IV 2 AktG präzisiert – in Rezeption des grundlegenden „**Kali & Salz**"-Urteils des BGH – weiter, um welches Erfordernis es insoweit geht: Erforderlich ist eben ein sachlicher Grund für den Bezugsrechtsausschluss.

Der Bezugsrechtsausschluss muss demnach sachlich zu rechtfertigen sein. Die in der Rechtsprechung entwickelten Anforderungen an diese sachliche Rechtfertigung entsprechen dem aus dem Verfassungsrecht bekannten **Verhältnismäßigkeitsprinzip**. Der angestrebte Zweck darf nicht auf schonendere Weise, dh unter Wahrung des Bezugsrechts erreichbar sein und der Nachteil für die Gesellschafter darf nicht außer Verhältnis stehen zum Vorteil der Aktiengesellschaft (Verhältnismäßigkeit im engeren Sinne).

Hinweis: Die unter (3) folgenden Ausführungen werden vom Klausurbearbeiter nicht erwartet.

(3) Vor der **Subsumtion** der aus dem Sachverhalt vorgegebenen Tatsachen unter diese rechtlichen Maßgaben, ist noch ein weiteres Urteil des BGH mit einzubeziehen, das Urteil in der Sache „**Siemens/Nold**". Hier hat der BGH im Zusammenhang mit dem **genehmigten Kapital** die Anforderungen an das Vorliegen eines sachlichen Grundes herabgesetzt. Ausreichend sei, dass die Maßnahme **im wohlverstandenen Interesse** der AG liege. Allerdings gilt diese Entscheidung nur für das genehmigte Kapital. Hier würden zu große Restriktionen das Instrument unpraktikabel machen, insbesondere ist das genehmigte Kapital zukunftsgerichtet, so dass ein sachlicher Grund (noch) nicht sinnvoll bei Einräumung des genehmigten Kapitals verlangt werden kann. Insoweit ergibt sich für den hier zu begutachtenden Fall daraus nichts.

(4) Damit ist zur Subsumtion zurückzukehren. Ein sachlicher Grund im Sinne der dargestellten Rechtsprechung für den Bezugsrechtsausschluss liegt im konkreten Fall darin, dass die Gesellschaft den I als erfahrenen Investor, der neue liquide Mittel mitbringt, zulassen möchte. Die Gewinnung des know-how des I sowie seiner Mittel ist auch nicht auf andere Art und Weise, also durch ein milderes Mittel, erreichbar. Die Behauptung eigenen know-hows durch C ist nicht substantiiert, insbesondere hat seine bisherige Einbringung in die Gesellschaft offenbar nicht den gewünschten Erfolg ge-

bracht. Der Umfang seiner Liquidität ist ebenfalls fraglich. I will zudem nur mit der gewünschten großen Beteiligung einsteigen. Insoweit gibt es keine Alternative zum Bezugsrechtsausschluss.

(5) A und B, die den Bezugsrechtsausschluss beschließen, haben sich indessen **nicht allein** von dem Motiv leiten lassen, den I als Gesellschafter zuzulassen. Sie verfolgen zugleich das Ziel eines späteren Ausschlusses des C. Durch die Kapitalherabsetzung und die Kapitalerhöhung unter Bezugsrechtsausschluss soll es ihnen gelingen, den C auf die erforderlichen 5 % Beteiligung zu drücken. Man könnte sich vorstellen, dass diese Erwägungen den eigentlich vorhandenen **sachlichen Grund „zerstören"** und damit doch noch zur Anfechtbarkeit des Kapitalerhöhungsbeschlusses führen. Allerdings dürfte man wohl nicht jede noch so nebensächliche Begleiterwägung als schädlich ansehen, sondern müsste verlangen, dass sie ein ernst zu nehmendes Gewicht (oder sogar: das Hauptmotiv) bei der Entscheidung einnahm.

Solchen Überlegungen braucht jedoch im einzelnen nicht nachgegangen zu werden. Es ist nämlich überzeugender, einen Bezugsrechtsausschluss schon dann zuzulassen, wenn er von *einem* nachvollziehbar vorgetragenen (§ 186 IV 2 AktG) sachlichen Grund getragen ist. Ein Abwägen von „Kausalitätsanteilen" in den Motiven eines Kapitalerhöhungsbeschlusses wäre in der Praxis kaum praktikabel und würde ein weites Feld der Rechtsunsicherheit eröffnen. Es dürfte selten überzeugend feststellbar sein, was Haupt-, was Nebenmotivation eines Beschlusses ist. Dementsprechend ist hier festzuhalten, dass die Ausnahme des I in die AG als sachlicher Grund ausreicht.

(6) Weitere Gründe, die für eine Rechtswidrigkeit des Kapitalerhöhungsbeschlusses sprechen würden, sind nicht ersichtlich. Insbesondere ist ein Verstoß gegen § 255 II AktG nicht ersichtlich.

cc. Damit ist als letztes die **Gesetzeskonformität** des **Squeeze-out-Beschlusses** zu überprüfen.

(1) In **formeller** Hinsicht unterliegt der Ausschlussbeschluss keinen Bedenken.

(2) Zweifelhaft ist jedoch, ob die **materiellen** Voraussetzungen hierfür erfüllt waren. Erforderlich ist, dass ein Aktionär, dem 95 % der Aktien gehören (**Hauptaktionär**), die Durchführung des Squeeze-out-Verfahrens verlangt. Hier kommt die A-B-I-Holding-GmbH als Hauptaktionär in Betracht. Ihr könnte kraft der Übertragung der Beteiligungen seitens A, B und I mittlerweile die erforderliche Mehrheit gehören.

Ursprünglich lag die Beteiligung von A und B bei je 45 % also zusammen bei 90 %. Die Kapitalherabsetzung und anschließende Kapitalerhöhung könnten dazu geführt haben, dass A und B je 22,5 % der Aktien gehören, I zusätzlich die neu gezeichneten 50 %. Das könnte zusammen die erforderlichen 95 % ergeben, welche dann auf die Holding übertragen wurden.

Allerdings folgt aus § 224 AktG, dass bereits der **Kapitalherabsetzungsbeschluss** erst **mit Eintragung wirksam** wird. Gleiches gilt für die **Kapitalerhöhung** nach § 189 AktG. Eine Eintragung fehlt aber bisher. Das bedeutet: Das Grundkapital der Gesellschaft blieb vorerst unverändert, weshalb die neuen Aktien an I auch noch nicht ausgegeben werden durften, sondern nichtig sind, § 191 AktG. Gemäß § 191 AktG war insbesondere keine wirksame Übertragung der Aktien auf die Holding-Gesellschaft möglich.

Die Holding ist mithin **nicht Hauptaktionär** geworden.

(3) Zumindest hilfsgutachtlich ist noch zu dem Einwand des C Stellung zu nehmen, die dem Squeeze-out vorangehende Bündelung der Aktien in der Holding-Gesellschaft sei ein „Etikettenschwindel". Diese Bemerkung zielt darauf, dass die Holding nur zum Zwecke des Ausschluss des C gegründet worden sei, also der Umgehung des 95 %-Erfordernisses des § 327a AktG gedient habe. Eine solche Aushebelung von § 327a AktG hätte man möglicherweise als Umgehung anzusehen. Auch aus diesem Grunde könnte die Übertragung der Aktien auf die Holding oder jedenfalls aber das Verlangen der Holding – wegen **Rechtsmissbrauchs** – unwirksam sein.

Ein rechtsmissbräuchlicher Squeeze-out läge dann nahe, wenn im Anschluss an das Ausschlussverfahren die Aktien von der Holding auf A, B und I unmittelbar im Anschluss (oder jedenfalls in engem zeitlichem Zusammenhang) rückübertragen worden wären. Das war aber nicht der Fall. Auch darüber hinaus ist aber die Konstruktion einer Holding nicht unproblematisch. §§ 327 a ff AktG dienen dem Ausschluss von Splitterbeteiligungen, denen eine überwältigende Übermacht gegenübersteht, die nicht durch einen erhöhten Verwaltungs- und Kostenaufwand „ausgebremst" werden soll. Diese Situation findet sich bei einer Holding zwar rechtlich, nicht aber wirtschaftlich betrachtet.

Andererseits sprechen durchschlagende Argumente *gegen* die vorschnelle Annahme eines rechtsmissbräuchlichen Squeeze-out bei Holding-Konstruktionen. Das Gesetz akzeptiert allenthalben die rechtliche Konstruktion einer Holding und anerkennt sie als eigenständige juristische Person. Durchbrechungen dieser Annahme sind deshalb sehr problematisch. Es liegt im Schutzbereich der Privatautonomie, dass einzelne Gesellschafter sich in einer Holding zusammenschließen. Deshalb ist die rechtliche Konstruktion einer Holding in Fällen des Squeeze-out nicht von vornherein abzulehnen. Es müssen vielmehr deutlich weitere Umstände hinzutreten, um einen Rechtsmissbrauch zu belegen. An solchen Umständen fehlt es hier.

(4) Der Squeeze-out-Beschluss bedarf schließlich keines **sachlichen Grundes**. Anders als im Recht der Kapitalerhöhung finden sich hierfür nämlich keine gesetzlichen Anhaltspunkte in den §§ 327a ff AktG. Vielmehr gilt der allgemeine Rechtsgrundsatz des Kapitalgesellschaftsrechts, dass die mit einer bestimmten Mehrheit getroffenen Beschlüsse ihren Rechtsgrund in sich tragen (Mehrheitsprinzip).

3. Damit ist als **Ergebnis** festzuhalten: Der Kapitalherabsetzungs- und Kapitalerhöhungsbeschluss sind nicht anfechtbar. Anfechtbar ist lediglich der Squeeze-out-Beschluss. Nur insoweit wird die Klage des C voraussichtlich Erfolg haben.

III. Voraussetzungen einer objektiven Klagenhäufung, § 260 ZPO

Eine Klagenhäufung ist zulässig. Es handelt sich um mehrere Ansprüche des Klägers gegen denselben Beklagten. Für sämtliche Ansprüche ist das Prozessgericht, das LG Bremen, zuständig, für alle Klagegegenstände ist dieselbe Prozessart zulässig.

Ergänzende Hinweise

– Die **Anfechtung von Beschlüssen der Gesellschafterversammlung in der GmbH** richtet sich weit gehend nach den §§ 241 ff AktG in analoger Anwendung (s dazu noch *Fall 4*).

– Auch in der **GmbH** existiert ein **Bezugsrecht** der Gesellschafter (§ 186 AktG analog). Auch hier ist deshalb ein **sachlicher Grund** für eine Kapitalerhöhung unter Bezugsrechtsausschluss erforderlich.

– Einen „Squeeze-out" kennt das **GmbH-Recht** nicht, auch dort ist aber der **Ausschluss von Gesellschaftern** möglich (dazu *Fall 7*).

Fall 4: Belastende Entlastung

Gert Gresig und Holger Hartmut sind zu je 30 %, Jens Jaschke ist zu 10 % an der GHJ Autoteile GmbH mit Sitz in Würzburg beteiligt, die in Süddeutschland 20 Autoreparaturwerkstätten betreibt. Gresig ist außerdem einer von zwei Geschäftsführern der GmbH.

Anfang Dezember 2004 steht die alljährliche Gesellschafterversammlung an. Zwei Wochen vor dem vorgesehenen Termin (das ist Samstag, der 18. 12. 2004) verschicken die Geschäftsführer Einschreiben mit den Einladungen zur Versammlung an die Gesellschafter. Als Tagesordnungspunkte sind darin ua genannt:

„TOP 3: Beschluss über die Entlastung der Geschäftsführung für das abgelaufene Geschäftsjahr

TOP 4: Geschäftsführungsangelegenheiten"

In der Gesellschafterversammlung stimmen Gresig und Hartmut bei der Abstimmung über TOP 3 für die Entlastung der Geschäftsführung. Jaschke, der mit dem Geschäftsverlauf des abgelaufenen Jahres unzufrieden ist, sowie der vollzählig erschienene Rest der Gesellschafter rügen (zu Recht) gravierende Verfehlungen der Geschäftsleitung. Sie stimmen gegen die Entlastung. Hartmut, der laut Gesellschaftsvertrag als „Versammlungsleiter" fungiert, stellt daraufhin fest, dass die Geschäftsführung entlastet sei. Jaschke widerspricht dem.

Unter TOP 4 soll über eine Weisung an die Geschäftsführung beschlossen werden, die bisherige Beteiligung der GmbH an der CHROM AG aufzustocken. Dem Beschluss gehen längere Diskussionen voraus. Jaschke bekommt als erster das Wort erteilt. Er rügt, dass ihm im Vorfeld der Versammlung die wirtschaftliche Tragweite der Entscheidung nicht klar gewesen sei. Wie er – was zutrifft – eben erst erfahren habe, gehe es um eine Aufstockung von 3 % auf 30 %. Das ziehe einen finanziellen Aufwand von € 35 Mio nach sich. Sodann beginnt Jaschke darzustellen, warum seiner Ansicht nach eine weitere Beteiligung an anderen Gesellschaften, insbesondere an der CHROM AG verfehlt ist. Nach einer Stunde ununterbrochenen Vortrags verliert Hartmut die Geduld und verweist „in seiner Eigenschaft als Versammlungsleiter" Jaschke des Saales. Jaschke habe sein Rederecht verwirkt und dürfe sich das ganze nunmehr von draußen anschauen. In der anschließenden Abstimmung wird der Beschluss über die Weisung an die Geschäftsführer einstimmig angenommen, da sich die übrigen Gesellschafter einig sind, dass die Aufstockung der Beteiligung wünschenswert ist.

Jaschke wendet sich einige Tage später an Rechtsanwalt Ralf Rangler. Jaschke möchte wissen, ob gegen die Beschlüsse vorgegangen werden kann. Insbesondere der Entlastungsbeschluss sei „skandalös" und gehöre endgültig aus der Welt geschafft.

Rangler beauftragt Sie mit der Erstellung eines umfassenden Gutachtens, das auf alle aufgeworfenen Rechtsfragen eingeht. Das Gutachten ist zu fertigen.

Lösung zu Fall 4

Schwerpunkte: Anfechtung von Beschlüssen in der GmbH; Anwesenheits- und Rederecht des Gesellschafters; Entlastung der Geschäftsführung; positive Beschlussfeststellungsklage

Leseempfehlung:

Wilhelm Kapitalgesellschaftsrecht 2. Aufl Rn 850 ff (Anfechtung), insbes Rn 869 ff (zur GmbH); *Karsten Schmidt* Gesellschaftsrecht 4. Aufl S 428 ff; 1080 ff (Entlastung); *BGH* NJW 2003, 1032 (Macrotron – Rechtmäßigkeit der Entlastung); *BGH* NJW 1984, 489 (positive Beschlussfeststellungsklage).

§§ 241 ff; 120 AktG.

Gutachten für R

Die Frage des J zielt auf die Erfolgsaussichten prozessualer Schritte gegen die im Sachverhalt angesprochenen Beschlüsse. Eine Klage des J verspricht Erfolg, wenn sie zulässig und begründet ist. Als Rechtsanwalt wird R möglicherweise zunächst die Begründetheit einer Klage prüfen, dann deren Zulässigkeit. Hier ist aber bereits die statthafte Klageart nicht unzweifelhaft, von der wiederum die Prüfung der Begründetheit abhängt. Daher ist im Folgenden die Zulässigkeit *vor* der Begründetheit zu prüfen.

A. Klage gegen den Entlastungs- und Weisungsbeschluss

I. Zulässigkeit einer Klage gegen den Entlastungs- und gegen den Weisungsbeschluss

1. Wie schon angedeutet, bedarf die **statthafte Klageart** näherer Überlegung.

a. Was den **Entlastungs- und** den **Weisungsbeschluss** angeht, so ist zunächst denkbar, auf die **allgemeine Feststellungsklage** zurückzugreifen,

§ 256 ZPO. Allerdings ist das nur dann die richtige Klage, wenn nicht eine vorrangige Klageart zur Verfügung steht.

b. Eine solche speziellere Klageart könnte in Hinsicht auf Gesellschafterbeschlüsse in der GmbH in Form der **Anfechtungs- bzw Nichtigkeitsklage** zur Verfügung stehen. Zwar enthält das GmbHG insoweit keine Regelungen. Doch könnten die Vorschriften über die aktienrechtliche Nichtigkeits- und Anfechtungsklage (**§§ 241 ff AktG) analog** heranzuziehen sein.

Das setzt die **Planwidrigkeit der Regelungslücke** im GmbHG sowie die **Vergleichbarkeit** der im Aktienrecht geregelten Nichtigkeits- und Anfechtungsklagesituation gegen Hauptversammlungsbeschlüsse mit derjenigen einer Klage gegen einen Gesellschafterbeschluss in der GmbH voraus.

Gegen die Planwidrigkeit der unterbliebenen Regelung im GmbHG scheint zu sprechen, dass AktG und GmbHG eine ganze Reihe weit gehend paralleler Regelungsfelder kennen, während hinsichtlich der gerichtlichen Angreifbarkeit von Gesellschafterbeschlüssen eben keine solche parallele Regelung existiert. Insoweit könnte der Gesetzgeber für die GmbH bewusst den Rückgriff auf die allgemeine Feststellungsklage nach der ZPO zugelassen haben.

Letztlich sprechen aber doch die besseren Gründe *für* die Analogie. Die §§ 241 ff AktG verfolgen einen doppelten Sinn: Zunächst sollen der Zufälligkeit der Geltendmachung auch geringfügiger (insbesondere Verfahrens-) Verstöße nach unabsehbarer Zeit in einem Prozess von irgendeinem Beteiligten Schranken gesetzt werden. Die Gesellschaft ist auf Rechtssicherheit angewiesen. Zum Anderen ist eine wirksame innergesellschaftliche Kontrolle in den Vorschriften des AktG dadurch gewährleistet, dass diese die Überprüfung von Gesellschafterbeschlüssen institutionalisieren und damit praktisch anwendbar machen. Diese Gründe sprechen in gleicher Weise im Recht der GmbH für eine Restriktion bzw Institutionalisierung der Klagemöglichkeiten. Deshalb ist auch die Anwendung der §§ 241 ff AktG auf Gesellschafterbeschlüsse der GmbH mittlerweile weithin anerkannt (vgl *BGH* NJW 1981, 2125; WM 1989, 63).

c. Statthafte Klageart ist mithin entweder die Nichtigkeits-, oder aber die Anfechtungsklage, § 249 AktG analog bzw §§ 243 ff AktG analog.

Wie im Aktienrecht gilt auch im GmbH-Recht, dass Anfechtungs- und Nichtigkeitsklage dasselbe Rechtsschutzziel – Nichtigerklärung eines Beschlusses des Anteilseignerorgans, § 248 AktG – verfolgen. Deshalb ist eine Anfechtungsklage jedenfalls statthaft, wenn ein Beschluss der Gesellschafterversammlung mit diesem Ziel angegriffen wird, die Nichtigkeitsgründe werden von Amts wegen mitgeprüft.

2. Darüber hinaus kommt eine **allgemeine Feststellungsklage** bezüglich der **Verweisung des J aus dem Saal** in Betracht. Denn insoweit geht es
nicht unmittelbar um einen Hauptversammlungsbeschluss. Nach einer solchen Klage ist aber nicht gefragt. J will sich nur gegen die Beschlüsse wenden. Insoweit braucht hier – auch bei großzügigem Verständnis des Begeh-
rens des J – nicht näher erörtert zu werden, ob nicht eine isolierte Klage
gegen die Verweisung aus dem Saal ohnehin ausgeschlossen wäre, weil anfechtbar schon das jeweilige „Beschlussprodukt", der Beschluss der Gesellschafterversammlung, wäre.

3. **Zuständiges Gericht** ist analog § 246 III AktG das LG Würzburg.

4. Fragen der **Klagefrist** und der **Anfechtungsbefugnis** im Allgemeinen
sind ausschließlich von materiell-rechtlicher Bedeutung. Das Anfechtungsrecht des Gesellschafters ist ein subjektives Recht, das nur unter bestimmten
Voraussetzungen überhaupt zur Entstehung gelangt. Eine Klage ist daher
bei Fehlen dieser Voraussetzungen un*begründet*, nicht unzulässig.

5. **Richtiger Klagegegner** für die Klagen ist jeweils die **GmbH**, § 246 II 1
AktG analog.

II. Begründetheit der Klagen

1. Das Gericht hat sodann im Rahmen der Begründetheit zunächst von
Amts wegen die angegriffenen Beschlüsse auf **Nichtigkeitsgründe** hin zu
untersuchen. Wie sich § 241 AktG entnehmen lässt, führen allerdings nur
gravierendste Fehler eines Beschlusses der Gesellschafterversammlung zur
Nichtigkeit.

Was den **Entlastungsbeschluss** angeht, so steht zunächst eine Verletzung
eines Stimmverbots in Rede. Selbst wenn man diese unterstellt, ergibt sich
aber keine Vergleichbarkeit zu den in § 241 AktG aufgeführten Fällen. Auch
die mögliche materielle Rechtswidrigkeit des Entlastungsbeschlusses führte
nicht zu einer Nichtigkeit.

Gleiches gilt im Ergebnis für den **Weisungsbeschluss**. Hier rügt J eine
unzureichende Information im Vorfeld über den betreffenden Tagesord-
nungspunkt. Das kann ebenso wie die mögliche Verletzung des Teilnahme-
und Rederechts des J allenfalls einen Anfechtungsgrund ergeben.

2. Damit ist zu den **Anfechtungsgründen** zu kommen, § 243 AktG analog.

a. Eine erste Voraussetzung der Anfechtbarkeit der Beschlüsse ist die
Einhaltung der **Anfechtungsfrist**. Die Klage muss allerdings nicht, wie man
analog § 246 I AktG könnte annehmen wollen, innerhalb der strikten Mo-
natsfrist erhoben werden. Vielmehr läuft im Recht der GmbH eine „ange-

messene" Frist (*BGH* WM 1989, 63, 66). Gegen die Analogie spricht, dass gesetzliche Fristen, wie die Klageerhebungsfrist, vom Gesetzgeber zu setzen sind. Zudem bedarf die Klage in der GmbH auch nicht zwingend so strikter zeitlicher Vorgaben wie die aktienrechtliche Anfechtungsklage, weil der Kreis der potentiellen Kläger in aller Regel wesentlich kleiner ist. Möglich ist allerdings eine Orientierung an der Vorgabe des § 246 I AktG bei der Beurteilung der Angemessenheit der Frist. Nach den Vorgaben des Sachverhalts ist diese Frist hier noch einzuhalten („einige Tage später").

b. Weiter müsste J **anfechtungsbefugt** sein. Für die Beurteilung dieser Frage kann ebenso wenig wie bei der Anfechtungsfrist auf eine Analogie zum Aktienrecht (§ 245 Nr 1 AktG) zurückgegriffen werden. Nach dem GmbH-Recht besteht schon keine Pflicht zur notariellen Beurkundung, auch nicht zur Protokollierung der Gesellschafterversammlung. Im Übrigen ist § 245 Nr 1 AktG als Ausdruck der „anonymen", auf eine Vielzahl von Anteilseignern zugeschnittene Struktur der AG anzusehen. Nur diese Struktur erklärt, dass ausschließlich in der Versammlung präsente Gesellschafter sollen klagen dürfen. Im Recht der GmbH ist *jeder* Gesellschafter iSv § 16 GmbHG als anfechtungsbefugt anzusehen (s Roth/Altmeppen/*Altmeppen* GmbHG 4. Aufl § 47 Rn 138).

c. Entscheidend für den Erfolg der Anfechtungsklage ist schließlich, ob die angegriffenen Gesellschafterbeschlüsse gegen das **Gesetz** oder gegen die **Satzung** der Gesellschaft **verstoßen**.

aa. (1) Ein Gesetzesverstoß kommt zunächst hinsichtlich des **Entlastungsbeschlusses** in Betracht. In **formeller** Hinsicht ist festzustellen, dass die Einladung zur Gesellschafterversammlung rechtzeitig und formgemäß erfolgte, § 51 I 1 GmbHG.

Allerdings hat möglicherweise ein vom Stimmrecht Ausgeschlossener am Beschluss mitgewirkt. Gesellschafter und Geschäftsführer G hat über die eigene Entlastung mit befunden. Er war aber nach § 47 IV 1 GmbHG von dieser Beschlussfassung ausgeschlossen. Wie man § 243 IV AktG mittelbar entnehmen kann, führt jedoch nicht jeder Verstoß gegen gesetzliche Vorschriften zur Anfechtbarkeit des Beschlusses. Ganz überwiegend wird vielmehr angenommen, dass jedenfalls bei reinen „Verfahrensverstößen" – anders insoweit § 243 IV AktG – die **Kausalität** des Mangels für den Beschluss hinzutreten muss bzw dass es zumindest um einen für die Teilnahme- und Mitwirkungsrechte der Gesellschafter „**relevanten**" Verstoß gehen muss (zum neueren „Relevanz"-Erfordernis s *BGH* NJW 2005, 828 – ThyssenKrupp). Damit sollen vergleichsweise wenig gewichtige Verstöße von einer erfolgreichen Anfechtungsklage ausgenommen werden, der Wortlaut des § 243 I AktG wird insoweit übereinstimmend als zu weit gefasst angesehen. Auch unter Anlegung dieses Kausalitäts- bzw Relevanzerfordernisses ergibt sich hier ein zu beachtender Verstoß. Hier wäre nämlich die erforderliche Mehrheit (§ 47 I GmbHG: einfache Mehrheit) für den Entlastungsbeschluss ohne die Stimmen des G nicht zustande gekommen. Seine Mitwirkung am Beschluss war demnach kausal und damit auch „relevant" für die Rechte der übrigen Gesellschafter. Der Entlastungsbeschluss war dementsprechend bereits aus formellen Gründen anfechtbar.

(2) Hinzu treten möglicherweise **materielle Beschlussmängel**. Es könnte an den Voraussetzungen einer **rechtmäßigen Entlastung** fehlen.

Die rechtlichen Voraussetzungen eines Entlastungsbeschlusses sind im GmbHG nicht geregelt. Aus § 46 Nr 5 GmbHG (sowie § 47 IV GmbHG) kann man lediglich ersehen, dass eine Entlastung überhaupt vorgesehen ist. „Tatbestandliche Voraussetzungen" lassen sich demnach allenfalls aus der **Funktion** und aus den **Wirkungen** der Entlastung ableiten.

Die Entlastung dient dazu, die Geschäftsführung für die Vergangenheit zu billigen und den Geschäftsführern für die Zukunft das Vertrauen auszusprechen (*arg e* § 120 II 1 AktG). Anders als im Aktienrecht (§ 120 II 2 AktG) wird der Entlastung nach GmbH-Recht „Präklusionswirkung" beigemessen. Das bedeutet nicht, dass die Gesellschaft auf Schadensersatzansprüche mit materiell-rechtlicher Wirkung verzichtete. Die Gesellschafter begeben sich aber mit Wirkung für die Gesellschaft des Rechts, aus den zum Gegenstand der Entlastungsentscheidung gemachten Maßnahmen oder Versäumnissen Rechtsfolgen herzuleiten, insbesondere die Geschäftsführung auf Schadensersatz zu verklagen (s etwa *Karsten Schmidt* NZG 2003, 604 mwN). Eine spätere Klage, gestützt auf zur Zeit der Entlastung bekannte Umstände, würde nämlich gegen das Verbot des *venire contra factum proprium* verstoßen (§ 242 BGB).

Aus der beschriebenen Funktion und Wirkung des Entlastungsbeschlusses könnte man herleiten, dass es ganz in das **Belieben der Gesellschafter** gestellt werden müsse, die Geschäftsführung zu entlasten. Man könnte vertreten, dass es allein bei ihnen als „wirtschaftlichen Eigentümern" liege zu entscheiden, unter welchen Voraussetzungen sie der Geschäftsführung (noch) ihr Vertrauen aussprechen und Ansprüche der Gesellschaft „verfallen" lassen wollen. Dafür spricht auch, dass es gewissermaßen „Wesen" der Entlastungsentscheidung ist, im Interesse der weiteren Zusammenarbeit auch Fehler der Geschäftsführung ungeahndet zu lassen. So gesehen, wäre für eine rechtmäßige Entlastung lediglich ein ordnungsgemäß zustande gekommener Mehrheitsbeschluss zu verlangen.

Gegen ein solch weites Verständnis sprechen jedoch Gesichtspunkte des Minderheiten- und Gläubigerschutzes. Dass eben nicht jedweder Pflichtenverstoß der Geschäftsführung „heilbar" ist, belegen schon § 43 II iVm § 9 b GmbHG, in denen ausdrücklich festgelegt ist, dass die GmbH auf bestimmte Ersatzansprüche nicht verzichten kann. Zudem folgt bereits aus dem Begriff der „Billigung" und aus der Funktion der Entlastung, der Verwaltung das Vertrauen auszusprechen, dass eine irgendwie „billigenswerte", weiteres Vertrauen rechtfertigende Amtsführung der Verwaltung festzustellen sein muss. Würde man dies anders sehen, würde man Gläubiger und Minderheitsgesellschafter in der GmbH willkürlichen Entscheidungen der Mehrheit aussetzen. Es ist also zu verlangen, dass tatsächlich eine **berechtigte Grundlage für die Billigung der Geschäftsführung und für das Aussprechen des Vertrauens** existiert.

Einen angemessenen Ausgleich zwischen dem Autonomieinteresse der Mehrheit einerseits und den Interessen der Gläubiger und Minderheitsgesellschafter andererseits erzielt man, indem man die Entlastung als Billigung der Geschäftsführung als „im Großen und Ganzen rechtmäßig" versteht. Dann ist jedenfalls **bei groben Gesetzesverstößen** der Geschäftsführung eine **Entlastung ausgeschlossen.** Eine solche Hürde für den Entlastungsbeschluss entspricht insbesondere dem Interesse der Gläubiger an einer solventen Gesellschaft.

Dieser Sichtweise hat sich der BGH in der „Macrotron"-Entscheidung für die AG klarstellend angeschlossen. Für die GmbH gilt das in gleicher Weise (s *Karsten Schmidt* NZG 2003, 601 ff).

Hinweis: Die Kenntnis des Meinungsstandes zur Rechtmäßigkeit von Entlastungsbeschlüssen ist nicht unbedingt erwartet. Es muss aber Problembewusstsein vorhanden sein. Dass bei der Lösung auf die Frage der Rechtmäßigkeit eines Entlastungsbeschlusses als ein Schwerpunkt der Klausur eineingegangen werden muss, ist im Sachverhalt angelegt.

Es sind „gravierende Verfehlungen" der Geschäftsleitung vorgegeben. Insoweit verstieß der Entlastungsbeschluss auch materiell gegen das Gesetz.

bb. In Betracht kommen auch Gesetzes- oder Satzungsverstöße beim **Weisungsbeschluss.**

(1) In **formeller** Hinsicht ist wiederum auf ein mögliches **Stimmverbot** bei G hinzuweisen (§ 47 GmbHG). Im Ergebnis ist aber ein Stimmverbot bei G hinsichtlich der Weisung an die Geschäftsführung *nicht* anzunehmen. § 47 IV GmbHG ist weder seinem Wortlaut, noch seinem Sinn und Zweck nach anwendbar. Es geht bei der Weisung an die Geschäftsführer weder

darum, dass G „in eigener Sache richten" würde, noch darum, dass ein „In-sich-Geschäft" anstünde. Dies sind die beiden Aspekte des Stimmverbots in § 47 IV GmbHG. Ein Stimmverbot bestand also nicht. Zudem würde es auch an der **Kausalität bzw Relevanz** des Verstoßes fehlen, da der Weisungs-beschluss mit den Stimmen aller Gesellschafter (bis auf diejenigen des J) zu-stande kam.

(2) Unzureichend könnte die **Ankündigung** des Beschlusspunktes ge-wesen sein, § 51 II GmbHG. Nach dieser Vorschrift „soll der Zweck der Ver-sammlung jederzeit bei der Berufung" angekündigt werden. Das bedarf der Konkretisierung in zweierlei Hinsicht: Zunächst ist die Reichweite der An-kündigungspflicht zu konkretisieren. Es muss im Wege der Auslegung näher ermittelt werden, was genau anzukündigen ist. Zum Zweiten ist die Rechts-folge („soll") zu präzisieren.

Die Ankündigungspflicht berücksichtigt, dass die Gesellschafter, um eine Entscheidung in der Gesellschafterversammlung treffen zu können, aus-reichend informiert sein müssen. Die Anteilsinhaber sollen sich ein Bild da-rüber machen können, was zur Entscheidung ansteht, und welche Informa-tionen zu diesem Zweck ggf von ihnen gesammelt werden müssen. Es geht also darum, die Gesellschafter, auch diejenigen Gesellschafter, die nicht zu erscheinen gedenken, vor einer „Überrumpelung" zu schützen.

Hier stand unter Berücksichtigung der Unternehmensgröße der Erwerb einer ganz außergewöhnlichen Beteiligung (für € 35 Mio) an. Es ging kei-neswegs um eine Alltagsentscheidung, wie man der Bezeichnung des TOP als „Geschäftsführungsangelegenheit" entnehmen könnte. Eine solche Kenn-zeichnung kann ersichtlich nicht ausreichen. Weder konnten die Gesell-schafter insoweit vorab entscheiden, ob sie der Gesellschafterversammlung „ruhigen Gewissens" fernbleiben konnten, noch war es denjenigen Gesell-schaftern, die nicht ohnehin eingeweiht waren, möglich, auf der Basis dieser Kennzeichnung zu ersehen, dass es um eine überaus bedeutsame Entschei-dung für die Gesellschafter gehen würde und wie sie sich vorab informieren konnten. Der konkrete Beschlussgegenstand, der Erwerb der Beteiligung und die Größenordnung dieses Erwerbs, mussten demnach vorab bekannt gemacht werden (vgl allgemein Roth/Altmeppen/*Roth* GmbHG 4. Aufl § 51 Rn 10 mwN).

Damit ist als Zweites zum Charakter des § 51 II GmbHG als – wie der Wortlaut nahe legt – Soll-, oder aber als Mussvorschrift Stellung zu neh-men. Insoweit ist zu bedenken, dass die Beschlüsse der Gesellschafterver-sammlung oftmals von ganz grundlegender Bedeutung für die Gesellschaft und damit auch für ihre Gläubiger sind. Da die Ankündigungspflichten der

Geschäftsführung helfen sollen, die erforderliche Grundlage für diese wichtigen Beschlüsse zu fassen, sind sie nicht als bloße unverbindliche Soll-Vorschriften zu verstehen. Sie sind vielmehr insoweit als verbindlich auszulegen, als ein Verstoß hiergegen zur Anfechtbarkeit des betreffenden Beschlusses führen muss.

Auch § 51 IV GmbHG hilft über den Verstoß nicht hinweg. Die Norm ist nämlich nicht dahin zu verstehen, dass sämtliche Gesellschafter nur anwesend sein müssen, ungeschriebene weitere Voraussetzung ist, dass keiner der anwesenden Gesellschafter Einwände erhebt. J hat gegen die fehlerhafte Ankündigung protestiert.

(3) Ein weiterer Gesetzesverstoß könnte darin begründet liegen, dass **J aus dem Saal entfernt** worden ist.

Darin könnte zum Einen ein Verstoß gegen sein **Anwesenheitsrecht** liegen. Jeder Gesellschafter hat nämlich, wie aus der Einladungspflicht und der Existenz des Stimmrechts abzuleiten ist, ein Recht auf Anwesenheit in der Gesellschafterversammlung. Dass dieses Recht Schranken unterliegt, liegt auf der Hand. Insbesondere brauchen die übrigen Gesellschafter keine missbräuchliche Ausübung des Anwesenheitsrechts zu dulden. Stört etwa ein Gesellschafter gezielt die Versammlung, so darf er ausnahmsweise von der Versammlung ausgeschlossen werden: Die Durchsetzung dieser Schranken des Anwesenheitsrechts unterliegt dem Versammlungsleiter, der in der Satzung bestimmt werden kann. Im Fall ist das H.

Allerdings muss in jedem Falle die **Verhältnismäßigkeit** in Bezug auf die Einschränkungen des Anwesenheitsrechts gewahrt sein. So wäre im Fall eine Beschränkung der Redezeit des J oder möglicherweise auch ein Entzug des Rederechts einem Rauswurf aus dem Saal vorzuziehen gewesen. Schon deshalb verstieß die Maßnahme gegen das Anwesenheitsrecht des J.

Zum Anderen kommt auch noch ein Verstoß gegen das **Rederecht** des J auf der Versammlung in Betracht. Aus der Mitgliedschaft und aus der Anwesenheitsberechtigung der Gesellschafter folgt das Recht eines jeden Gesellschafters, die eigene Auffassung zu einem Beschlusspunkt in angemessener Weise darzulegen (s Roth/Altmeppen/*Roth* GmbHG 4. Aufl § 48 Rn 7). Auch insoweit ist wieder darauf zu verweisen, dass dieses Recht Schranken unterliegt, die durch den Versammlungsleiter durchgesetzt werden können. Ob J hier sein Rederecht missbraucht hat, ist allein aus seiner Redezeit heraus nicht ableitbar. Auch insoweit hätte als milderes Mittel die Begrenzung der Redezeit zur Verfügung gestanden. Deshalb ist nicht nur von einem Verstoß gegen das Anwesenheits- sondern auch gegen das Rederecht des J auszugehen.

Auf die **Kausalität** oder **Relevanz** dieser Verstöße für die Beschlüsse braucht keine Rücksicht genommen zu werden. Es handelt sich nicht um bloße Verfahrensverstöße, sondern um Beeinträchtigungen eines Teilhaberrechts des GmbH-Gesellschafters J. Der Weisungsbeschluss ist mithin wegen formeller Gesetzesverstöße anfechtbar.

(4) Materielle Beschlussmängel sind daneben nicht ersichtlich. Eine Weisung der Gesellschafter an die Geschäftsführung ist jederzeit möglich. Das ergibt sich aus § 37 I GmbHG.

3. Beide Beschlüsse, der **Entlastungs-** wie der **Weisungsbeschluss**, sind **anfechtbar.**

B. Positive Beschlussfeststellungsklage bezüglich der Entlastung

Möglicherweise ist es neben der Anfechtungsklage zweckmäßig, sogleich Klage auf Feststellung des „zutreffenden" Beschlussergebnisses zu erheben (Ablehnung der Entlastung). J strebt nämlich die endgültige Klärung der Entlastungsfrage an, dafür ist die rein kassatorisch wirkende Anfechtungsklage nicht ausreichend. Auch insoweit ist zunächst wieder über die Zulässigkeit, dann über die Begründetheit nachzudenken.

Hinweis: Die Gegenansicht – Leistungsklage des J gegen die Mitgesellschafter auf Verweigerung der Entlastung in einem neuerlichen Gesellschafterbeschluss – ist jedenfalls vertretbar (so auch Scholz/Karsten Schmidt GmbHG 9. Aufl § 47 Rn 32 unter Hinweis auf die von ihm früher vertretene Ansicht, die sich gegen die positive Beschlussfeststellungsklage stellte). Für sie streiten sogar die besseren dogmatischen Argumente.

I. Zulässigkeit

1. Als **richtige Klageart** kommt zunächst die **allgemeine Feststellungsklage** in Betracht, § 256 ZPO. Möglicherweise kann J Feststellung begehren, dass bereits der angefochtene Beschluss unter Beachtung der angefochtenen Mängel die Ablehnung der Entlastung erbracht habe („**positive Beschlussfeststellungsklage**").

a. Ein solches Begehren scheint zwar auf den ersten Blick deshalb wenig sinnvoll, weil die erfolgreiche Anfechtungsklage – an welche die weiter gehende positive Beschlussfeststellungsklage anknüpfen soll – gerade zur Nichtigkeit des angefochtenen Beschlusses führt, § 248 AktG analog. Deshalb kann, so möchte man meinen, aus dem Beschluss auch nicht das zum tatsächlich gefassten gegenteilige Beschlussergebnis hergeleitet werden.

b. Gleichwohl nehmen Rechtsprechung und Literatur überwiegend an, dass die mit einer Anfechtungsklage verbundene positive Beschlussfeststellungsklage Erfolg haben kann, wenn bei „Hinwegdenken" des geltend gemachten Mangels ein Beschluss mit umgekehrtem Ausgang „übrig" bleibt (zB: fehlerhafte Berücksichtigung von Stimmen beim Beschlussergebnis, deren ordnungsgemäße Nichtberücksichtigung das Beschlussergebnis umgekehrt hätte, also zB zur Annahme statt zur Ablehnung eines Antrags geführt hätte). Diese Ansicht setzt sich also über die Nichtigkeitsfolge der Anfechtungsklage hinweg und berücksichtigt, welches „zutreffende" Ergebnis ohne den Mangel erzielt worden wäre.

c. So wird insbesondere in Fällen rechtswidrigen Stimmverhaltens verfahren: Auch hier könne nicht nur die Nichtigkeit des angegriffenen Beschlusses erzielt werden. Zugleich dürfe auf Feststellung geklagt werden, dass ein Beschluss mit demjenigen Inhalt zustande gekommen sei, der bei rechtmäßigem Stimmverhalten erzielt worden wäre (grundlegend *BGH* NJW 1984, 489, zur missbräuchlichen Ausübung des Stimmrechts; Voraussetzung für ein weiter gehendes Feststellungsurteil sei, dass derjenige am Anfechtungsverfahren – zB als Nebenintervenient – beteiligt gewesen sei, der das Stimmrecht missbräuchlich ausgeübt habe; zum Ganzen *Karsten Schmidt* NJW 1986, 2018).

d. Die dargestellte Meinung kann pragmatische Erwägungen für sich anführen. Sie gelangt „ohne umständliche Umwege zu[m] [...] sachgerechten Abstimmungsergebnis" (*BGH* NJW 1984, 492). Dogmatisch ist sie kaum erklärlich. Denn, formal gesehen, könnte allenfalls eine Klage auf Feststellung diskutabel sein, dass die Verpflichtung bestanden habe, anders zu stimmen als geschehen. Schon die Kassation des ursprünglichen Beschlusses durch die erfolgreiche Anfechtungsklage verbietet es an sich, von einem anderen, „zutreffenden" (wirksamen) Gesellschafterbeschluss zu sprechen. Die weitere Klage müsste sodann eigentlich nicht gegen die Gesellschaft, sondern gegen den oder die Gesellschafter gerichtet werden. Die dargestellte Rechtsprechung – und die ihr folgende Literatur – hilft sich hierüber hinweg, indem sie die Beschlussfeststellungsklage zum Teil des Anfechtungsprozesses erklärt und dem Urteil kurzerhand „Gestaltungswirkung" beimisst.

Zumindest in Fällen wie dem hier zu begutachtenden wird man sich der Meinung des *BGH* gleichwohl anschließen können (und R als Rechtsanwalt wird dies ohnehin empfehlen). Denn ein anderes Stimmverhalten der Mitgesellschafter als die Verweigerung der Entlastung kam – wie bereits gesehen – im Fall schlicht nicht in Betracht. Deshalb wäre es in der Tat überaus

„umständlich", J aufzuerlegen, in einer weiteren Klage zunächst die Verweigerung der Entlastung einzuklagen (mit der Folge des § 894 ZPO) und dann einen erneuten Beschluss über die Ablehnung der Entlastung zu fassen. Zweckmäßiger Weise kann daher im Anfechtungsprozess sogleich der „umgekehrte", rechtmäßige Zustand hergestellt werden.

Es muss jedoch dafür gesorgt werden, dass sich die Gesellschafter, die für die Entlastung gestimmt haben, an der Anfechtungsklage – als Nebenintervenienten – beteiligen können, damit ihnen rechtliches Gehör gewährt ist (dafür ist die „Information" des Gesellschafters ausreichend, vgl Scholz/ *Karsten Schmidt* GmbHG 9. Aufl § 47 Rn 32 mwN).

Hinweis: Letzteres muss dem Klausurlöser nicht bekannt sein.

e. **Statthaft** ist mithin die **allgemeine Feststellungsklage.**

2. Hinsichtlich des Feststellungsinteresses des J sind zwei Überlegungen anzustellen:

a. Zum Ersten ist zu fragen, ob J an einer positiven Feststellung der Verweigerung der Entlastung überhaupt ein Interesse hat oder ob ihm nicht schon mit der **Kassation** des Entlastungsbeschlusses **ausreichend** gedient ist. Wie gesehen, kann ein Entlastungsbeschluss bestimmte negative Folgen für die GmbH zeitigen (Präklusionswirkung). Das gilt freilich nicht von einem – zB nach erfolgreicher Anfechtungsklage – nichtigen Beschluss. Insoweit hat J nach der Kassation des Beschlusses keine unmittelbaren Rechtsnachteile für sich oder für die GmbH zu befürchten. Andererseits kann es ohne eine entsprechende Feststellungsklage dazu kommen, dass eine neue Gesellschafterversammlung einberufen und erneut über die Entlastung abgestimmt wird. J müsste sich in einem solchen Fall stets fristgerecht gegen einen solchen neuerlichen Beschluss wehren. Insoweit kann ihm eine positive Beschlussfeststellungsklage durchaus nützlich sein. Deshalb ist sein Feststellungsinteresse zu bejahen.

b. Das führt zum – im Prinzip schon gelösten – zweiten Problem: Wenn man schon ein Interesse des Gesellschafters an der Verweigerung der Entlastung konstatiert, so ist zu fragen, ob dieses Begehren nicht statt mit der Feststellungsklage mit der (grundsätzlich weiter gehenden) Leistungsklage zu verfolgen ist. Die Abgabe der Stimme in der Gesellschafterversammlung ist nämlich die Abgabe einer Willenserklärung. J kann also H (nicht G, der vom Stimmrecht ausgeschlossen ist) auf Abgabe einer Willenserklärung – Verweigerung der Entlastung für das Geschäftsjahr 2004 – verklagen. Gegen diese Ansicht lassen sich die oben erwähnten pragmatischen Erwägungen anführen. Im Interesse der Prozessökonomie ist die Frage des „richtigen"

Stimmverhaltens schon im gegen die Gesellschaft gerichteten Prozess mit zu klären. Damit kann es bei der Feststellungsklage bleiben, die Leistungsklage geht nicht etwa weiter.

3. Dass nur das über die Anfechtungsklage entscheidende Gericht für die Feststellungsklage **zuständig** sein kann, ergibt sich aus dem eben Ausgeführten. Die Feststellungsklage ist nämlich notwendig mit einer Anfechtungsklage zu verbinden, ist also „Annex" zu dieser Klage.

II. Begründetheit

Die Klage ist begründet. Bei zutreffendem Stimmverhalten musste gegen die Entlastung gestimmt werden. Schon das ist – s oben *B. I. 1.* – für die positive Beschlussfeststellungsklage ausreichend. Denn unter Zugrundelegung des rechtmäßigen Stimmverhaltens von H und unter Berücksichtigung des Ausschlusses des G von der Abstimmung nach § 47 IV GmbHG wäre die Entlastung der Geschäftsführung für das Jahr 2004 verweigert worden.

C. Objektive Klagenhäufung, § 260 ZPO

Die objektive Klagenhäufung ist zulässig.

Gesamtergebnis

Die Anfechtungsklagen gegen den Entlastungs- und den Weisungsbeschluss versprechen Erfolg.

Außerdem wird auch die Klage auf Feststellung der Verweigerung der Entlastung Erfolg haben.

Fall 5: Fehltritte in der Geschäftsführung

Die Immoinvest AG mit Sitz in Passau vermietet in mehreren süddeutschen Städten, darunter Passau, „niveauvolle Wohnobjekte", vorzugsweise an zahlungskräftige Jungakademiker.

Seit Anfang 2000 laufen die Geschäfte der AG denkbar schlecht. Vorstandsmitglied Herbert Hisik schläft deshalb weniger gut als gewöhnlich. Als er zusammen mit dem Verkäufer Victor Vimmer dessen „Villa Hambergblick" in Passau besichtigt, welche Hisik für die AG erwerben möchte, gerät er infolge Übermüdung im Treppenhaus der Villa ins Stolpern. Um nicht zu fallen, hält er sich reflexartig am 70-jährigen Vimmer fest und bringt diesen dadurch ins Straucheln. Vimmer fällt treppabwärts und bricht sich beide Arme. Ihm entstehen dadurch Arzt- und Betreuungskosten iHv € 11.000,–. Außerdem fordert er ein (der Höhe nach angemessenes) Schmerzensgeld von € 3.000,–. Das Geschäft mit der AG möchte er auch nicht mehr abschließen, wodurch der Gesellschaft ein Vorteil von € 100.000,– entgeht.

Der Aufsichtsrat der AG bekommt von der Angelegenheit Kenntnis und beschließt daraufhin, Hisik zu „feuern". Hisik erhält fünf Tage nach dem Unfall ein Einschreiben. Nach dem Inhalt des Schreibens soll Hisik „mit sofortiger Wirkung" von seiner Stellung als Vorstand der Immoinvest AG „freigestellt" sein. Für die Zukunft würden ihm keinerlei Bezüge mehr gezahlt.

1. Der Aufsichtsrat befürchtet, dass nicht (nur) Hisik, sondern die AG Schadensersatzansprüchen des Vimmer ausgesetzt sein könnte. Für diesen Fall möchte der Aufsichtsrat wissen, ob Hisik ggf in irgendeiner Weise „in Regress" genommen werden kann.

2. Der Aufsichtsrat möchte weiter wissen, ob Hisik gegen die AG in Zukunft Zahlungsansprüche „als Vorstand" wird geltend machen können.

Fertigen Sie ein Gutachten, das zu allen aufgeworfenen Rechtsfragen Stellung nimmt.

Variante 1

Der Aufsichtsrat hat außerdem von folgendem Sachverhalt Kenntnis erhalten: Hisik hat bei Kaufverhandlungen der Immoinvest AG mit einem Hauseigentümer in Passau von einem sehr günstigen Objekt in zentraler Lage erfahren, das ihm gut vermietbar erscheint. Er hat dieses Objekt zum Preis von € 500.000,– selbst erworben, zunächst in der Absicht, sich damit eine Alterssicherung aufzubauen. Später hat Hisik es für € 700.000,– (was dem Marktwert entspricht) an die AG weiterveräußert.

Der Aufsichtsrat fragt, ob Hisik deshalb haftet. (Deliktische Anspruchsgrundlagen sind nicht zu prüfen.)

Variante 2

Die zu je 25% an der Immoinvest AG beteiligten Aktionäre Alf Anselm, Berta Bracht und Carla Coller wollen der Gesellschaft mit Blick auf die dürftige wirtschaftliche Lage weitere Einkommensquellen erschließen. Bei einem informellen Treffen, an dem alle Aktionäre teilnehmen, regen sie gegenüber den alleinvertretungsberechtigten Vorstandsmitgliedern Gustaf Galler und Herbert Hisik an, mit derzeit „brachliegenden" Barmitteln der AG „in kleinerem Rahmen ergänzend" am Kapitalmarkt tätig zu werden. Gerade in Zeiten rückläufiger Kurse könne man dort antizyklisch gute Geschäfte machen.

Galler und Hisik fühlen sich endlich einmal gefordert und beschließen, fortan ein etwas größeres Rad zu drehen. Sie treten in Kontakt mit der Innovative Financial Services Ltd., London (im Folgenden: IFS). Diese bietet die Aufnahme von Krediten zu überhöhten Zinsen sowie die Ausgabe von Krediten unter Marktniveau an. Dieses Vorgehen finanziert sie, wie Galler und Hisik hinter vorgehaltener Hand erfahren, durch ein „Schneeballsystem", das als solches darauf basiert, dass abgeschlossene Geschäfte nur auf der Basis einer Vielzahl weiterer Geschäfte finanziert werden können.

Galler und Hisik wittern eine Chance. Sie überlassen der IFS immer wieder kurzfristige Kredite iHv mehreren Hunderttausend Euro, deren Bedienung sie durch Bankbürgschaften absichern, und beziehen von der IFS für die AG Kredite unter Marktniveau. Das geht mehrere Monate lang gut. Im Dezember 2004 überweist Galler eine Tranche von € 1 Mio an die IFS, ohne dass zuvor die geforderte Bankbürgschaft eingetroffen ist. Er verlässt sich auf die Aussage des Geschäftsführers der IFS, man habe die Bürgschaft wie üblich abgeschickt, sie müsse in den nächsten Tagen eintreffen. In Wirklichkeit existiert das Dokument nicht.

Die IFS bricht wenige Tage nach Erhalt der Tranche zusammen, das Geld ist für die Immoinvest AG verloren. Deren Aufsichtsrat tritt daraufhin zusammen und berät über die Frage, ob man Hisik und Galler in die Haftung nehmen solle. Das wird mehrheitlich abgelehnt. Man möchte die Gesellschaft, speziell nach dem Vorgehen gegen Hisik, nicht weiter ins Gerede bringen. Es gehe zudem nicht an, verdiente Geschäftsleiter wegen eines Ausrutschers „in den Schmutz zu ziehen".

Anselm wendet sich an Rechtsanwalt Ronald Rimsfeld. Er möchte wissen,

1. ob Hisik und Galler für den Verlust der € 1 Mio haften. Ansprüche gegen die IFS und deren Organe sind nicht realisierbar. Anselm meint, dass der Vorstand im Grunde schon nicht berechtigt gewesen sei, systematisch Kapitalmarktgeschäfte zu tätigen. Das sehe die Satzung der AG gar nicht vor.

2. ob der Aufsichtsratsbeschluss für die Anteilseigner „bindend" ist und ob rechtliche Schritte gegen den Beschluss unternommen werden sollten. Anselm geht es nur darum, eine etwaige Vorstandshaftung durchzusetzen. Er ist weiter der Ansicht, dass auch eine Haftung des Aufsichtsrats zu erwägen sei. Er fragt, wie diese ggf realisiert werden könnte.

Lösung zu Fall 5

Schwerpunkte: Haftung von Vorstand und Aufsichtsrat; Anfechtung von Aufsichtsratsbeschlüssen

Leseempfehlung (Grundfall und Varianten):

Wilhelm Kapitalgesellschaftsrecht 2. Aufl Rn 1036 ff; Rn 1080 ff; *Karsten Schmidt* Gesellschaftsrecht 4. Aufl S 815 ff; 819 ff; *BGH* NJW 1997, 1926 (ARAG/Garmenbeck); Roth/Altmeppen/*Altmeppen* GmbHG 4. Aufl § 13 Rn 49 ff (zur actio pro socio).

§§ 84; 93; 112; 116 AktG.

Zum UMAG, das ua § 93 und § 147 AktG ändert, etwa *Kock/Dinkel* NZG 2004, 441; *Paefgen* AG 2004, 245; anschaulich auch die Stellungnahme des *Handelsrechtsausschusses des DAV* in NZG 2004, 555.

Lösung des Grundfalls

Frage 1 – Schadensersatzpflichten

A. Schadensersatzansprüche des V gegen H persönlich

Hinweis: Die Prüfung dieser Ansprüche ist von der Fallfrage gedeckt. Man kann sie aber auch inzident bei den Ansprüchen des V gegen die Gesellschaft mit prüfen.

I. V gegen H auf Zahlung von € 14.000,– aus c. i. c.
(§§ 311 II Nr 2, 280 I BGB)

Voraussetzung eines Anspruchs des V gegen H persönlich ist, dass ein Schuldverhältnis gerade zwischen diesen beiden Personen zustande gekommen ist. H selbst sollte aber nicht Vertragspartner des V werden und wurde damit auch nicht Partei eines vorvertraglichen Schuldverhältnisses. H haftet dementsprechend nicht aus c. i. c.

II. V gegen H auf Zahlung von € 14.000,– aus c. i. c. ivm den Grundsätzen über die Eigenhaftung des Vertreters (§§ 311 II Nr 2, III, 280 I BGB)

Allerdings kommt ausnahmsweise eine „Eigenhaftung" des H als Vertreter in Betracht. Dass es eine solche Eigenhaftung gibt, ist in § 311 III BGB mittlerweile anerkannt. Diskutiert werden im Wesentlichen zwei Fallgruppen:

1. Eine Eigenhaftung des Vertreters wird zunächst bei „**wirtschaftlichem Eigeninteresse**" vertreten. Dieser Fallgruppe liegt die Überlegung zugrunde, dass mitunter ein nicht unmittelbar am Vertrag Beteiligter starke eigene wirtschaftliche Interessen verfolgt. Wirtschaftlich betrachtet, kann sich daraus eine Situation ergeben, in der er als Vertreter in ähnlicher Weise wie der eigentliche Vertragspartner wirtschaftlich an dem Geschäft teilnimmt. Die Rechtsprechung hat dies zum Anlass genommen, einen solchen Vertreter auch haftungsmäßig auf den selben Stand zu heben wie den Vertragspartner. Ob dies überzeugt, kann hier dahinstehen. H hat allenfalls ein **mittelbares Interesse** an dem Geschäft zwischen V und der AG, etwa in dem Sinne, dass die AG ihm wirtschaftlich als Arbeitgeber erhalten bleibe. Das wird einhellig als nicht ausreichend erkannt.

2. Auch die zweite Fallgruppe, die **Inanspruchnahme besonderen Vertrauens**, passt hier nicht. H nimmt solches Vertrauen in keiner Weise für sich in Anspruch. Er haftet also nicht nach §§ 311 II Nr 2, III, 280 I BGB.

III. V gegen H auf Zahlung von € 14.000,– aus § 823 I BGB.

1. V ist an seinem Körper verletzt worden.

2. Die Frage ist, ob sich dies auf eine **kausale Handlung** des H zurückführen lässt. Dass sich V an H festklammerte, ist möglicherweise nicht als Handlung im Rechtssinne, sondern als bloßer Reflex zu werten. Ein solcher Reflex ist kein vom menschlichen Willen beherrschtes oder beherrschbares Halten, mithin keine Handlung im Rechtssinne. Auch wenn man das im hier zu begutachtenden Fall annimmt, ist aber der Verletzungserfolg auf ein Verhalten des H zurückzuführen. Richtiger Anknüpfungspunkt ist sein vorgelagertes Handeln: Das Stolpern ist zwar an sich nicht willensgesteuert, aber vom Bewusstsein und Willen beherrschbar. Dass H ins Stolpern geriet, ist nicht hinwegzudenken, ohne dass der Verletzungserfolg bei V entfiele. Mithin war das Stolpern des H eine kausale Handlung.

3. Den Kausalitätsgrundsätzen sind, um uferlose „Rückrechnungen" zu vermeiden, **Zurechenbarkeitserwägungen** an die Seite zu stellen. Eine erste Stufe im Rahmen der Zurechenbarkeit ist die **Adäquanz.** Dass H stolperte, war ohne Weiteres adäquat kausal in diesem Sinne. Es ist nach allgemeiner Lebenserfahrung vorhersehbar, dass Stolpern im Treppenhaus zum Sturz und zu Verletzungen sonstiger im Treppenhaus befindlicher Personen führen kann.

Man kann hier allerdings annehmen, dass das Stolpern nur „mittelbar" den Verletzungserfolg herbeigeführt hat. Für solche Fälle nur mittelbarer Herbeiführung eines Erfolgs wird vorgeschlagen, die Verletzung einer **Verkehrssicherungspflicht** als zusätzliche Voraussetzung prüfen. Wegen seines gefährdenden Verhaltens war H hier in diesem Sinne verkehrssicherungspflichtig.

Hinweis: Näher zur schwierigen Begründung von Verkehrssicherungspflichten Medicus Bürgerliches Recht 20. Aufl Rn 641 ff.

4. Sowohl nach der Lehre vom Handlungsunrecht, als auch nach der Lehre vom Erfolgsunrecht hat H **rechtswidrig** gehandelt. Wie gesehen, verletzte H nämlich eine Verkehrssicherungspflicht. Damit war nicht nur der Erfolg, sondern schon seine Handlung pflichtwidrig.

5. H handelte **fahrlässig,** § 276 BGB. Er ließ die erforderliche Sorgfalt beim Treppensteigen in übermüdetem Zustand vermissen. Dafür spricht zumindest der Beweis des ersten Anscheins. Sonstige, für H nicht erkennbare Ursachen seines Stolperns sind im Sachverhalt jedenfalls nicht zu ersehen.

6. V hat vermögensmäßige Einbußen in der geltend gemachten Höhe (€ 10.000,–) zu verzeichnen, §§ 249 ff BGB. Insbesondere steht ihm nach § 253 II BGB ein angemessenes Schmerzensgeld zu.

7. H schuldet V Schadensersatz nach § 823 I BGB.

IV. V gegen H auf Zahlung von € 14.000,– aus § 823 II BGB iVm § 229 StGB

Auch dieser Anspruch besteht in der geltend gemachten Höhe.

B. Schadensersatzansprüche des V gegen die I-AG

I. V gegen die I-AG auf Zahlung von € 14.000,– aus c. i. c. (§§ 280 I, 311 II Nr 2 BGB)

1. Zwischen V und der AG bestand ein Schuldverhältnis durch Anbahnung eines Vertrags, möglicherweise auch schon durch Führen von Vertragsverhandlungen, § 311 II Nr 2 bzw Nr 1 BGB.

2. Die AG selbst hat keine Pflicht aus diesem Schuldverhältnis verletzt iSv § 280 I BGB. Ihr ist aber das Verhalten des H zurechenbar. H ist nämlich gesetzlicher Vertreter der AG, §§ 278 BGB, 76 ff AktG.

3. Die Zurechnung gilt auch hinsichtlich des erforderlichen Verschuldens.

4. Zum Schaden des V ist das Notwendige bereits gesagt, §§ 294 ff BGB.

5. Die AG haftet V folglich iHv € 14.000.

II. V gegen die AG auf Zahlung von € 14.000,– aus § 823 I BGB

Wie oben gesehen, hat sich H gegenüber V schadensersatzpflichtig nach § 823 I BGB gemacht. Da H als Organ der AG aufgetreten ist, wird der Gesellschaft das haftungsbegründende Verhalten des H in vollem Umfang zugerechnet, § 31 BGB analog. Deshalb besteht ein konkurrierender Anspruch des V gegen die I-AG.

III. V gegen die I-AG auf Zahlung von € 14.000,– aus § 823 II BGB iVm § 229 StGB

Auch dieser Anspruch des V besteht kraft Zurechnung des Verhaltens des H an die AG gemäß § 31 BGB analog.

IV. V gegen die I-AG auf Zahlung von € 14.000,– aus § 831 I 1 BGB

H ist kein Verrichtungsgehilfe der AG, da er – s § 76 AktG – nicht „weisungsgebunden", in einem sozialem Abhängigkeitsverhältnis zur AG stehend tätig ist.

Hinweis: Der Aufsichtsrat der AG haftet nicht aus § 831 II BGB. Zwar ist grundsätzlich denkbar, dass ein Organ des Verbands eine Pflicht iSv § 831 II BGB von der AG übernimmt. Jedenfalls für den Aufsichtsrat im Verhältnis zum Vorstand trifft das aber nicht zu. Der Aufsichtsrat leitet nicht Verrichtungen des Vorstands, Vorstandsmitglieder sind schon keine Verrichtungsgehilfen.

C. „Regressansprüche" der AG gegen H

I. I-AG gegen H auf Zahlung von € 114.000,– aus § 93 II 1 AktG

1. H hat als Vorstandsmitglied eine **Pflicht verletzt**, nämlich seine Pflicht zu ordnungsgemäßer Geschäftsführung, dh generell zu sorgfältigem Verhalten als Geschäftsführer der AG.

2. Er hat diese Pflicht, wie bei der Prüfung von § 823 I BGB gesehen, **schuldhaft** verletzt, § 93 II 2 AktG.

3. Die Schadenshöhe errechnet sich nach §§ 249 ff BGB. Die € 14.000,– erklären sich aus der Zahlungspflicht der AG gegenüber V, § 249 I BGB. Soweit die I-AG noch nicht gezahlt hat, kann sie statt dessen Freistellung verlangen. Die restlichen € 100.000,– sind entgangener Gewinn iSv § 252 BGB.

II. I-AG gegen H auf Zahlung von € 114.000,– aus pVV des Anstellungsvertrags (§§ 280 I, 675, 611 BGB).

Neben § 93 AktG besteht kein solcher eigenständiger Anspruch. Die Innenhaftung des Vorstands ist in dieser Norm abschließend geregelt.

III. I-AG gegen H auf Zahlung von € 114.000,– aus § 426 I BGB

Die AG und H sind mangels „Gleichstufigkeit" der Schuld keine Gesamtschuldner. Eine Gesamtschuld setzt voraus, dass ein wechselseitiger Regress möglich ist. Es darf nicht einer der Schuldner im Innenverhältnis die Schuld *allein* zu tragen haben. Das ist hier aber der Fall. Letztlich setzt H den alleinigen, maßgeblichen Verursachungsbeitrag, die AG muss nur kraft der Zurechnung mithaften. H muss deshalb im Innenverhältnis zur AG ausschließlich haften.

Ein Anspruch aus § 426 I BGB besteht, wie § 93 II AktG zeigt, nicht.

Frage 2 – Ansprüche des H gegen die I-AG auf Zahlung der Vorstandsvergütung

aus dem Anstellungsvertrag, §§ 675, 611 BGB
H hat mit der I-AG, so ist anzunehmen, einen **Anstellungsvertrag** – es handelt sich um einen Dienstvertrag mit Geschäftsbesorgungscharakter – abgeschlossen. Dieser ist aber möglicherweise **durch Kündigung aufgelöst**.

1. Das setzt zunächst eine **Kündigungserklärung** seitens der AG voraus. Insoweit muss zwischen einer Erklärung, die sich auf die Kündigung des Anstellungsvertrags und einer solchen, die sich auf die Kündigung der Organstellung – diese grundlegende Unterscheidung ist in § 84 AktG vorausgesetzt – unterschieden werden. Die **Auslegung** der Kündigungserklärung der AG nach §§ 133, 157 BGB ergibt hier, dass das Ende der Rechtsbeziehung jedenfalls auch den Anstellungsvertrag betreffen soll. Die Erklärung ist mithin als Kündigung des Anstellungsvertrags zu verstehen.

2. Diese Erklärung müsste auch **für die AG wirken**, §§ 164 ff BGB. Eine Willenserklärung des Aufsichtsrats, der hier namens der AG handelte (§ 164 I 2 BGB), setzt einen ordnungsgemäßen Beschluss desselben voraus. Daran

bestehen hier keine Zweifel. Der Aufsichtsrat hat insoweit auch Vertretungsmacht gegenüber H gehabt, § 112 AktG. H ist die Erklärung auch zugegangen, § 130 BGB.

3. Die Kündigung wahrte die erforderliche Schriftform, § 623 BGB.

4. Zu fragen ist schließlich noch nach einem **Kündigungsgrund**.

a. Besonderheiten der Prüfung in Hinblick auf das Arbeitsrecht – etwa die Anwendung des KSchG – ergeben sich nicht, da der Vorstand kein Arbeitnehmer der AG ist.

b. § 84 III 1 AktG betrifft nur die Organstellung, nicht aber den Anstellungsvertrag, ist also nicht einschlägig.

c. Die richtigen Maßgaben ergeben sich aus § 84 III 5 AktG iVm § 626 BGB: Es ist zu fragen, ob der AG unter Berücksichtigung aller Umstände und bei einer Interessenabwägung die **Fortsetzung des Anstellungsverhältnisses** bis zum Ablauf der Anstellungszeit **unzumutbar** ist. Einerseits sind in diesem Sinne die recht weit reichenden finanziellen Folgen des Unfalls zu bedenken. Andererseits ist in Rechnung zu stellen, dass es sich um ein geringfügiges Versehen und nicht um eine grobe Pflichtverletzung des H handelte. Ihm fällt nur leichte Fahrlässigkeit zur Last, die nicht zu einer Erschütterung der Vertrauensbasis zwischen AG und Vorstand führen kann. Zudem befand sich H gerade berufsbedingt in einer Ausnahmesituation. Insgesamt liegt damit kein wichtiger Grund für eine Kündigung vor. Die Kündigung ist mithin als außerordentliche unwirksam.

d. Sie kann auch nicht in eine **ordentliche Kündigung umgedeutet** werden, § 140 BGB. Der Anstellungsvertrag des Vorstands ist auf die Dauer seiner Bestellung bezogen, diese ist zeitlich fixiert und der Abstellungsvertrag damit nicht ordentlich kündbar.

5. Der Anstellungsvertrag ist mithin wirksam, die AG wird weiterhin Forderungen des H ausgesetzt sein.

Hinweis: Das Folgende (unter 6.) wird vom Klausurbearbeiter nicht erwartet.

6. Zu denken ist allenfalls an zukünftige **Einwendungen** der AG. Allerdings wird sich die AG nach dem bisherigen Verlauf wohl nicht auf § 326 I 1 BGB berufen können, wenn H nicht mehr als Vorstand arbeitet. Durch die (konkludente) Ablehnung der Arbeitskraft des M gerät die AG nämlich in Annahmeverzug, §§ 293 ff BGB. Denn für die zur Verfügung Stellung des Arbeitsplatzes des Vorstands seitens der AG ist – in Anlehnung an die Rechtsprechung der Arbeitsgerichte – eine Zeit nach dem Kalender bestimmt, § 296 BGB. H kann zudem seine Arbeitskraft wörtlich anbieten, § 295 BGB. Dann gilt § 326 II 1 Var 2 BGB.

7. H kann von der AG Fortzahlung einer Bezüge bis ans Ende seiner Anstellungsdauer fordern.

Hinweis: Ob die Abberufung des H von seiner Organstellung als Vorstand wirksam war – dazu § 84 III 4 AktG –, braucht nach der Fallfrage nicht entschieden zu werden. Zwar fragt der Aufsichtsrat, ob H „als Vorstand" noch Ansprüche geltend machen kann. Aus der Organstellung als solcher folgen aber keine Ansprüche.

Ergebnis zum Grundfall (Fragen 1 und 2)

Die AG haftet dem V neben H. Die AG kann, sollte sie in Anspruch genommen werden, bei H Regress nehmen.

H wird bis zum Ablauf seines Anstellungsvertrags Gehaltsansprüche gegen die AG geltend machen können.

Lösung von Variante 1

I. Anspruch der AG gegen H auf Zahlung von € 200.000,– aus § 88 II 1 AktG

H könnte gegen § 88 I 1 AktG verstoßen haben. H hat durch den Erwerb des Grundstücks im Geschäftszweig der Gesellschaft im umgangssprachlichen Sinne ein Geschäft getätigt. Schon nach dem Wortlaut des Gesetzes ist nicht ganz eindeutig, ob auch ein *einzelnes* Geschäft ausreichend ist für einen Verstoß oder ob nur „Geschäfte", also mehrere Geschäfte, verboten sind. Der systematische Vergleich innerhalb des Abs 1 des § 88 AktG deutet an, dass es stets um eine Tätigkeit von einer gewissen Kontinuität gehen muss: Sowohl das Führen eines Handelsgewerbes, als auch eine Tätigkeit iSv § 88 I 2 AktG sind nicht nur punktuell. Entscheidend für die Frage der Auslegung des Begriffs „Geschäft" aus § 88 I 1 AktG ist der Schutzzweck der Norm: Die Vorschrift dient dem Schutz der Gesellschaft vor Wettbewerbshandlungen und vor dem anderweitigen Einsatz der Arbeitskraft durch das Vorstandsmitglied (*BGH* NJW 1997, 2055, 2056 mwN). Weder von einem echten Wettbewerb, noch von einem schädlichen (weil längerfristigen) anderweitigen Arbeitskrafteinsatz kann im Falle eines einmaligen, auf private Zwecke gerichteten Erwerb eines Anlageobjekts durch H die Rede sein. H wurde nicht mit dem allgemeinen Ziel der Gewinnerzielung tätig, sondern wollte sich ein privates, der Alterssicherung dienendes Anlageobjekt kaufen. § 88 I 1 AktG ist daher nicht verletzt.

II. Anspruch der AG gegen H auf Zahlung von € 200.000,- aus § 93 II AktG

1. Erste Voraussetzung einer Haftung des H ist eine **Pflichtverletzung** des H.

b. Möglicherweise hat H seine aus der Organstellung resultierende Pflicht zu ordnungsgemäßer Geschäftsführung, eine „**Treuepflicht**", verletzt: Der Kauf des Hauses, dh die Wahrnehmung einer Geschäftschance im eigenen, privaten Interesse statt im Interesse der Gesellschaft könnte gegen die allgemeine **Loyalitätspflicht** eines Vorstands verstoßen haben.

Hinsichtlich der Reichweite der (Loyalitäts-)Pflichten des Vorstands ist abzuwägen: Einerseits muss es dem Vorstand noch möglich sein, sich als „Privatmann" in ausreichendem Maße wirtschaftlich zu betätigen. Insbesondere die Alterssicherung ist ein berechtigtes Anliegen. Andererseits kann es angesichts des eingeschränkten Betätigungsfelds der Gesellschaft überhaupt nur in engen Grenzen zu „Interessenkollisionen" zwischen Vorstand und Gesellschaft kommen. Zudem erhält der Vorstand für die Betätigung gerade im Interesse der Gesellschaft seine Vergütung. Es ist primärer Inhalt seiner Pflichten als Geschäftsführungsorgan, Chancen der Gesellschaft („corporate opportunities") wahrzunehmen. Hinzu kommt im konkreten Fall, dass H auch noch im Rahmen seiner beruflichen Betätigung Kenntnis von der Erwerbsmöglichkeit erhielt. Das spricht dafür, grundsätzlich anzunehmen, dass H die Chance in jedem Falle *für die Gesellschaft* wahrnehmen musste.

Etwas Gegenteiliges lässt sich auch nicht im **Umkehrschluss** aus dem oben **zu § 88 I 1 AktG** Ermittelten herleiten. Dass es sich nicht um einen Wettbewerbsverstoß handelte, das Geschäft also nicht iSv § 88 AktG „verboten" war, macht es noch nicht zu einem *erlaubten* Geschäft. Das Wettbewerbsverbot behandelt nur einen Ausschnitt aus dem Pflichtenprogramm des Vorstands und hat einen anderen Fokus als die allgemeine Frage danach, ob der Vorstand pflichtwidrig gehandelt hat.

Ob im konkreten Fall wirklich von einer Pflichtverletzung auszugehen ist, kann anhand der Sachverhaltsangaben jedoch kaum abschließend beurteilt werden. Die Gesellschaft müsste zum Zeitpunkt des Erwerbs durch H zumindest den Bedarf und die (finanzielle) Möglichkeit zum Erwerb gehabt haben. Ließe sich das ausschließen, würde es an einer Pflichtverletzung fehlen. Geht man aber von einer solchen Verletzung aus, so änderte es jedenfalls nichts, dass H das Grundstück später noch an die Gesellschaft veräußert hat. Das ist eine Frage des Schadens. *Für* eine Pflichtverletzung spricht der Umstand, dass die im Sachverhalt angedeuteten Kaufverhandlungen sich schon auf das konkrete Objekt bezogen haben könnten.

2. H hat, legt man eine Pflichtverletzung zugrunde, auch **schuldhaft** gehandelt (§ 276 BGB), er hat nämlich vorsätzlich darauf verzichtet, im Sinne der Gesellschaft tätig zu werden.

3. Das müsste zu einem **Schaden** geführt haben. Zu vergleichen ist insoweit nach den §§ 249 ff BGB die tatsächliche Vermögenslage der Gesellschaft mit derjenigen, die eingetreten wäre, wenn H ordnungsgemäß gehandelt hätte. Geht man davon aus, dass H das Grundstück für die Gesellschaft erwerben musste (dazu oben *1. b. aE*), so hätte die Gesellschaft an dem Geschäft € 200.000,– verdient. Insoweit besteht ein Schaden.

4. Der Anspruch ist, vorbehaltlich der Sachverhaltsungewissheit (*1.b. aE*), gegeben.

Lösung von Variante 2

Frage 1 – Anspruch der AG gegen G und H

I. AG gegen G und H auf Zahlung von € 1 Mio aus § 93 II AktG

1. Dieser Anspruch setzt zunächst eine **Pflichtverletzung** seitens G und H voraus.

Den Vorstand einer AG trifft nicht nur ein **Geschäftsführungs- und Leitungs**recht, sondern auch die **Pflicht** hierzu aus der Organstellung. G und H könnten ihre Pflicht zu ordnungsgemäßer Geschäftsführung verletzt haben.

a. Es kommt zunächst ein **Verstoß gegen die Satzung** der AG in Betracht („faktische Satzungsänderung"). Durch das Tätigwerden am Kapitalmarkt könnten G und H gegen den Unternehmensgegenstand der AG (§ 23 III Nr 2 AktG) verstoßen haben. Investments am Kapitalmarkt sind in der Satzung der AG nämlich nicht vorgesehen. Die Satzung ist auch nicht etwa konkludent durch einen Beschluss der Gesellschafter geändert worden, als die Gesellschafter bei den Geschäftsführern eine Tätigkeit am Kapitalmarkt anregten. Es handelte sich bei dem Treffen nicht um eine Hauptversammlung, auch die sonstigen Erfordernisse einer Satzungsänderung (§ 179 AktG) sind damals nicht erfüllt worden.

Auch wenn der Unternehmensgegenstand der AG dies nicht ausdrücklich vorsah, so waren gleichwohl Kapitalmarktgeschäfte des G und H in kleinerem Rahmen als „**Hilfsgeschäfte**" möglich, so wie generell die Anlage flüssiger Gelder auch ohne ausdrückliche Berechtigung zulässig ist. Es handelt sich insoweit um bloße „Hilfsgeschäfte", die nicht auf die Verfolgung eines eigenen Geschäftszwecks zielen, sondern die satzungsmäßige „Kerntätigkeit" der AG sinnvoll unterstützen. Ein Verstoß ergab sich allerdings daraus, dass G und H über solche Hilfsgeschäfte weit hinausgingen. Sie betrieben systematisch und in größerem finanziellem Umfang Geschäfte am Kapitalmarkt. Sie eröffneten damit ein **eigenes Geschäftsfeld** der AG, das vom Unternehmensgegenstand gedeckt sein musste. Da es dies nicht war, verstießen G und H gegen die Satzung.

b. Eine Pflichtverletzung ergibt sich darüber hinaus noch aus der **Art der getätigten Geschäfte.** Zwar kommt dem Vorstand grundsätzlich ein weites Leitungsermessen bei der Geschäftsführung zu. Ein gewisser Handlungsspielraum ist nämlich schlechthin Voraussetzung für ein unternehmerisches Handeln. Diesen Handlungsspielraum überschritten G und H jedoch durch den Anschluss an ein „Schneeballsystem". Ein solches System hat *per se* einen betrügerischen Hintergrund und ist nicht auf dauerhaftes, seriöses Funktionieren ausgerichtet. Selbst durch eine „wasserdichte" Sicherung dieser Geschäfte wäre eine Pflichtverletzung nicht vermieden worden (sondern nur ein Schaden). Hinzu kommt hier, dass G und H auch noch die von ihnen vorgesehenen Sicherungen vernachlässigten. Auch aus § 93 I 2 AktG ergibt sich nichts anderes. Zwar war die Anlageentscheidung eine unternehmerische Entscheidung. G und H konnten aber aus den dargestellten Gründen nicht davon ausgehen, zum Wohle der Gesellschaft zu handeln.

2. G und H haben auch **fahrlässig** gehandelt, § 93 II 2, I 1 AktG. Es war schon keine sorgfältige Entscheidung, an einem Schneeballsystem teilzunehmen. Zudem verließen sich G und H fahrlässig auf das Wort eines der Geschäftsführer der Ltd.

3. Dadurch ist der AG ein **Schaden** von € 1 Mio entstanden, §§ 249 ff BGB. Ersatzansprüche gegen die Ltd. bzw gegen deren Organe mögen rechtlich vorhanden sein, sind aber nicht werthaltig. Schon deshalb ist keine „Aufhebung" des Schadens der AG unter Hinweis auf diese Ansprüche denkbar.

4. Die Ansprüche der AG sind auch nicht **durch** den späteren **Aufsichtsratsbeschluss erloschen.** Zwar vertritt der Aufsichtsrat die AG gegenüber dem Vorstand nach § 112 AktG. Es handelte sich bei dem Aufsichtsratsbeschluss aber nur um eine Entscheidung über die *Geltendmachung,* nicht über den Verzicht betreffend den Schadensersatzanspruch. Der Aufsichtsrat hat im Übrigen auch gar keine Kompetenz zu einem solchen Verzicht. Vielmehr gilt insoweit § 93 IV 2, 3 AktG.

5. Auch ein **Ausschluss** der Schadensersatzverpflichtung des Vorstands **wegen § 93 IV 1 AktG** scheidet aus. Es fehlt schon an einem Beschluss der Hauptversammlung. Die „Anregungen" der Aktionäre ersetzten keinen solchen Beschluss. Im Übrigen gingen H und G auch über die Vorgaben der Aktionäre weit hinaus.

6. Demnach haften G und H aus § 93 II AktG gesamtschuldnerisch auf Zahlung von € 1 Mio.

II. I-AG gegen G und H auf Zahlung von € 1 Mio aus § 280 I BGB (pVV des Anstellungsvertrags)

Ein solcher Anspruch kommt wegen der abschließenden Regelung in § 93 AktG nicht in Betracht.

III. I-AG gegen G und H auf Zahlung von € 1 Mio aus § 823 II BGB iVm § 266 I Var 1 StGB

1. § 266 StGB ist ein Schutzgesetz im Sinne des § 823 II BGB, da es den Individualschutz des betroffenen Vermögenseigners bezweckt.

2. Zu fragen ist als nächstes, ob die Voraussetzungen des § 266 I Var 1 StGB erfüllt sind.

Der Vorstand hat die Befugnis über fremdes Vermögen zu verfügen iSe Vermögensbetreuungspflicht. G und H haben ihre Pflicht auch missbraucht, sie haben nämlich innerhalb ihres rechtlichen „Könnens" gehandelt, dabei aber ihre Pflichten (das „Dürfen") verletzt. Dadurch ist der AG ein Nachteil, also ein Schaden, entstanden. Die Verletzung ihrer Pflichten und die Möglichkeit eines Schadenseintritts wurden von G und H, so darf lebensnah angenommen werden, erkannt und billigend in Kauf genommen.

3. Ein entsprechender Schaden der AG ist entstanden, §§ 249 ff BGB.

4. G und H haften auch nach diesen Vorschriften.

Frage 2: Aufsichtsratsbeschluss; Haftung des Aufsichtsrats

A. Bindungskraft des Beschlusses/rechtliche Schritte

1. Was die Bindungskraft des Aufsichtsratsbeschlusses angeht, so ist das Notwendige bereits gesagt. Für die Geltendmachung von Schadensersatzansprüchen ist der Aufsichtsrat zuständig, § 112 AktG, der Aufsichtsrat beschließt also, ob Ansprüche geltend gemacht werden. Materiell-rechtlich hat das keine Auswirkungen. Insoweit ist nicht von einer „Bindungswirkung" seiner Beschlüsse auszugehen.

2. Auch wenn dem Beschluss des Aufsichtsrats keine Bindungswirkung zukommt, ist es möglicherweise dennoch sinnvoll, gegen ihn gerichtlich vorzugehen, um zum Einen einen rechtwidrigen Beschluss aus der Welt zu schaffen und zum Anderen den Aufsichtsrat auf diese Weise zu einem rechtmäßigen Vorgehen anzuhalten:

a. Eine **Anfechtungsklage** analog §§ 241 ff AktG kommt dafür allerdings nicht in Betracht. Schon an einer planwidrigen Lücke im AktG fehlt es. Das Gesetz institutionalisiert (und beschränkt) nur die Anfechtung von Beschlüssen der Hauptversammlung in den §§ 241 ff AktG. Hintergrund der Regelung ist, dass das Vertrauen der Öffentlichkeit in den Bestand grundlegend wichtiger Beschlüsse gegen Angriffe aus dem großen und „anonymen" Kreis der Aktionäre gesichert werden soll (näher *BGH* NJW 1993, 2307). Vergleichbare Bedeutung kommt Aufsichtsratbeschlüssen in aller Regel nicht zu.

b. Damit bleibt die Möglichkeit einer **allgemeinen Feststellungsklage** (möglicherweise in Form einer positiven Beschlussfeststellungsklage), § 256 ZPO. Das betreffende, festzustellende Rechtsverhältnis wäre der Aufsichtsratsbeschluss.

Allerdings wird man eine gerichtliche Geltendmachung von Mängeln eines Aufsichtsratsbeschlusses auf die Aufsichtsratsmitglieder beschränken müssen. Das kann man im Umkehrschluss zu § 245 Nr 5 AktG folgern. Dort ist die Geltendmachung von Mängeln eines Hauptversammlungsbeschlusses durch Vorstand und Aufsichtsrat auf bestimmte Fälle eigener Betroffenheit beschränkt. Die Aktionäre sind aber von einem Beschluss des Aufsichtsrats, Schadensersatzansprüche gegen den Vorstand nicht geltend zu machen, nicht selbst betroffen. Für sie steht der Weg des §§ 147 f. AktG zur Verfügung, wollen sie die Geltendmachung von Ansprüchen erzwingen.

3. Damit ist zugleich zu den **weiteren rechtlichen Möglichkeiten** des A Stellung genommen, die Haftung des Vorstands durchzusetzen:

Hierfür steht das **Klageerzwingungsverfahren nach §§ 147 f. AktG** zur Verfügung.

Eine *actio pro socio* ist daneben nicht möglich. Diese Form der Geltendmachung von Sozialansprüchen – überwiegend als Fall der Prozessstandschaft eingeordnet – ist zum Einen auf Ansprüche gegen *Gesellschafter* begrenzt und sollte nicht auf geschäftsführende Organe (die nicht zugleich Gesellschafter sind) ausgedehnt werden. Zudem enthält § 147 AktG restriktive Regelungen, knüpft die Möglichkeit einer Klageerzwingung insbesondere an das Erreichen bestimmter Quoren. Diese würden mit der *actio pro socio* umgangen.

B. Haftung des Aufsichtsrats – Anspruch der AG gegen die Aufsichtsratsmitglieder auf Zahlung von € 1 Mio aus §§ 116 S 1, 93 II AktG

1. Der Aufsichtsrat hat die Geltendmachung von Schadensersatzansprüchen gegenüber dem Vorstand abgelehnt und damit möglicherweise eine **Pflicht verletzt**.

a. Besondere gesetzliche Leitlinien, an denen sich der Aufsichtsrat bei seiner Entscheidung über die Geltendmachung von Ersatzansprüchen gegen den Vorstand auszurichten hätte, sind auf den ersten Blick nicht ersichtlich. Man könnte daraus folgern wollen, es stehe im **freien Ermessen** des Überwachungsorgans, ob es solche Ansprüche verfolgen wolle.

b. Eine solche Annahme würde aber die **Funktion des Aufsichtsrats** missdeuten. Es ist die vornehmliche Aufgabe des Aufsichtsrats, die Geschäftsführungstätigkeit des Vorstands im Aktionärsinteresse (und im Interesse der Gläubiger der AG) zu überwachen. Insoweit kommt dem Aufsichtsrat eine Stellung als **Treuhänder** der Gesellschaft in Bezug auf das Gesellschaftsvermögen zu. Seine Aufgabenstellung und die Fremdbindung des Aufsichtsrats führen, wie der BGH in seinem grundlegenden Urteil in der Sache „ARAG/Garmenbeck" ausgeführt hat, dazu, dass der Aufsichtsrat jedenfalls als **verpflichtet** angesehen werden muss, das **Bestehen von Schadensersatzansprüchen** der AG gegen den Vorstand zunächst einmal **zu prüfen**. Bestehen solche Ansprüche – wie hier im Fall schon gesehen –, so folgt aus der Überwachungsaufgabe und aus der Treuhänderstellung des Weiteren die **Pflicht**, aufgrund einer sorgfältigen **Risikoanalyse** abzuschätzen, ob eine (gerichtliche) Geltendmachung zu einem Ausgleich des Schadens der AG führt. Stehen der AG nach dieser Prüfung realisierbare Ansprüche zu, so darf sich der Aufsichtsrat als Treuhänder nur dann *gegen* die **Geltendmachung** entscheiden, wenn er **gewichtige Gründe des Gesellschaftswohls** anführen kann, die denjenigen, die *für* die Verfolgung sprechen mindestens gleich zu gewichten sind. Andernfalls *muss* er die Ansprüche verfolgen.

Von einem solchen Vorgehen ist im Sachverhalt der *Variante 2* nichts ersichtlich geworden. Hier hat sich der Aufsichtsrat lediglich von angeblichen „Verdiensten" des Vorstands leiten lassen. Er hat damit seinen Pflichten als Aufsichtsrat nicht genügt.

2. Der Aufsichtsrat hat dabei zumindest **fahrlässig** gehandelt (§ 276 II BGB). Ihm musste bewusst sein, wie eine ordnungsgemäße Prüfung von Ansprüchen auszusehen hat.

3. Fraglich ist, ob der AG ein **Schaden** durch den Aufsichtsratsbeschluss entstanden ist. Solange die Ansprüche gegen den Vorstand nicht erloschen sind, hat die Untätigkeit, so könnte man meinen, nicht zu einer (weiteren) Vermögenseinbuße bei der Gesellschaft geführt.

Eine solche Argumentation würde aber übersehen, dass dem Aufsichtsrat eine *eigene*, von derjenigen des Vorstands zu trennende Pflichtwidrigkeit zur Last fällt. Sie führt dazu, dass ein Anspruch der AG – einstweilen – nicht beigetrieben wird, dass der AG mithin ein konkreter Geldbetrag, der bei ordnungsgemäßem Verhalten des Aufsichtsrats beigetrieben worden wäre, im Gesellschaftsvermögen fehlt. Deshalb haftet der Aufsichtsrat für den daraus entstehenden Schaden, derzeit die im Gesellschaftsvermögen fehlenden € 1 Mio, *neben* dem Vorstand.

Hinweis: Muss der Aufsichtsrat zahlen, so kann er die Abtretung der Ansprüche der AG gegen den Vorstand verlangen, § 255 BGB analog. Auch im Verhältnis des Aufsichtsrats zum Vorstand gilt, dass keine Gesamtschuld besteht, da die Verpflichtungen nicht „gleichstufig" sind. Im Ergebnis muss der Vorstand alleine haften.

C. Geltendmachung

Die Haftung des Aufsichtsrats ist durch den **Vorstand** geltend zu machen, §§ 76 ff AktG. Das mutet zwar auf den ersten Blick deswegen seltsam an, weil der Haftung des Aufsichtsrats mittelbar ein haftungsbegründendes Verhalten des Vorstands selbst zugrunde liegt. Das führt aber nicht dazu, dass ein anderes Organ der AG – es bliebe auch nur noch die Hauptversammlung – den Anspruch geltend zu machen hätte.

Auch insoweit gilt wieder § 147 AktG, dh die Aktionäre können die Geltendmachung des Anspruchs durch den Vorstand ggf erzwingen.

Ergebnis zur Variante 2

H und G haften für den Verlust der € 1 Mio.

Der Aufsichtsratsbeschluss, den Schadensersatz gegen G und H nicht geltend zu machen, ist nicht bindend für die Aktionäre. Sie können die Geltendmachung nach § 147 AktG erzwingen.

Der Aufsichtsrat haftet seinerseits, weil er pflichtwidrig von der Geltendmachung der Ansprüche der AG gegen den Vorstand abgesehen hat. Diese Haftung ist durch den Vorstand durchzusetzen. Es gilt auch insoweit § 147 AktG.

Fall 6: Lebensverlängernde Maßnahmen

Die Aerospatial AG mit den Gesellschaftern Alf Anselm, Bert Bracht, Carl Coller (letzterer zu 10 % beteiligt) und Ingo Immel (zu 50 % beteiligt) betreibt einen Freizeitpark in Norddeutschland. Vor allem mit dem Geschäftsjahr 2003, in dem Immel in die AG neu eingetreten ist und die Unternehmung durch Umstrukturierungen stark aufgewertet hat, ist man hochzufrieden. Als Immel vorschlägt, der Gesellschaft seinen privaten Porsche Cayenne (Wert: € 50.000,–) als Dienstwagen zum Preis von € 66.000,– zur Verfügung zu stellen, wagt niemand, kleinliche Einwände zu erheben. Der Vorstand erwirbt daraufhin das Fahrzeug für die AG.

Die Geschäfte im Jahr 2004 entwickeln sich deutlich schlechter als im Vorjahr. Wegen eines nicht versicherten Brandes in einem Flugsimulator wird das Eigenkapital der AG nahezu vollständig aufgezehrt. Um den Simulator, eine der Hauptattraktionen des Parks, reparieren zu können, benötigt die Gesellschaft dringend Geld. Die Hausbank der AG ist allerdings angesichts der „angespannten Liquiditätssituation" (so die Bank) nicht bereit, einen Kredit zu geben. Daraufhin springt Immel in die Bresche und stellt der Gesellschaft, „bis auf Weiteres" € 200.000,– zur Verfügung, damit vor allem die notwendige Reparatur durchgeführt werden kann. Das Geld soll mit 5 % p. a. verzinst werden. C „leiht" der Gesellschaft „einstweilen" einen Kran im Namen der C Baumaschinen GmbH, deren Alleingesellschafter und Geschäftsführer Coller ist, für die Reparaturarbeiten. Über die „Leihgebühr" werde man sich später einigen. Der Schaden stellt sich in der Folge als weitaus komplizierter heraus, als zunächst abgesehen. Der Simulator fällt längere Zeit aus, die Zahl der Besucher geht daraufhin stark zurück. Immel, dem es nach einigen Wochen mulmig wird, bittet den Vorstand um sofortige Rückzahlung der Darlehnssumme. Nach der Auszahlung von € 25.000, die noch „flüssig" vorhanden sind, bleibt dem Vorstand wegen Zahlungsunfähigkeit der AG nur mehr, Insolvenz anzumelden.

1. Welche Ansprüche – außerhalb der InsO und des AnfG – kann der eingesetzte Insolvenzverwalter Victor Völler geltend machen?

2. Kann Coller oder kann ein Dritter von der Gesellschaft den Kran herausverlangen? Vorschriften der InsO sind insoweit außer Betracht zu lassen.

Variante
Nach dem Brand im Simulator am 1. 11. 2004 stehen den Aktiva der AG iHv € 250.000,– Verbindlichkeiten von € 310.000,– gegenüber. Zu diesem Zeitpunkt könnten – unter Berücksichtigung der Aus- und Absonderungs-

rechte – sämtliche Verbindlichkeiten der AG insgesamt iHv je 73 % befriedigt werden. Der Vorstand versucht noch über zwei Monate, „das Ruder herumzureißen". Er beauftragt unter anderem einen Landschaftsgärtner (Ludwig Lose) mit größeren Arbeiten im Freigelände des Parks, für die Lose der AG € 7.000,– in Rechnung stellt.

Ebenfalls auf Zahlung besteht der Computerhändler Heinrich Holzer, dessen Rechnungen für die Installation und Pflege der Software des Simulators iHv € 10.000,– noch nicht beglichen sind.

Beiden Gläubigern teilt der Vorstand Ende Dezember 2004 mit, dass sie im nunmehr eröffneten Insolvenzverfahren mit einer Zahlung von rund 3 % ihres Rechnungsbetrags rechnen könnten. Lose und Holzer sind empört und fragen, ob es einen Weg gibt, zu mehr Geld zu kommen.

Lösung zu Fall 6

Schwerpunkte: Kapitalerhaltung; eigenkapitalersetzendes Darlehn, eigenkapitalersetzende Nutzungsüberlassung; Insolvenzverschleppungshaftung

Leseempfehlung:

zum Grundfall
Wilhelm Kapitalgesellschaftsrecht 2. Aufl Rn 346 ff (Kapitalerhaltung, verdeckte Gewinnausschüttung); Rn 393 ff (Eigenkapitalersatz); *Karsten Schmidt* Gesellschaftsrecht 4. Aufl S 530 ff, 878 ff; *Martinek/Wimmer-Leonhard* 50 Fälle und Lösungen zum Handels-und Gesellschaftsrecht S 188 ff (ausführliche fallmäßige Aufbereitung des eigenkapitalersetzenden Darlehns); BGHZ 90, 381.

§§ 32 a, 32 b GmbHG; 129 a; 172 a HGB; 39 I Nr 5 InsO; 135, 143 InsO; 6, 11 AnfG; §§ 57, 62 AktG.

zur Variante
Wilhelm Kapitalgesellschaftsrecht 2. Aufl Rn 468 ff; *Altmeppen/Wilhelm* NJW 1999, 673 ff; *Karsten Schmidt* Gesellschaftsrecht 4. Aufl S 1082 ff.

§§ 64 GmbHG, 92 AktG.

Lösung des Grundfalls

Frage 1: Von V geltend zu machende Ansprüche

A. V gegen I wegen des Porschekaufs

I. AG gegen I auf Zahlung von € 16.000,- aus §§ 57 I, III, 62 I AktG

1. Der Insolvenzverwalter V hat mit der Eröffnung des Insolvenzverfahrens das Recht, das zur Insolvenzmasse gehörende Vermögen des Schuldners, hier der AG, zu verwalten und über es zu verfügen, § 80 I InsO. Zur Insolvenzmasse gehört das gesamte Vermögen des Schuldners, § 35 InsO. V kann deshalb alle hier auf der Grundlage des Sachverhalts erörterten Ansprüche – auch wenn dies im Folgenden nicht jedes Mal erneut erwähnt wird – für die AG geltend machen.

2. Der Anspruch aus §§ 57 I, 62 I AktG setzt zunächst voraus, dass eine Leistung § 57 I AktG zuwider an den Aktionär I geflossen ist, § 62 I 1 AktG.

a. Das Gesetz knüpft in § 57 I AktG an eine „**Rückgewähr von Einlagen**" an. Im Fall ist die Zahlung an I im Zusammenhang mit dem Kauf des Porsches von den Parteien nicht ausdrücklich als eine Rückgewähr von Einlagen bezeichnet worden. Jedoch darf bei der wörtlichen Auslegung des Gesetzes nicht stehen geblieben werden. Entscheidend ist das wirtschaftliche Prinzip, das hinter den Normen steht. §§ 62, 57 AktG sind wie §§ 30, 31 GmbHG Ausdruck des allgemeinen Kapitalerhaltungsprinzips. Dieses Prinzip ist das Gegenstück zur Haftungsbeschränkung in der Kapitalgesellschaft und besagt, dass das aufgebrachte Kapital in der Folge gegen Zugriffe der Gesellschafter geschützt werden muss. § 57 AktG ist deshalb als **Verbot jedweder (teilweise) gegenwertloser Zahlungen** – im Sinne von: Vermögensausschüttungen – an die Aktionäre von Seiten der Gesellschaft zu lesen.

b. Zu fragen ist demnach, ob der Erwerb des Porsches seitens der Gesellschaft vom Aktionär gegen den Grundsatz der Kapitalerhaltung verstieß, ob also teilweise ohne Gegenwert Gesellschaftsvermögen an den Aktionär geflossen ist („verdeckte Gewinnausschüttung").

Zu einem **Vermögensabfluss** iHv € 66.000,- aus der Gesellschaft an I ist es gekommen. Bei lebensnaher Auslegung des Sachverhalts ist davon auszugehen, dass dem Gesellschafter kein Bargeld übergeben wurde, sondern dass zu es einer Überweisung des Kaufbetrags kam. Damit stellt sich nicht die Frage der **Wirksamkeit** des Abflusses des Geldes: Zwar gelten die Grundsätze über den evidenten Missbrauch der Vertretungsmacht auch auf der dinglichen Ebene, doch führt die Einschaltung von Banken im Rahmen der Überweisung dazu, dass das Geld *in casu* jedenfalls an I gelangt ist. Ebenso wenig kommt eine Unwirksamkeit der Zahlung nach § 134 BGB in Betracht.

Hinweis: Die Grundsätze über den Missbrauch der Vertretungsmacht bzw die Kollusion spielen bei Vermögensverschiebungen zulasten der Gesellschaft an einen Gesellschafter häufig eine Rolle. Nach zumindest früher herrschender Ansicht kommt zudem ein Verstoß gegen § 134 BGB in Betracht. Man sollte beides an dieser Stelle kurz ansprechen. Näheres noch unten S 94.

Allerdings erhielt die Gesellschaft im Gegenzug Eigentum und Besitz an dem Porsche. Als Zahlung **ohne Gegenwert** stellt sich die Auszahlung des Kaufpreises folglich nur iHv **€ 16.000,–** dar, da der Kaufpreis den Marktwert des Fahrzeugs um diesen Betrag überstieg.

c. Wie § 57 I iVm III AktG zeigt, ist nicht lediglich Vermögen der AG in Höhe des Grundkapitals geschützt, auch das über die Grundkapitalziffer hinaus gehende Vermögen der AG ist gebunden.

3. I schuldet der AG deshalb Rückgewähr der erhaltenen € 16.000,–.

II. AG gegen I auf Zahlung von € 16.000,– aus § 117 I 1 AktG

Dass I in besonderer Weise seinen Einfluss geltend gemacht hätte, ist nicht ersichtlich.

III. AG gegen I auf Zahlung von € 16.000,– aus pVV des Gesellschaftsvertrags („Treuepflichtverletzung")

Es besteht kein Anspruch aus einer „Treuepflichtverletzung". Eine „Treuepflicht" zwischen dem Aktionär und seiner AG ist schon als solche nicht anzuerkennen. § 117 AktG konkretisiert gerade, unter welchen Voraussetzungen eine Einwirkung auf die AG schadensersatzrechtlich Relevanz erlangt.

Hinweis: Zum (hier nur zu streifenden) Thema der „Treuepflichten" in der Kapitalgesellschaft s noch unten Fall 10.

IV. AG gegen I auf Zahlung von € 16.000,– aus § 823 II BGB iVm § 57 AktG

Ein solcher Anspruch besteht nicht. § 57 AktG ist kein Schutzgesetz zugunsten der AG. Die Rechtsfolgen eines Verstoßes sind vielmehr in § 62 AktG speziell geregelt.

V. AG gegen I auf Zahlung von € 16.000,– aus § 830 II BGB iVm § 823 II BGB, § 266 I Var 1 StGB

1. § 266 StGB ist ein Schutzgesetz. Es dient dem Schutz des Vermögensinhabers des betroffenen Vermögens.

2. I könnte sich als Anstifter oder Gehilfe an einer Untreuehandlung des Vorstands beteiligt haben. Die Erfüllung aller tatbestandlichen Voraussetzungen der entsprechenden Haupttat durch den Vorstand wird sich jedoch voraussichtlich nicht nachweisen lassen. Dem Vorstand obliegt zwar eine Vermögensbetreuungspflicht iSd § 266 I StGB, da er das Vermögen der AG selbstständig und eigenverantwortlich im Sinne einer Hauptpflicht zu betreuen hat. Er hat auch sein internes Dürfen im Rahmen des externen Könnens überschritten. Dadurch ist der AG auch ein Schaden entstanden. Es ist aber nicht ersichtlich, dass der Vorstand vorsätzlich gehandelt hätte. Damit ist § 266 StGB in subjektiver Hinsicht nicht erfüllt.

3. Der Anspruch besteht demnach nicht.

VI. AG gegen I auf Zahlung von € 66.000,– aus § 812 I 1 Var 1 BGB

1. Das Bereicherungsrecht ist neben §§ 62, 57 AktG anwendbar.

2. I hat eine Forderung gegen seine Bank aus der Gutschrift von € 66.000,– erlangt. Die Überweisung geht auf eine Leistung der AG zurück.

3. Der **Kaufvertrag** über den Porsche ist mangels wirksamer Vertretung der AG nicht zustande gekommen. Der Vorstand konnte die AG deshalb nicht wirksam gegenüber I vertreten, weil er insoweit seine Vertretungsmacht evident missbrauchte. Es wurde nämlich materiell Gewinn der AG verteilt, dh ein Betrag aus dem Gesellschaftsvermögen ausgeschüttet. Hierüber zu befinden ist Sache der Hauptversammlung, nicht des Vorstands, s § 174 I AktG. Zudem stand auch § 53 a AktG (das Gleichbehandlungsgebot) dem Vorgehen des Vorstands entgegen. Wegen der ausdrücklichen Regelung im Gesetz ist von Evidenz auszugehen. Damit besteht kein Rechtsgrund für des Behaltendürfen des Geldes.

Hinweis: Nach hier vertretener Ansicht ist das Geschäft mithin schon nicht zustande gekommen. Darauf, ob verdeckte Gewinnausschüttungen nach § 134 BGB nichtig sein könnten (was früher verbreitet vertreten wurde – s dazu aber S 94), kommt es deshalb nicht mehr an.

4. I ist damit zur Herausgabe des Guthabens bzw, da eine Herausgabe *in natura* nicht möglich ist, zu Wertersatz verpflichtet, § 818 II BGB.

VII. AG gegen I auf Abschluss eines Kaufvertrags über den Porsche zum (angemessenen) Preis von € 50.000

Für einen solchen Anspruch fehlt es bereits an einer Anspruchsgrundlage. Aus dem unwirksamen Kaufvertrag (iVm § 242 BGB) kann man keine Kontrahierungspflicht des I herleiten.

B. V gegen den Vorstand wegen des Porschekaufs

I. AG gegen den Vorstand auf Zahlung von € 66.000,– aus §§ 93 II 1, I 1, III Nr 1 AktG

Hinsichtlich der Geltendmachungsbefugnis des Insolvenzverwalters ist wiederum auf § 80 InsO zu verweisen.

Wie oben gesehen, hat der Vorstand §§ 57, 62 AktG zuwider gehandelt. Der Vorstand hätte erkennen können und müssen, dass der Porsche zu teuer verkauft wurde und durfte deshalb weder den Vertrag abschließen, noch auf dieser Grundlage Mittel aus der AG an den Gesellschafter ausschütten.

Fraglich ist allein die Schadenshöhe, §§ 249 ff BGB. Anzusetzen sein könnte entweder die volle Höhe des ausgeschütteten Betrags, also € 66.000, oder man berücksichtigte, dass die AG im Gegenzug für die ausgeschütteten € 66.000,– einen Porsche – genau: das Eigentum und den Besitz am Porsche – im Wert von € 50.000,– erhielt. Da der AG das Eigentum am Porsche nicht auf der Basis eines wirksamen Vertrags verschafft worden ist, sondern sie zur Herausgabe verpflichtet ist, ist letzthin der volle Schaden iHv € 66.000,– anzusetzen.

II. AG gegen den Vorstand auf Zahlung von € 66.000,– aus § 280 I BGB (pVV des Anstellungsvertrags)

Bei § 93 AktG handelt es sich um eine abschließende Regelung. Daneben kommen Ansprüche aus der Verletzung des Anstellungsvertrags nicht in Betracht.

III. AG gegen den Vorstand auf Zahlung von € 66.000,– aus § 823 II BGB iVm § 266 I Var 1 StGB.

Mangels Erfüllung des Untreuetatbestands (s oben) besteht dieser Anspruch nicht.

C. V gegen I wegen der Darlehensrückzahlung

I. AG gegen I auf Zahlung von € 25.000,– aus § 32 a I GmbHG analog

Bereits von der Rechtsfolge her passt die Norm nicht. Sie hat eine Konstellation vor Augen, in der es noch nicht zur Auszahlung, also zur Rückzahlung des gewährten Darlehens gekommen ist. Daher ist die Vorschrift nicht einschlägig.

II. AG gegen I auf Zahlung von € 25.000,- aus §§ 62 I, 57 I, III AktG iVm den Grundsätzen über eigenkapitalersetzende Darlehen

1. Falls das der AG seitens I gewährte Darlehen eigenkapitalersetzenden Charakter hätte, könnte ihm die Anerkennung als Darlehen zu versagen sein und mithin das auf das Darlehen gezahlte Geld unter Verstoß gegen § 57 AktG aus der AG an den Aktionär geflossen sein.

2. Bevor über die Voraussetzungen und Rechtsfolgen der Gewährung eines eigenkapitalersetzenden Darlehens näher nachgedacht werden muss, ist jedoch zunächst zu klären, ob gerade §§ 62, 57 AktG für diesen Fall überhaupt **anwendbar** wären. Immerhin steht eine Reihe von Vorschriften zur Verfügung, die eine solche Situation, insbesondere die Auszahlung von Beträgen auf solche Darlehn ausdrücklich regeln. So nehmen §§ 129a, 172a HGB, §§ 32a, 32b GmbHG sowie §§ 135 InsO, 6 AnfG speziell zu dieser Konstellation Stellung. Daraus könnte man folgern, dass außerhalb ihres Anwendungsbereichs *keine* Rückgewährpflichten bei der Auszahlung eigenkapitalersetzender Darlehen in Betracht kommen. Diese Annahme würde aber, wie die Rechtsprechung früh entschieden hat, den Zweck der Kapitalerhaltungsvorschriften missdeuten. Sie wollen einen möglichst weit reichenden Schutz der Gesellschaft und ihrer Gläubiger realisieren. Die besonderen Vorschriften über das eigenkapitalersetzende Darlehen sollen diesen Schutz nicht verkürzen, sie sind daher nicht als abschließend, sondern lediglich als konkretisierend zu verstehen.

3. a. Dementsprechend kann gefragt werden, ob die Auszahlung an I gegen § 57 I, III AktG verstieß. Wieder geht es um die Frage, ob es zu einer Einlagenrückgewähr, dh zu einer **Ausschüttung** von Gesellschaftsvermögen **ohne ausreichenden Gegenwert** gekommen ist (s schon oben A. I. 2. a.). Auf den ersten Blick könnte man das verneinen wollen. Immerhin erfolgte die Zahlung auf einen **Darlehensvertrag** hin, so dass die Zahlung an sich zum Erlöschen der Darlehensforderung des Gläubigers (I) in entsprechender Höhe führen musste, § 362 I BGB.

b. Das gilt aber nur, wenn man das Darlehen des Gesellschafters an seine Gesellschaft tatsächlich **als solches zu akzeptieren** hat. Nun zeigt aber § 32a GmbHG, dass der Gesetzgeber die Hingabe eines Darlehens in der Krise der GmbH, dh zu einem Zeitpunkt, in dem die GmbH von dritter Seite kein Fremdkapital mehr erhalten hätte, durch einen Gesellschafter gerade *nicht* als vollwertiges Darlehen akzeptiert, sondern dass das derart hingegebene Kapital **wie haftendes Eigenkapital** behandelt werden soll. Damit kann dieses Kapital nicht zur Erfüllung der – grundsätzlich als solcher existenten – Darlehnsforderung des Gesellschafters tauglich sein, sondern es muss, wie anderes haftendes Eigenkapital auch, der Gesellschaft als (in der GmbH: bis zur Höhe des Stammkapitals) gebundenes Vermögen zur Verfügung stehen.

Hinweis: Etwas anders Wilhelm Kapitalgesellschaftsrecht 2. Aufl Rn 407: Es komme zur Tilgung der Darlehnsschuld, die Tilgung werde nur nicht berücksichtigt bei der Frage, ob die Gesellschaft einen Gegenwert für den Vermögensabfluss erhalten habe. Das läuft auf das Gleiche hinaus.

c. Es fragt sich, ob die „Missbilligung" des Abzugs solcher Darlehen, wie sie in § 32 a GmbHG zum Ausdruck kommt, auf das Aktienrecht zu übertragen ist.

Dafür spricht zunächst, dass der Gesetzgeber Sanktionen für das eigenkapitalersetzende Darlehn auch in anderen Rechtsbereichen angeordnet hat, wie etwa in §§ 129 a, 172 a HGB. Auch die im AnfG (§ 6) und in der InsO (§ 135) geregelten Konstellationen können Aktiengesellschaften betreffen. Das belegt, dass es insoweit um einen allgemeinen Rechtsgedanken geht, der nicht auf das Personen- und GmbH-Recht beschränkt ist. Noch klarer wird es, macht man sich die Grundüberlegung des „Umqualifizierung" eines eigenkapitalersetzenden Gesellschafterdarlehns in Eigenkapital klar: Im Grunde geht es um ein Verbot des *venire contra factum proprium* (§ 242 BGB): Wenn der Gesellschafter in der Krise Kapital gibt, um ein Weiterwirtschaften seines Unternehmens zu ermöglichen, so darf er ebendieses Kapital nicht auf Kosten der übrigen Gläubiger *wegen* der (als unabwendbar erkannten) Krise wieder abziehen. Der einzige – vor dem Gesetz nicht akzeptable – Zweck einer solchen kurzfristig gedachten Fremdkapitalzufuhr besteht nämlich darin, eben dieses Kapital leichter aus der Gesellschaft wieder abziehen zu können, als es bei Eigenkapital möglich wäre.

Aus den dargelegten Gründen ist die Nichtanerkennung des Abzugs von eigenkapitalersetzenden Darlehns aus dem Gesellschaftsvermögen in der Krise auf das Aktienrecht zu übertragen.

d. Damit ist noch kurz zu prüfen, ob das Darlehn des I diese **Voraussetzungen**, wie man sie § 32 a GmbHG mittelbar entnehmen kann, erfüllt. Das Darlehn müsste von I als Gesellschafter **in der Krise** hingegeben worden sein. Das Gesetz formuliert dahin, dass die Gesellschafter als „ordentliche Kaufleute" Eigenkapital zugeführt hätten. Gemeint ist damit, dass jedenfalls Fremdkapital am Markt nicht mehr zu üblichen Konditionen erhältlich gewesen wäre. Hier war selbst die Hausbank der AG unter Hinweis auf eine „angespannte Liquiditätssituation" nicht mehr bereit, Geld zur Verfügung zu stellen. Das spricht dafür, dass die AG am Markt überhaupt keine Mittel zu marktüblichen Konditionen erhalten hätte, sich also in der Krise befand.

e. Wie aus § 32a III GmbHG ersichtlich wird, ist aber nicht jedes Darlehn eines jeden Gesellschafters, das in der Krise hingegeben wird, zwingend Sanktionen unterworfen. Das Gesetz fordert vielmehr eine bestimmte **Beteiligungshöhe.** Auch dieser Gedanke muss in das Aktienrecht mit hinüber gezogen werden.

Die Rechtsprechung hat sich für den Bereich der AG insoweit dafür ausgesprochen, erst eine unternehmerische Beteiligung iHv mindestens 25 % + einer Stimme ausreichen zu lassen. Grund für die Unqualifizierung des Darlehens ist nämlich die unternehmerische Finanzierungsverantwortlichkeit des Gesellschafters welche eine solche unternehmerische Beteiligung voraussetzt. I hält eine entsprechende Beteiligung.

Damit hat sein Darlehn Eigenkapitalersatzcharakter. Das eingezahlte Kapital ist als gebundenes Kapital zu behandeln, die Zahlung des Vorstands hierauf floss dementsprechend ohne Gegenwert an I (Einlagenrückgewähr). Sie verstieß insoweit gegen §§ 57 I, III AktG und löste eine Rückzahlungspflicht des I nach § 62 I AktG aus.

4. I schuldet der AG Zahlung von € 25.000.

III. AG gegen I aus § 812 I 1 Var 1 BGB

Dieser Anspruch besteht. Wie gesehen, ist der an I gezahlte Betrag am Darlehnsvertrag „vorbei" und damit ohne Rechtsgrund geflossen.

Ergänzende Hinweise:
– Die Rechtsprechung stellt sich mittlerweile auf den Standpunkt, dass auch die Gewährung von Darlehen *an* einen Gesellschafter gegen das Kapitalerhaltungsrecht verstößt. Sie nimmt das auch für den Fall an, dass die Forderung an sich werthaltig ist. Anknüpfungspunkt für diese Auffassung ist die Erkenntnis, dass es zu einer realen Ausschüttung von Geld im Austausch gegen eine bloße Forderung kommt, *BGH* NJW 2004, 1111.

Frage 2: Anspruch auf Rückgabe des Krans

A. Anspruch des C gegen die AG

I. C gegen die AG aus Leihvertrag, § 604 I BGB

Ein solcher Anspruch steht C nicht zu. Zwar sprechen die Parteien von einer Leihe, sie vereinbaren zugleich aber eine „Leihgebühr". Es geht also um einen entgeltlichen Vertrag.

II. C gegen die AG aus Mietvertrag, § 546 I BGB

1. Zweifelhaft ist das **Zustandekommen** eines Mietvertrags zwischen C und der AG bereits deshalb, weil die Parteien über eine *essentiale negotii,* den **Mietzins,** keine ausdrückliche Einigung erzielt haben. Klar wurde lediglich, *dass* ein Mietzins gezahlt werden sollte. Das Fehlen einer solchen Vereinbarung führt aber nicht zur Unwirksamkeit bzw zum Nichtzustandekommen des Mietvertrags. Die Parteien haben in Kenntnis des Fehlens einer Vereinbarung übereinstimmend mit der Ausführung des Vertrags begonnen und damit erkennen lassen, dass sie in jedem Falle von einem Vertrag ausgehen. Es ist damit ein angemessener Mietzins als vereinbart anzunehmen, §§ 133, 157 BGB. Hinweisen lässt sich in diesem Zusammenhang etwa auf die Vorschriften des §§ 315, 612 BGB, die auch ohne Bestimmung einer Gegenleistung von einem wirksamen Vertrag ausgehen.

2. **Mietvertragsparteien** sollten allerdings die C-GmbH einerseits und die A-AG andererseits werden, nicht sollte C persönlich involviert werden. Daher besteht kein Anspruch für ihn gegen die AG.

B. Anspruch der C-GmbH gegen die AG

I. C-GmbH gegen die AG auf Rückgabe des Krans aus Mietvertrag, § 546 I BGB

1. Ein Mietvertrag zwischen den Parteien ist zustande gekommen. Ein Rückgewähranspruch hinsichtlich des Krans kann sich daraus aber erst mit Ende der vereinbarten Mietzeit ergeben. In Frage kommt ein Rückgewähranspruch kraft Zeitablaufs oder nach Kündigung:

Die Beteiligten haben eine Überlassung des Krans bis zum Ende der erforderlichen Reparaturarbeiten vereinbart. Das ist kein präzise erfassbarer Zeitpunkt. Auch, dass der Kran der AG „einstweilen" zur Verfügung gestellt werden sollte, spricht für eine jederzeitige Abziehbarkeit, also für eine Miete auf unbestimmte Zeit mit Kündigungsmöglichkeit. Mithin ist eine Kündigung möglich, aber auch erforderlich.

a. Für einen Rückgewähranspruch der C-GmbH gegen die AG hinsichtlich des Krans ist zunächst eine **Kündigungserklärung** erforderlich. Sie ist im Verlangen der Herausgabe zu sehen, §§ 133, 157 BGB. Von einer ordnungsgemäßen Vertretung der C-GmbH wie auch der AG ist jeweils auszugehen (§§ 164 ff BGB mit § 35 GmbHG einerseits, mit § 78 AktG andererseits).

b. Des Weiteren bedarf es eines **Kündigungsgrunds.** Eine außerordentliche Kündigung des Mietverhältnisses nach § 543 I 1 BGB mit Blick auf die

Insolvenz der AG kommt nicht in Betracht. Das lässt sich aus §§ 543 II 1 Nr 3 BGB *e contrario* und § 112 InsO folgern.

Denkbar ist aber eine ordentliche Kündigung. Anzuwenden ist insoweit § 580a III Nr 1 BGB. Zwar ist keine ausdrückliche Vereinbarung von Tageszeiträumen ersichtlich. Sie ist aber nach §§ 133, 157 BGB anzunehmen. Die C-GmbH, vertreten durch C, will sich ersichtlich nicht längerfristig binden, sondern stellt den Kran „einstweilen" zur Verfügung. Damit ist eine Kündigungsmöglichkeit zum Ablauf des jeweils nächsten Tages anzunehmen.

2. Der Rückgewähranspruch der C-GmbH könnte allerdings **einredebehaftet** sein. Die AG kann der C-GmbH möglicherweise die Einrede des *venire contra factum proprium* entgegen halten, § 242 BGB. Es könnte sich nämlich, wie oben bei der Gewährung des Darlehens des I an die Gesellschaft, um eine eigenkapitalersetzende Leistung handeln. Das hätte zur Folge, dass der Gesellschafter nicht den in und wegen der Krise hingegebenen Gegenstand mit Blick auf die sich verschärfende Krise wieder abziehen dürfte. Die Grundsätze des **Eigenkapitalersatzes** könnten mit anderen Worten nicht nur auf die Überlassung von Geld anzuwenden, sondern auf die Überlassung der **Nutzung** von Gegenständen auszudehnen sein.

a. Dafür kann man die Ähnlichkeit der beiden Sachverhalte anführen: So, wie beim Darlehen letztlich Geld zur entgeltlichen Nutzung auf Zeit überlassen wird, ist dies bei einer Sachnutzung hinsichtlich der Sache der Fall. Ein Abzug der betreffenden vermieteten Sache macht eine Ersatzbeschaffung für die Gesellschaft erforderlich, die wiederum nur gegen Entgelt erhältlich ist, was den Vermögenswert der Überlassung belegt.

b. Es gibt aber auch Gegenargumente: Anders als beim Abzug von Geld fließt nämlich kein Gesellschaftsvermögen an den Gesellschafter ab, wenn die Nutzung einer Sache nicht mehr überlassen wird. Anders als bei zur Verfügung gestellten Geldsummen sollte die Gesellschaft auch nicht dauerhaft mit dem Gegenstand wirtschaften und gelegentlich einen anderen, abgezinsten Vermögenswert rückübertragen. Überlassen ist lediglich die Nutzung des konkreten Gegenstands für begrenzte Dauer und gegen Entgelt. Deshalb kann man Bedenken gegen die Anwendung der Eigenkapitalersatzgrundsätze auf Nutzungsüberlassungen hegen.

c. In der Praxis, auf die sich der Insolvenzverwalter stützen wird, ist allerdings die Rechtsprechungsansicht maßgeblich. Sie nimmt die Möglichkeit einer eigenkapitalersetzenden Nutzungsüberlassung an. Damit steht der AG die Einrede aus § 242 BGB zur Seite, *wenn* die Voraussetzung der eigenkapitalersetzenden Nutzungsüberlassung im Fall erfüllt sind.

d. Die betreffenden Voraussetzungen sind bereits zur Sprache gekommen. Sie lassen sich in Anlehnung an § 32a GmbHG dem Gesetz entnehmen. Es geht hier um eine **Nutzungsüberlassung in der Krise** der Gesellschaft. Dass die § 32 a GmbHG zu entnehmenden Grundsätze auf das Aktienrecht übertragen werden dürfen, folgt daraus, dass es sich dabei um allgemeine Rechtsgedanken handelt, wie man zB §§ 129a, 172a HGB entnehmen kann.

Allerdings stammte der Kran **nicht** von **C persönlich**, also nicht direkt von einem Gesellschafter, sondern von der C-GmbH. Es fragt sich, ob die AG auch der GmbH eine Einrede entgegen halten kann. Wegen der wirtschaftlichen Identität der Gesellschaft mit C als Gesellschafter ist das anzunehmen. Andernfalls stünde ein leichter Weg für eine Umgehung der Eigenkapitalersatzgrundsätze zur Verfügung. Dass die C-GmbH nicht selbst Gesellschafter ist, ist also unschädlich.

Wie beim eigenkapitalersetzenden Darlehen ist eine **unternehmerische Beteiligung** des betreffenden Gesellschafters, C, an der AG zu fordern. C ist zu 10 % an der AG beteiligt. Das ist, wie oben gesehen, nach Auffassung der Rechtsprechung keine „unternehmerische" Beteiligung. C ist also nicht von den Grundsätzen des Eigenkapitalersatzes erfasst. Deshalb können sie auch nicht in das Verhältnis der AG zur C-GmbH übertragen werden.

Hinweis: Gälte das Abzugsverbot, so stellte sich die Frage der zeitlichen Reichweite. Die Rechtsprechung sieht hier grundsätzlich auf die vertragliche Vereinbarung. Das Abzugsverbot gälte in casu deshalb bis Ende der Reparaturarbeiten.

3. Dem Anspruch der C-GmbH steht folglich *keine* Einrede entgegen. Sie kann ihren Kran herausverlangen.

II. C-GmbH gegen die AG auf Herausgabe des Krans aus § 985 und aus § 812 I 1 Var 1 BGB

Diese konkurrierenden Ansprüche bestehen ebenfalls.

Hinweis: Vorschriften der InsO waren nicht zu berücksichtigen, s aber § 47 InsO.

Lösung der Variante

A. Ansprüche des L gegen die Vorstandsmitglieder (im Folgenden: „der Vorstand")

I. L gegen den Vorstand auf Zahlung von € 7.000,– aus c. i. c., §§ 280 I, 311 II Nr 1, III, 241 II BGB

Ein vorvertragliches Vertrauensverhältnis, also ein Schuldverhältnis iSv § 311 BGB, zu L bestand. Zweite Partei dieses Schuldverhältnisses war allerdings nicht der Vorstand. Nicht dieser wurde Vertragspartner des L, sondern die AG. Es kommt auch keine Ausnahme iSd Grundsätze über die Eigenhaftung des Vertreters (§ 311 III BGB) in Betracht. Weder hat der Vorstand besonderes Vertrauen für sich in Anspruch genommen, noch hat er wirtschaftlich gleichsam in eigener Sache gehandelt. Er haftet folglich nicht aus c. i. c.

II. L gegen den Vorstand auf Zahlung von € 7.000,– aus § 823 II BGB iVm § 92 II 1, 2 AktG

1. Ob § 92 II AktG, der die Antragspflicht des Vorstands bei Insolvenz der AG normiert, als **Schutzgesetz** eingeordnet werden kann, ist sehr umstritten.

a. Für § 92 AktG wie für § 64 GmbHG lässt sich sagen, dass diese Normen nur die Gesamtheit der Gläubiger, nicht die einzelnen Gläubiger schützen sollen. So gesehen, bestehen die Normen nicht im Interesse des Einzelnen, sondern primär im Interesse einer geordneten Wirtschaft. Das lässt sich mit einem Hinweis auf die Folgen einer Pflichtverletzung durch den Vorstand untermauern: Pflichtverletzungen des Vorstands, wie der Verstoß gegen § 92 II AktG, führen zur Innenhaftung gegenüber der Gesellschaft (§ 93 III Nr. 6 AktG), die dann zu einer Auffüllung des Gesellschaftsvermögens führt. Das belegt, warum die Gläubiger eines Schutzes durch § 92 II AktG aus Sicht des AktG gar nicht bedürfen.

b. Anders sieht es die Rechtsprechung. Sie hält die Insolvenzantragspflicht für eine „Dauerpflicht" des Vorstands, die sowohl zugunsten von „Alt-" als auch im Interesse von „Neugläubigern" wirke. Sie sieht den einzelnen Gläubiger als Schutzsubjekt der Norm an und versteht sie insoweit als Schutzgesetz. Für die Praxis ist diese Sichtweise entscheidend, sie wird daher im Folgenden trotz der überzeugenden Gegenargumente zugrunde gelegt.

2. § 92 II AktG ist, wie der Blick auf § 19 II InsO zeigt, im vorliegenden Fall **verletzt**. Die Gesellschaft war überschuldet. Die Überschuldung war am

1. 11. 2004 eingetreten. Trotzdem wurde zunächst kein Insolvenzantrag gestellt.

3. Das Verhalten des Vorstands war mindestens **fahrlässig**. Gründe dafür, dass die Überschuldung nicht hätte bemerkt werden können, bestehen nämlich nicht.

4. Für die Berechnung des konkreten Schadens des L sind die §§ 249 ff BGB entscheidend. Der Umfang des Schadens ist dabei zugleich durch den Schutzbereich des § 92 II AktG umrissen. Die frühere Rechtsprechung sah insoweit nur den **Gesamtgläubigerschaden**, also den sog. „**Quotenschaden**" als ersatzfähig an. Der Ersatz sollte durch Zahlung des Vorstands in die Insolvenzmasse stattfinden. Ausgeglichen werden sollte mit anderen Worten derjenige Schaden, der dem Gläubiger durch die Verminderung der zu erzielenden Quote im Insolvenzverfahren entstand.

Die heutige Rechtsprechung unterscheidet demgegenüber in **Alt- und Neugläubiger**, wobei sie als „Altgläubiger" diejenigen Gläubiger versteht, deren Forderung vor der Insolvenzreife begründet war, als Neugläubiger diejenigen, die erst nach Eintritt eines Insolvenzgrunds Gläubiger der Gesellschaft wurden. Sie orientiert sich insoweit an einem anderen hypothetischen Kausalverlauf: Während die frühere Rechtsprechung unterstellt hatte, dass der Gläubiger bei hinzu gedachtem ordnungsgemäßen Verhalten des Vorstands eine höhere Quote erzielt hätte, legt die heutige Rechtsprechung zugrunde, dass bei ordnungsgemäßem Verhalten des Vorstands es *gar nicht* mehr zu einem Vertragsschluss mit Neugläubigern hätte kommen können. Das ist konsequent. Ersatzfähig aus Sicht des L ist mithin das gesamte negative Interesse, der „**Kontrahierungsschaden**". Das ist jedenfalls deshalb anzunehmen, weil es sich bei L um einen *vertraglichen* (nicht deliktischen) Neugläubiger handelt. In Abzug zu bringen ist die von L zu erzielende Insolvenzquote.

5. Für die Geltendmachung des Anspruchs bei Eröffnung eines Insolvenzverfahrens gilt § 92 S 1 InsO: Altgläubigeransprüche sind vom Insolvenzverwalter geltend zu machen, und zwar gerichtet auf Zahlung in die Masse. Allerdings haben Neugläubiger wie der L nach Auffassung des BGH keinen Quotenschaden, damit keinen Gesamtschaden iSd § 92 InsO. Sie können mithin auf eigene Faust vorgehen. Das gilt auch für L.

6. L hat demnach Anspruch auf Zahlung von € 7.000,– gegen die Vorstandsmitglieder, die gesamtschuldnerisch haften.

III. L gegen den Vorstand auf Zahlung € 7.000,– aus § 826 BGB

Für eine vorsätzliche Schädigung der Gläubiger, mithin auch des L, durch den Vorstand fehlt es an Hinweisen.

IV. L gegen den Vorstand auf Zahlung € 7.000,– aus §§ 92 II, III, 93 III Nr. 6 iVm V AktG

Wenn der Vorstand nach Eintritt der Überschuldung noch „Zahlungen" iSv § 92 III AktG tätigt, haftet in der Gesellschaft gegenüber des § 93 II, III Nr. 6. Als Zahlungen sind die Leistungen zugunsten einzelner Gläubiger aufzufassen, weil solche Leistungen zwangsläufig die Insolvenzmasse schmälern. Im Grunde ist über § 92 II, III jede werbende Geschäftsführung für die Gesellschaft überhaupt untersagt, so dass in unserem Fall ein Verstoß festzustellen ist. Zu einem Zahlungsanspruch des L führt dies gleichwohl nicht, denn L kann wegen der Eröffnung des Insolvenzverfahrens ein Gläubigerverfolgungsrecht nicht ausüben, § 93 V 4 AktG.

B. Ansprüche des H gegen den Vorstand

I. H gegen den Vorstand auf Zahlung von € 10.000,– aus c. i. c., §§ 280 I, 311 II, III, 241 II BGB

Zur Zeit des Vertragsschlusses zwischen H und der AG bestand noch keine Aufklärungspflicht über eine etwaige Insolvenzreife der AG. Diese war noch nicht eingetreten oder absehbar.

Auch eine Konstellation der Eigenhaftung des Vorstands ist nicht gegeben (s oben).

II. H gegen den Vorstand auf Zahlung von € 10.000,– aus § 823 II BGB iVm § 92 II AktG

1. Die Anspruchsvoraussetzungen sind erfüllt. Als **Altgläubiger** bekommt H, anders als L, allerdings lediglich den „**Quotenschaden**" ersetzt. Für den hypothetischen Kausalverlauf iSd §§ 249 ff BGB ist nämlich zu unterstellen, dass der Vorstand der AG direkt bei Erfüllung der tatbestandlichen Voraussetzungen für die Insolvenzantragspflicht entsprechend gehandelt hätte. Zu diesem Zeitpunkt war noch eine Quote auf die Forderungen von 73 % erhältlich. Demgegenüber ergibt sich nach dem realen Kausalverlauf lediglich noch eine Quote von 3 %. Das ergibt einen Ausfall iHv 70 % der Forderung, im Fall € 7.000,–.

2. Für die Geltendmachung ist auf oben zu verweisen. Bei Eröffnung eines Insolvenzverfahrens gilt § 92 S 1 InsO, ansonsten bleibt es bei der eigenen Geltendmachungsbefugnis der Gläubiger.

3. Der Anspruch des H besteht.

Fall 7: „Umwandlung" und „Ausgliederung" von Gesellschaftern

Nach dem Ende der Börsenbaisse in Deutschland gelingt es Alf Anselm, Bert Bracht und Carl Coller, ihre im Jahre 2000 gegründete „A to Z Cigars GmbH" (Stammkapital: € 25.000; Sitz: Bielefeld) zum Erfolg zu führen. Die Nachfrage nach kubanischen Luxuszigarren und Rauchutensilien ist wieder so groß, dass die Gesellschafter Anfang 2004 beschließen, ihr Geschäft aus Prestigegründen in eine AG „umzuwandeln". Dazu gründen sie im Januar 2004 die Cubana AG mit einem Grundkapital von € 250.000,– (Sitz Bielefeld), auf die später sämtliche Anteile an der GmbH übertragen werden sollen.

Nach und nach wollen Anselm, Bracht und Coller den Geschäftsbetrieb zudem vollständig auf die Ebene der AG verlagern. Im November 2004 erwirbt die Cubana AG deshalb zum Preis von € 80.000,– und unter Ausschluss der Gewährleistung ein Grundstück in Bielefeld mit einer größeren Lagerhalle von Anselm. Wenig später stellt sich heraus, dass das Grundstück stark schwermetallbelastet ist, wobei nicht nachweisbar ist, dass Anselm hiervon etwas wusste oder wissen konnte. Die zuständige Behörde nimmt die AG auf Dekontaminierung des Bodens in Anspruch. Dadurch entstehen der AG Kosten von € 75.000.

Bracht und Coller erfahren noch im Dezember 2004, dass Anselm in den Jahren 2001 bis 2004 der A to Z Cigars GmbH mehrere Lieferungen edler Zigarren zu weit überhöhten Preisen verkauft hat. Hätte die AG diese anderweitig am Markt erworben, hätte sie € 58.000,– sparen können. Bracht und Coller sind empört über die „Unverfrorenheiten" Anselms. Als man schließlich noch erfährt, dass Anselm unlängst Kontakt zu mehreren Konkurrenzunternehmen aufgenommen und dort sein erworbenes know-how, insbesondere die „Mitnahme" von Kundenkontakten und geschäftlichen Verbindungen angeboten hat, um zu lukrativen Konditionen einsteigen zu können, beschließt man, alle geschäftlichen Kontakte zu Anselm abzubrechen und ihn, wenn möglich, „rauszuwerfen".

Bracht und Coller wenden sich an Rechtsanwalt Ralf Rangler. Nach eingehender Beratung wird dieser seitens der AG, der GmbH sowie von Bracht und Coller beauftragt, deren rechtliche Interessen zu vertreten. Auf Nachfrage Ranglers berichten die Gesellschafter noch, dass den Aktiva der GmbH iHv € 70.000,– gerade wegen der diversen nachteiligen Geschäfte mit Anselm zwischenzeitig Verbindlichkeiten von € 110.000,– gegenüber gestanden hätten. Anselm habe die Gesellschaft förmlich „in die Schulden getrieben". Mittlerweile sei jedoch alles wieder „im grünen Bereich", das Stamm-kapital sei bei weitem gedeckt. Außerdem erfährt Rangler, dass Anselm zu 20 % an der A to Z Cigars GmbH beteiligt ist, Bracht und Coller zu je 40 %. In der AG seien Anselm zu 51 %, Bracht und Coller zu je 24,5 % beteiligt.

Rangler entschließt sich – nachdem ihm eine ordnungsgemäße Prozess-vollmacht erteilt ist –, gegen Anselm zu klagen. Er reicht im Januar 2005 beim LG Bielefeld eine Klageschrift ein, die im Folgenden auszugsweise ab-gedruckt ist:

„Klage

in Sachen

1. A to Z Cigars GmbH, Bad Salzufler Straße 110, 33719 Bielefeld, vertreten durch den Alleingeschäftsführer Gert Gresig, Wasserstraße 90, 32657 Lemgo

– Klägerin zu 1 –

2. Cubana AG, Bad Salzufler Straße 110, 33719 Bielefeld, vertreten durch den Vorstandsvorsitzenden Volker Völler, Heidestraße 19, 32108 Bad Salz-uflen

– Klägerin zu 2 –

3. Bert Bracht, Ahornstraße 1, 32657 Lemgo

– Kläger zu 3 –

4. Carl Coller, Lügder Heide 7, 32689 Kalletal,

– Kläger zu 4 –

Prozessbevollmächtigter der Kläger(innen): Rechtsanwalt Ralf Rangler, Beetstraße 39, 33602 Bielefeld,

gegen

Alf Anselm, Westacker 38, 32689 Kalletal

– Beklagter –

wegen Ausschließung aus einer GmbH sowie wegen Forderungen
Streitwert: [...] €

Namens und im Auftrag der Kläger(innen) erhebe ich hiermit Klage zum LG Bielefeld mit dem Antrag:

1. Der Beklagte wird aus der Klägerin zu 1 ausgeschlossen.
2. Der Beklagte wird verurteilt, an die Klägerin zu 1 € 58.000,– nebst 9,21 % Zinsen hieraus seit Klageerhebung zu zahlen.

3. Der Beklagte wird weiter verurteilt, an die Klägerin zu 2 € 155.000,–
nebst 9,21 % Zinsen hieraus seit Klageerhebung zu zahlen.

[*Es folgen die Klagebegründung, in der Rangler dem Gericht alle Informationen gibt, die oben geschildert sind, und die Unterschrift Ranglers.*]"

In der ersten mündlichen Verhandlung am 2. 3. 2005 erscheint Rangler für
die Kläger(innen), der Beklagte Anselm erscheint selbst. Rangler beantragt
daraufhin den Erlass eines Versäumnisurteils gegen den Beklagten gemäß
den Anträgen aus seinem Schriftsatz, die er nochmals verliest.

1. Bereiten Sie die Sachentscheidung (nicht: Entscheidung über Kosten
und vorläufige Vollstreckbarkeit) des Gerichts gutachtlich vor. Gehen Sie
davon aus, dass die mit „[…]" gekennzeichneten Passagen der Klageschrift
von Rangler ordnungsgemäß ausgefüllt worden sind.

2. Prüfen Sie, welche Ansprüche der A to Z Cigars GmbH gegen Bracht
und Coller in Betracht kommen und ob ein Ausschluss des Anselm aus der
Cubana AG möglich ist.

Hinweis: Der Basiszinssatz ab dem 1. 1. 2005 beträgt 1,21 %.

Lösung zu Fall 7

Schwerpunkte: Nachgründung; Kapitalerhaltung; Gesellschafter-
ausschluss

Leseempfehlung:

BGH NJW 2000, 2577 (kein Erlöschen des Anspruchs aus §§ 30/31 GmbHG
bei Wiederreichen der Stammkapitalziffer); *BGH* NJW 2002, 1803 (Haftung
nach §§ 30, 31 GmbHG auch iRe Überschuldung, nicht nur bei Ausschüttung von „Stammkapital"; Begrenzung der Ausfallhaftung); *Wilhelm* Kapitalgesellschaftsrecht 2. Aufl Rn 649 ff (Verlust der Mitgliedschaft); zur Vertiefung Roth/Altmeppen/*Altmeppen* GmbHG 4. Aufl § 60 Rn 77 ff.
§§ 331 ff ZPO; 52 AktG; 140 HGB; 30, 31 GmbHG, 57, 62 AktG.

Frage 1

Das Gericht hat in der Sache ein Versäumnisurteil (§ 332 I 1, II ZPO) zu er-
lassen, wenn die Voraussetzungen hierfür erfüllt sind:

A. Ordnungsgemäßer Antrag, § 331 I 1 ZPO

R hat für die Kläger einen Antrag auf Erlass eines Versäumnisurteil gestellt.
Als Rechtsanwalt war er insoweit postulationsfähig, § 78 I ZPO.

B. Säumnis des Beklagten, § 331 I 1 ZPO

Säumig im Anwaltsprozess ist wegen § 78 I ZPO auch die Partei, für die kein zugelassener Rechtsanwalt auftritt. A war hier also säumig.

C. Zulässigkeit der Klage

I. Partei-, Prozessfähigkeit

Ein Versäumnisurteil kann nur ergehen, wenn die Klagen zulässig sind:

Die klagende GmbH ist parteifähig nach § 50 I ZPO, § 13 GmbHG. Für die AG gelten insoweit § 50 I ZPO, § 1 I 1 AktG.

Die GmbH, vertreten durch ihre Geschäftsführer, ist prozessfähig nach §§ 52, 51 I ZPO iVm § 35 GmbHG, die AG nach den §§ 76 ff AktG.

II. Örtliche Zuständigkeit

1. Das LG Bielefeld ist zuständig für die Ausschlussklage nach §§ 2, 12, 17 I 1, 22 ZPO. Bei der Ausschlussklage handelt es sich um eine Klage der Gesellschaft gegen ein Mitglied als solches.

2. Für die Zahlungsklage der A to Z Cigars GmbH und für die Klage der Cubana AG auf Rückzahlung des Kaufpreises gelten ebenfalls §§ 22, 12, 17 I 1, 22 ZPO. Bei den geltend gemachten Ansprüchen handelt es sich um solche, die gerade aus dem Mitgliedschaftsverhältnis erwachsen, denn es geht um Ansprüche aus einer Auszahlung von Stammkapital bzw aus der Rückgewähr von Einlagen.

Hinweis: Das darf hier so kurz gehalten werden. Die Ansprüche kommen jedenfalls in Betracht. Ob die Voraussetzungen der genannten Ansprüche wirklich alle erfüllt sind, ist dann eine Frage der Begründetheit.

Anders stellt es sich möglicherweise dar, soweit die AG Zahlung für die Dekontaminierung des Bodens verlangt. Hier geht es um allgemeine Ansprüche auf der Basis der bürgerlichen Rechts. Die Zuständigkeit des LG Bielefeld ergibt sich insoweit aber aus § 26 iVm § 24 ZPO, denkbar sind nämlich Ansprüche aus dem Eigentümer-Besitzer-Verhältnis in Bezug auf das in Bielefeld belegene Grundstück.

Hinweis: Auch hier gilt wieder: Nicht bereits an dieser Stelle tief in die Begründetheitsprüfung einsteigen, sondern auf der Basis der vorher gefertigten Lösungsskizze „pragmatisch" das Ergebnis der Begründetheitsprüfung (dass es nämlich EBV-Ansprüche gibt) zugrunde legen.

III. Sachliche Zuständigkeit

Die sachliche Zuständigkeit des LG Bielefeld ergibt sich aus §§ 1 ZPO, 71 I, 23 Nr 1 GVG.

D. Schlüssigkeit der Klagen, § 331 II, I 1 ZPO

Die Voraussetzungen für den Erlass eines (echten) Versäumnisurteil sind erfüllt, dessen Inhalt richtet sich nach der Rechtslage, wie sie sich aufgrund des klägerischen Tatsachenvortrags darstellt („Geständnisfiktion"). Es ist also auf der Basis des klägerischen Vortrags zu prüfen, ob diejenigen Normen erfüllt sind, auf deren Erfüllung sich das Begehren der Kläger stützt.

I. Die Ausschlussklage aus der GmbH

1. Für den Erfolg der Ausschlussklage ist zunächst Voraussetzung, dass es in der GmbH überhaupt eine Ausschlussmöglichkeit für die Gesellschafter gibt. Das Gesetzt sieht verschiedene Fälle der Herbeiführung des Verlusts der Mitgliedschaft vor:

a. § 34 GmbHG befasst sich mit der **Einziehung**. Diese setzt aber eine ausdrückliche gesellschaftsvertragliche Regelung, die insbesondere die Voraussetzungen der Einziehung regeln muss, voraus. Dazu ist nichts vorgetragen.

b. Auch § 21 GmbHG, der den Fall der **Kaduzierung** betrifft, hilft für einen Ausschluss des A nicht weiter. Hier geht es um einen Fall der säumigen Einlageleistung.

c. § 61 GmbHG regelt den Fall der **Auflösung**, also letztlich den Verlust sämtlicher Mitgliedschaften in der Gesellschaft. Auch hierum geht es nicht, nur A soll aus der Gesellschaft ausscheiden.

d. Der **Ausschluss** eines Gesellschafters ist aber aus dem Personengesellschaftsrecht bekannt, §§ 737 BGB, 140 HGB. Diese Normen sind möglicherweise im GmbH-Recht entsprechend heranzuziehen. Richtigerweise hat man diese Normen als Ausdruck des allgemeinen Grundsatzes der Lösbarkeit personengebundener Dauerrechtsbeziehungen zu verstehen. Ähnlich wie bei § 314 BGB, bringt das Gesetz insoweit zum Ausdruck, dass Personen an persönlich geprägten Dauerbeziehungen nicht festgehalten werden soll, wenn ihnen dies **unzumutbar** ist. Die Rechtslage in der GmbH ist den genannten Vorschriften insoweit vergleichbar, als auch sie regelmäßig eine von persönlichen Bindungen geprägte Gesellschaftsform ist. Deshalb stellt sich auch die insoweit vorhandene Lücke im GmbHG als planwidrig dar.

Festzuhalten ist demnach, dass in Analogie zu § 140 HGB eine **Ausschließungsklage** auch in der GmbH zuzulassen ist.

2. Damit ist zu den Voraussetzungen für den Ausschluss zu kommen.

a. Zunächst ist, wie bei § 140 HGB, ein **wichtiger Grund** für den Ausschluss zu verlangen. Es müssen in der Person des betreffenden Gesellschafters Umstände vorliegen, die den anderen Gesellschaftern bei verständiger Abwägungen aller in Betracht kommenden Tatsachen die Fortsetzung des Gesellschaftsverhältnisses unzumutbar machen. Als Maßstab kommt insbesondere § 133 HGB in Betracht, auf den § 140 HGB verweist: Es können massive Pflichtverletzungen einen Ausschluss aus der Gesellschaft gerechtfertigen.

Im konkreten Fall geht es um einen schwer wiegenden Vertrauensbruch des A. Dieser hat der GmbH nicht nur mehrfach Zigarren zu weit überhöhten Preisen verkauft, sondern hat außerdem mit mehreren Konkurrenzunternehmen der GmbH verhandelt, um dort mit der ursprünglichen Gesellschaft in Konkurrenz zu treten. Ein wichtiger Grund ist somit für den Ausschluss des A vorhanden.

b. Zu fragen ist insoweit jedoch ergänzend, ob eine **weniger einschneidende Maßnahme** denkbar ist, welche die genannten Pflichtverletzungen in effektiver Weise sanktionieren würde. Der Ausschluss eines Gesellschafters muss die *ultima ratio*, das letzte zur Verfügung stehende Mittel sein. Im Fall ist kein Mittel ersichtlich, das A in vergleichbarer Weise sinnvoll von seinem Verhalten abbringen könnte oder dies wiedergutmachen könnte. Von einem wichtigen Grund ist daher auszugehen.

c. Erforderlich ist weiter ein **Gesellschafterbeschluss** über den Ausschluss. Die Notwendigkeit eines solchen Beschlusses folgt aus § 140 HGB. Die Anforderungen an die insoweit erforderliche **Beschlussmehrheit** sind allerdings umstritten: Teilweise wird in Anlehnung an § 46 Nr 4 Var 2 GmbHG eine qualifizierte Dreiviertel-Mehrheit verlangt, ergänzend wird auf § 60 I Nr 2 GmbHG verwiesen. Der Ausschluss eines Gesellschafters sei so etwas wie die „Teilauflösung" der Gesellschaft. Andere lassen die einfache Beschlussmehrheit wie bei der Einziehung (§ 47 I GmbHG) genügen. Im Fall kommt es hierauf nicht an. Ein ordnungsgemäßer Gesellschafterbeschluss, mit welcher Mehrheit auch immer, ist von den Klägern nicht vorgetragen worden.

Auch wenn ein solcher Beschluss im Laufe des weiteren gerichtlichen Verfahrens möglicherweise noch nachholbar ist, gilt in diesem Stadium, in dem der Erlass eines Versäumnisurteils beantragt ist: Es fehlt an einem Vortrag, der sämtliche tatsächlichen Voraussetzungen für ein Ausschlussurteil des Gerichts abdeckt (§ 331 I 1 ZPO).

d. Darüber hinaus fehlt es noch an einer zweiten Voraussetzung für die Schlüssigkeit der Ausschlussklage: Die **Abfindung** des auszuschließenden Gesellschafters für den Verlust seiner Mitgliedschaft muss aus ungebundenen Mitteln der Gesellschaft zu bewirken sein. Dass eine Abfindung überhaupt erforderlich ist, lässt sich § 140 II HGB entnehmen. Dass dabei das Stammkapital der Gesellschaft nicht angegriffen werden darf, folgt aus dem Kapitalerhaltungsgrundsatz. Für den vergleichbaren Fall der Einziehung (§ 34 GmbHG) ist dies sogar ausdrücklich geregelt, § 34 III GmbH. Diese Bestimmung ist entsprechend anwendbar.

Hinweis: Der letztere Punkt muss nicht zwingend erwähnt werden, weil die Klage schon vorher gescheitert ist. Der Richter ist aber häufig bestrebt, sein Urteil auf mehrere „Säulen" zu stützen, so dass unmittelbar sachlich zusammen hängende Fragen mit erörtert werden können. Andernfalls wäre es empfehlenswert, zumindest im Hilfsgutachten kurz auf die Abfindungsfrage einzugehen.

3. Als erstes **Zwischenergebnis** ergibt sich: Die Klage ist im ersten Klageantrag abzuweisen.

II. Die Zahlungsklage der GmbH gegen A

1. In Betracht kommt ein Anspruch auf Zahlung von € 58.000,– aus §§ 30 I, 31 I GmbHG wegen einer „**verdeckten Gewinnausschüttung**" aus der GmbH an A.

a. Das setzt zunächst eine **Zahlung** der Gesellschaft **entgegen § 30 I GmbHG** voraus, § 31 I GmbHG.

Mit einer **Zahlung von Vermögen** an den Gesellschafter der GmbH iSd § 30 I ist jeder Abfluss von Gesellschaftsvermögen gemeint. Das folgt aus dem Kapitalerhaltungsgrundsatz. Für den Vermögensschutz der Gesellschaft ist es unerheblich, ob es um Geldleistungen – also Zahlungen im eigentlichen Sinne – oder um sonstige Vermögensabflüsse geht. Hier geht es um eine Auszahlung von Geld von der GmbH an A.

Zweifel an einem „wirksamen" Abfluss des Geldes aus der Gesellschaft könnte man deswegen haben, weil möglicherweise nach den Grundsätzen des evidenten Missbrauchs der Vertretungsmacht bereits eine Unwirksamkeit der Zahlungen durch die Geschäftsführer der GmbH anzunehmen sein könnte. Insoweit ist aber nichts Ausreichendes vorgetragen.

Auch ist der Vermögensabfluss nicht wegen § 134 BGB unwirksam. §§ 30, 31 GmbH sind nämlich nicht als Verbotsgesetze einzuordnen. Sie sollen nicht das Geschäft an sich verbieten, sondern nur die Vermögensschmälerung. Ein Schutzgehalt wohnt §§ 30, 31 GmbHG also nur insoweit inne; als das Geschäft auch wirklich übervorteilend wirkt. Die Rechtsfolgen eines Verstoßes sind zudem in § 31 GmbHG speziell geregelt. Im Übrigen ist im Fall auch von einer Überweisung des Geldbetrags auszugehen, so dass an einem „wirksamen" Abfluss des Geldes keine Zweifel bestehen.

b. Erforderlich ist weiter, dass das abgeflossene Vermögen **zur Erhaltung des Stammkapitals** der Gesellschaft **erforderlich** war.

Im Falle eines Austauschgeschäfts ist insoweit zum Ersten zu fragen, ob nicht eine **angemessene Gegenleistung** des Gesellschafters dafür gesorgt hat, dass jedenfalls keine Unterbilanz durch die Leistung der Gesellschaft entstehen konnte. Einen solchen Gegenwert hat es im Fall aber nicht gegeben, vielmehr betreffen die klageweise geltend gemachten € 58.000,– gerade dasjenige, was über Marktpreis an den Gesellschafter floss.

Nach dem klägerischen Vortrag wurde die Gesellschaft gerade durch die Geschäfte mit A „in die Schulden getrieben". Das ist dahin auszulegen, dass finanziell eine Überschuldung der Gesellschaft eingetreten ist. Das Stammkapital der Gesellschaft wurde also nicht nur verbraucht, sondern es wurden darüber hinaus Verbindlichkeiten begründet. Insoweit fragt sich, ob überhaupt noch von einem zur „Erhaltung" des Stammkapitals erforderlichen Vermögen der GmbH gesprochen werden kann, das an A geflossen ist.

§ 30 I GmbHG bedarf insoweit der Auslegung: Geschützt ist durch §§ 30, 31 GmbHG nicht allein ein positiver Wert. Das Stammkapital ist ohnehin eine bloße Rechnungsziffer, eine Soll-Eigenkapitalgröße, und kein konkret fassbares und gegenständlich zu bezeichnendes Vermögen. Der Schutzgehalt der Vorschrift erstreckt sich auch auf solche Zahlungen, die eine Unterbilanz noch vertiefen in dem Sinne, dass nach dem Verlust „des Stammkapitals" noch Zahlungen getätigt werden. Das an A geflossene Vermögen fiel also auch insoweit unter § 30 I GmbHG.

c. Es fragt sich jedoch, ob nicht auf der Basis des klägerischen Vortrags von einem **Erlöschen** der ursprünglichen Zahlungspflicht des A aus §§ 30, 31 GmbHG ausgegangen werden muss, weil die Gesellschaft ihr Stammkapital in der Folge wieder erreichte.

Die frühere Rechtsprechung ging in der Tat von einem solchen Erlöschen aus. Dem könnte man deshalb zustimmen wollen, weil der primäre Schutzzweck der §§ 30, 31 GmbHG auf den ersten Blick weggefallen ist, wenn die Gesellschaft wieder über das volle Stammkapital verfügt. Denn dann steht das den Gläubigern versprochene Mindesthaftkapital wieder zur Verfügung.

Diese Sichtweise geht aber fehl. Ein Anspruch kann, dogmatisch gesehen, nicht einfach „wegfallen". Insbesondere handelt es sich bei dem Anspruch aus §§ 30, 31 GmbHG um ein Aktivum der Gesellschaft, das gerade zur Auffüllung des Stammkapitals herangezogen werden kann. Als einmal erworbener Vermögensgegenstand muss es den Gläubigern auch weiterhin zur Verfügung stehen.

c. Der GmbH steht gegen A also ein Anspruch auf Zahlung von € 58.000,– zu.

2. Dass – konkurrierend – ein entsprechender Anspruch aus dem **Bereicherungsrecht** (§ 812 I 1 Var 1 BGB) herzuleiten wäre, ist nach dem Vorgetragenen nicht ersichtlich. Die Verträge zwischen der Gesellschaft und dem Gesellschafter über die Lieferung der Zigarren waren auf der Basis des vorgetragenen Sachverhaltes nicht (wegen evidenten Missbrauchs der Vertretungsmacht) unwirksam.

3. Damit steht ein weiteres **Zwischenergebnis** fest: Der Klage ist im zweiten Klageantrag stattzugeben.

III. Die Zahlungsklage der AG gegen A

1. Darüber hinaus kommt ein Anspruch der AG gegen A auf Zahlung von € 80.000,– aus **§§ 437 Nr 2, 440, 326 V, 346 I BGB** in Betracht.

Im Ergebnis besteht dieser Anspruch aber nicht, da ein wirksamer Gewährleistungsausschluss (§ 444 BGB) vorgetragen ist. Insoweit kommt auch kein Schadensersatzanspruch in Betracht, § 437 Nr 3 BGB. Auch für das Bestehen sonstiger Schadensersatzansprüche (zB gemäß §§ 823 ff BGB) findet sich kein Anhalt, da A weder wusste, noch wissen konnte, dass der Boden des von ihm veräußerten Grundstücks kontaminiert war.

2. Es könnte aber ein Anspruch der AG gegen A auf Zahlung von € 80.000,– aus **§§ 57, 62 I 1 AktG** bestehen.

a. Das setzt zunächst eine **Einlagenrückgewähr** an A voraus.

Damit ist nicht gemeint, dass dem Gesellschafter ausdrücklich und bar das von ihm als Einlage Geleistete zurückgezahlt werden müsste. § 57 AktG ist vielmehr Ausdruck des allgemeinen Kapitalerhaltungsgrundsatzes. Damit fallen unter die Norm, wie bei §§ 30, 31 GmbHG, sämtliche (teilweise) **gegenwertlos an den Gesellschafter erbrachten Leistungen** aus dem Gesellschaftsvermögen.

An A sind – lebensnah: per Überweisung – € 80.000,– aus dem Gesellschaftsvermögen geflossen. Allerdings knüpfen §§ 57, 62 AktG (und genauso §§ 30, 31 GmbHG) an einen „einseitigen", nur von der Gesellschaft stammenden Vermögensabfluss an. Zu bedenken ist, dass die Gesellschaft bei einem zweiseitigen Austauschgeschäft mit dem Gesellschafter ihrerseits einen Vermögensgegenstand erhalten kann. In einem solchen Fall ist nicht „schematisch" ein Vermögensabfluss iSd Kapitalerhaltungsrechts zu bejahen. Vielmehr müssen die Vorschriften ihrem Sinn und Zweck nach maßgeblich an eine negative „**Endbilanz**" eines Vermögensaustausches zwischen der Gesellschaft und dem Gesellschafter anknüpfen. Von einer Verletzung des Kapitalerhaltungsprinzips kann also nur dann die Rede sein, wenn die Gesellschaft für einen Vermögensabfluss nicht im Gegenzug eine gleichwertige Leistung erhält.

Hier hat die AG für die Zahlung des Kaufpreises bei vordergründiger Betrachtung ein fast wertloses, weil kontaminiertes Grundstück erhalten, dessen Restwert sich auf € 5.000,– belief. Die nähere Prüfung ergibt, dass die Gesellschaft in Wirklichkeit sogar nur den **Besitz** an diesem Grundstück erhalten hat. Bei dem zwischen der Gesellschaft und A vereinbarten Geschäft handelte es sich nämlich um ein unter § 52 AktG fallendes **Nachgründungsgeschäft**. Der Grundstückskaufvertrag zwischen der AG und dem zu 51 % an der AG beteiligten A erreichte eine Vergütung, die 1/10 des Grundkapitals überstieg. Das Geschäft wurde auch in den ersten zwei Jahren seit der Eintragung der AG in das Handelsregister geschlossen. Mithin ist § 52 I 1 AktG erfüllt. Folge ist nach S 2 der Vorschrift, dass sämtliche Rechtshandlungen zur Ausführung des betreffenden Vertrags unwirksam sind. Das gilt nicht nur für Leistung der Gesellschaft (wobei es aufgrund der technischen Besonderheiten der Überweisung im Fall eben doch nicht zur Unwirksamkeit kam). Vielmehr gilt es auch in die umgekehrte Richtung, für die Leistung des Aktionärs an die AG. Nach § 52 I 2 AktG war also die **Übereignung** des A an die Gesellschaft **unwirksam**.

Damit steht fest, dass dem A Einlagen zurückgewährt worden sind, nämlich iHv € 80.000,–. Der klägerseits geltend gemachte Anspruch besteht also.

2. Der selbe Anspruch könnte auch auf der Basis des **Bereicherungsrechts** (§ 812 I 1 Var 1 BGB) begründet sein.

a. A hat **etwas erlangt**, nämlich nach der hier zugrunde gelegten Annahme eine Gutschrift bei seiner Bank (abstraktes Schuldversprechen, § 780 BGB) iHv € 80.000.

b. Die Gutschrift ist auf eine **Leistung** der AG zurückzuführen, für die **kein Rechtsgrund** bestand. Nach § 52 I 1 AktG war der Kaufvertrag unwirksam, es fehlte mithin an einem Rechtsgrund für die Leistung.

c. A ist deshalb zum **Wertersatz** nach § 818 II BGB verpflichtet. Er muss der AG auch aus diesem Grunde € 80.000,– zahlen.

3. Zu prüfen ist als nächstes, ob die AG darüber hinaus einen Anspruch auf Zahlung **weiterer € 75.000,–** zusteht.

Als Anspruchsgrundlage für dieses Begehren kommt das Recht der **Geschäftsführung ohne Auftrag** in Frage, §§ 677, 679, 682 S 1, 670 BGB.

a. Die AG müsste zunächst ein **fremdes Geschäft**, nämlich ein Geschäft des A, geführt haben. Eine Geschäftsführung ist jedes Tätigwerden im fremden Geschäftskreis, wie zB das Aufkommen für die Dekontaminierung des Grundstücks. Da die AG selbst von der zuständigen Behörde auf Dekontaminierung in Anspruch genommen wurde, ist ihr Tätigwerden als „auch fremdes" Geschäft einzuordnen. Die Fremdheit ergibt sich daraus, dass das Grundstück nach wie vor im Eigentum des A stand (s oben).

b. Fraglich ist indessen, ob auf der Basis des Tatsachenvortrags der Kläger angenommen werden kann, dass die AG (bzw ihr Vorstand, § 166 I BGB analog) **mit Fremdgeschäftsführungswillen** handelte. Zwar wird dieser Fremdgeschäftsführungswille bei objektiv fremden Geschäft grundsätzlich vermutet (Palandt/*Straub* 63. Aufl § 677 Rn 4). Sogar bei „auch fremden" Geschäften soll diese Vermutung greifen. Hier ist sie indessen bereits nach dem (klägerseits vorgetragenen) Sachverhalt als widerlegt anzusehen, weil die AG bzw ihr Vorstand ersichtlich davon ausging, das Grundstück gehöre der AG. Insoweit wollte der Vorstand ein eigenes Geschäft der AG führen. Deshalb ist ein Anspruch aus GoA hier abzulehnen.

Hinweis: Die Gegenansicht ist bei entsprechender Argumentation vertretbar.

4. Der Anspruch auf Zahlung weiter € 75.000,– könnte sich indessen auf **§ 994 I 1 BGB** stützen lassen.

a. A war zur Zeit der Dekontaminierung **Eigentümer** des Grundstücks, die AG Besitzerin ohne Recht zum Besitz, da der zugrunde liegende Kaufvertrag unwirksam war. Der AG besitzt insoweit kraft ihrer Organe (die nicht selbst Besitzer sind).

b. Des Weiteren müsste die AG **notwendige Verwendungen** auf die Sache getätigt haben. Als Verwendung ist jede Aufwendung zu verstehen, die der Sache zugute kommen soll, in dem sie ihre Wiederherstellung, ihrem Erhalt oder ihrer Verbesserung dient – wie es bei einer „Reparatur" des Grundstücks durch Entgiftung anzunehmen ist. Notwendig war die Dekontaminierung, wenn sie zur Erhaltung der Sache nach objektiven Maßstäben erforderlich war, also andernfalls der Eigentümer eben diese Verwendung hätte tätigen müssen. Das ist hier schon deshalb der Fall, weil A als Zustandsstörer für die Dekontaminierung des Grundstücks ebenfalls hätte in Anspruch genommen werden können(§ 4 III BBodSchG).

c. Die AG war **unverklagte, gutgläubige Besitzerin.**

d. Die AG hat folglich auf der Basis des vorgetragenen Sachverhalts gegen A einen Anspruch auf Zahlung weiterer € 75.000,– aus § 994 I BGB.

5. Auch aus dem **Bereicherungsrecht** könnte ein entsprechender Anspruch herzuleiten sein, § 812 I 1 Var 2 BGB. Das EBV sperrt allerdings in Bezug auf Verwendungsersatzfragen die Anwendung des Bereicherungsrechts.

6. Der **Klage** ist also auch im dritten Klageantrag **stattzugeben**.

Insgesamt wird das Gericht der GmbH also € 58.000,– zusprechen, der AG € 155.000,– und im Übrigen (Ausschlussklage) die Klage der GmbH abweisen.

IV. Die Zinsentscheidung

folgt aus §§ 280 I, II, 286, 288, 291, 247 BGB.

Ergänzende Hinweise:

– Zum dogmatischen Hintergrund bzw zur Funktionsweise eines Gesellschafterausschlusses: Die Wirksamkeit des im Urteil ausgesprochenen Ausschlusses eines Gesellschafters ist aufschiebend bedingt durch die Zahlung einer angemessenen Abfindung, die Auftrag des Beklagten zusammen mit einer Frist zur Zahlung im Urteil festzusetzen ist. So sieht es jedenfalls die Rechtsprechung.

– Der Anteil des ausgeschlossenen Gesellschafters geht mit dem Urteil nicht etwa unter, der Gesellschafter verliert lediglich seine Gesellschafterrechte. Die Gesellschaft hat nach Zahlung der Abfindung die Wahl, ob sie den Anteil einzieht, oder auf jemanden überträgt (also veräußert). Auch dazu wird die Gesellschaft im Urteil ermächtigt.

Einzelheiten bei: Baumbach/Hueck/*Hueck/Fastrich* GmbHG 17. Aufl Anh § 34 Rn 1 ff.

Frage 2:

A. Erste Teilfrage (Ansprüche gegen B und C)
Anspruch der AG gegen B, C auf Zahlung von je € 29.000,– aus §§ 31 I, III, 30 I GmbHG

B und C haften bezüglich der Ansprüche der GmbH gegen A grundsätzlich mit. Daraus folgt eigentlich ihre volle Haftung auf je eine Hälfte von € 58.000, dh € 29.000, bei Ausfall auch des jeweiligen anderen Mitgesellschafters letztlich sogar auf Zahlung der gesamten € 58.000,–.

Allerdings könnte die Mithaftung derjenigen Gesellschafter, die nicht selbst eine Leistung von der GmbH erhalten haben, aus § 31 III GmbHG in der Höhe zu begrenzen ist. Dafür ist die Vorschrift auszulegen.

Nach dem **Wortlaut** spricht nichts für eine solche Beschränkung.

Auch aus der **Gesetzessystematik** ergibt sich insoweit nichts: Abs 3 knüpft an Abs 1 des § 31 GmbHG an, der eine unbeschränkte Haftung des Empfängers vorsieht. Das spricht eher noch *gegen* eine Haftungsbeschränkung. Das Gesetzt löst offenbar den Konflikt zwischen den Haftungsbeschränkungsinteressen der Gesellschafter und den Gläubigerinteresse gerade zu Lasten der Gesellschafter. Auch, dass das GmbHG grundsätzlich eine Nachschusspflicht der Gesellschafter nicht vorsieht, lässt sich nicht als Argument *für* eine Haftungsbeschränkung anführen. Die Frage einer Nachschusspflicht ist von derjenigen einer Mithaftung aus Kapitalerhaltungsgrundsätzen ganz zu trennen.

Aus **teleologischen** Erwägungen ergibt sich nichts Gegenteiliges. §§ 30, 31 GmbHG dienen dem Gläubigerschutz. Die Gesellschafter stehen, so nimmt es das Gesetz an, der GmbH und ihren wirtschaftlichen Risiken näher als die Gläubiger. Sie können sich ihre Mitgesellschafter aussuchen, denn die GmbH ist personalistisch geprägt.

Zu bedenken ist aus gerichtlicher Sicht allerdings, dass der BGH gleichwohl für eine Beschränkung der Mithaftung eintritt, um, wie er meint, unübersehbare Haftungsrisiken für die Gesellschafter zu vermeiden und um eine Überspannung des Gläubigerschutzes zu verhindern. Es ist deshalb davon auszugehen, dass das erkennende Gericht ebenfalls auf eine Beschränkung der Haftung erkennen wird.

Hinweis: Die Darstellung in der Klausur ist hier schwierig. Ein sachliches, aus dem Gesetz herzuleitendes Argument ist nicht ersichtlich, die folgende Darstellung muss daher mehr oder minder willkürlich geraten.

Folgt man dieser Ansicht, so stellt sich die Frage **inwieweit** eine Beschränkung zu vertreten ist.

Denkbar ist zum Ersten eine Beschränkung auf die **Summe der Stammeinlage des mithaftenden Gesellschafters.** Zum Zweiten kommt eine Beschränkung auf die **Summe der Stammeinlagen** derjenigen **Gesellschafter** in Betracht, **die den Betrag entgegen §§ 31, 31 GmbHG empfangen** haben. Und drittens könnte man an eine Beschränkung auf die Höhe der **Stammkapitalziffer** denken.

Auch hierin zeigt sich wieder, dass eine Haftungsbeschränkung letztlich willkürlich geraten muss. Am wenigsten willkürlich erscheint es, wenn

man denn mit der Rechtsprechung von einer Haftungsbeschränkung ausgeht, eine Beschränkung auf die Summe des Stammkapitals zu vertreten
(so denn auch *BGH* NJW 2003, 3629). Das entspricht demjenigen Betrag,
den der Gesellschafter von Seiten der Kapitalaufbringungspflichten (s § 24
GmbHG) ohnehin maximal aufbringen muss.

Das **Ergebnis** zur ersten Teilfrage lautet: Die GmbH kann A und B aus
§ 31 III GmbHG in Anspruch nehmen, beide maximal bis zu einer Höhe
von € 25.000.

B. Zweite Teilfrage (Ausschluss des A aus der AG):

Für den Ausschluss eines Aktionärs aus der AG steht zunächst grundsätzlich
das **Squeeze-out**-Verfahren nach den §§ 327a ff AktG zur Verfügung. Dieses
scheidet hier aber angesichts der Beteiligungsgröße des A aus.

Auch eine **Kaduzierung** nach § 64 AktG kommt nicht in Betracht. Sie
setzt das Ausstehen von Einlagebeträgen voraus.

Eine **Einziehung** der Aktien des A (§§ 237 ff AktG) kommt mangels Vor-
sehung in der Satzung nicht in Frage.

Darüber hinaus gibt es bei der AG keine Lösbarkeit der Aktionärs-
beziehungen nach **allgemeinen Grundsätzen** wie bei personenbezogenen
Dauerschuldverhältnissen. Um ein solches handelt es sich im Falle der AG
nicht, hier geht es um einen „anonymen" Zusammenschluss von Investoren.

Auch eine „übertragende Auflösung" mit dem Ziel des Ausschlusses des
A verspricht keinen Erfolg. Gemeint ist damit eine Übertragung aller Ver-
mögensgegenstände der Gesellschaft auf eine andere Gesellschaft (§ 179a
AktG) um sodann die alte Gesellschaft aufzulösen. Die Anwendung dieses
Verfahrens ist schon praktisch nicht möglich, da B und C nicht über die erforderliche Mehrheit im Sinne von § 179a AktG verfügen. Im Übrigen ist
eine übertragende Auflösung mit dem Ziel des Ausschlusses von Aktionären
spätestens nach der Einführung der §§ 327a ff AktG auch rechtlich nicht
mehr zulässig (dazu *Wilhelm/Dreier* ZIP 2003, 1369). Das Squeeze-out-Ver-
fahren ist der einzig zulässige Weg zur Verfolgung dieses Ziels.

*Hinweis: Das Institut der übertragenden Auflösung muss dem Klausurlösen
keineswegs bekannt sein.*

A kann folglich nicht aus der AG ausgeschlossen werden.

Fall 8: Aktionärsrechte

Die „IT Sensation AG" mit Sitz in Frankfurt ist eine im Geregelten Markt an der Frankfurter Wertpapierbörse notierte Gesellschaft, die eine große „Suchmaschine" im Internet betreibt.

Zur jährlichen Hauptversammlung am 1. 10. 2004 begibt sich ua Aktionär Bolko Blom. Blom hat kurz vor der HV, ohne jemanden davon zu unterrichten, seine Beteiligung an der IT Sensation AG von 15 % auf 25,1 % der Aktien und Stimmrechtsanteile aufgestockt.

Als der Vorstand die HV auffordert, der Veräußerung des größten Tochterunternehmens der IT Sensation AG, der IT-XXL AG, welche 80 % des Gesellschaftsvermögens der Mutter ausmacht, zuzustimmen, verlangt Blom vom Vorstand zunächst einige Informationen. Er fragt ua an, ob es zutreffe, dass die Gesellschaft an eine GmbH veräußert werden solle, die einem Schwager des Vorstandsvorsitzenden Volker Völler gehöre. Der Vorstand lehnt eine Stellungnahme hierzu ab. Das sei privat und tue nichts zur Sache. Wenn Blom Zweifel an der Angemessenheit des Kaufpreises habe, solle er das äußern, man werde ihm dann im einzelnen erläutern, wie dieser zustande gekommen sei. Insoweit sei eine ganze Reihe Unterlagen verfügbar, mit Hilfe derer man Bloms Informationsbedürfnis entgegenkommen könne.

Bei der anschließenden Abstimmung stimmen Blom sowie Aktionäre, die 11 % des Grundkapitals auf sich vereinigen, gegen den Verkauf, die restlichen Aktionäre, die 63,9 % des Grundkapitals halten, stimmen dafür. Der Versammlungsleiter stellt daraufhin fest, dass die erforderliche Mehrheit für den Beschluss zustande gekommen sei. Zum einen werde nur die einfache Stimmenmehrheit benötigt, die erreicht sei, zum anderen sei Blom nicht stimmberechtigt.

1. Hat der Vorstand sich zu Recht geweigert, Blom die geforderte Information zu geben?

2. War der Vorstand der IT Sensation AG verpflichtet, die Zustimmung der Hauptversammlung zur Veräußerung der Tochtergesellschaft einzuholen?

3. Ist der Hauptversammlungsbeschluss über die Veräußerung mit der erforderlichen Mehrheit zustande gekommen?

Lösung zu Fall 8

Schwerpunkte: ungeschriebene Hauptversammlungskompetenzen; Auskunftsrecht des Aktionärs; Mitteilungspflichten nach §§ 21ff WpHG

Leseempfehlung:

Brauer in *Wilhelm* Kapitalgesellschaftsrecht 2. Aufl Rn 660 ff (Einführung in das Kapitalmarktrecht); *Lenenbach* Kapitalmarkt- und Börsenrecht Rn 1.1 ff; BGHZ 83, 122 (Holzmüller); *BGH* NJW 2003, 1032 (Macrotron); NJW 2004, 1860 (Gelatine); zum Ganzen *Fleischer* NJW 2004, 2335; zur Problematik ungeschriebener Hauptversammlungszuständigkeiten eingehend *Brauer* Die Rechte der Aktionäre beim Börsengang und Börsenrückzug ihrer Aktiengesellschaft S 82 ff, 93 ff, 129 ff 161 ff.
§§ 131 AktG; 21 ff WpHG.

Frage 1: Verweigerung der Auskunft durch den Vorstand

Die Rechtmäßigkeit der Verweigerung der Auskunftserteilung hängt davon ab, ob ein Anspruch des Aktionärs B auf die Erteilung der begehrten Information bestand.

I. Rechtsgrundlage

Als Rechtsgrundlage eines solchen Anspruchs kommt § 131 I 1 AktG in Betracht.

1. Dessen tatbestandliche Voraussetzungen sind zumindest insoweit erfüllt, als es um eine von B **in der Hauptversammlung begehrte Auskunft** geht.

2. Auch handelt es sich um eine Information, die **in Angelegenheiten der Gesellschaft** verlangt wird. Es geht nämlich um die Verwaltung von Gesellschaftsvermögen der AG in Form der Anteile an einem anderen Unternehmen. Dass zugleich ein möglicherweise privates Verhältnis – dasjenige des Vorstandsvorsitzenden zum Käufer – betroffen sein könnte, ändert nichts.

3. Es ist aber die Frage, ob die von B verlangte Auskunft **zur sachgemäßen Beurteilung** des in Rede stehenden TOP (Verkauf der Anteile) **erforderlich** war.

a. Dazu, was in diesem Sinne „erforderlich" ist, lässt sich aus dem **Wortlaut** der Norm nichts ableiten.

b. Mehr dazu lässt sich möglicherweise der **Gesetzessystematik** entnehmen:

Die Vorschriften aus dem BGB über den Verbraucherschutz, insbesondere über dem Verbraucher zu überlassende Informationen (etwa § 312c oder § 492 BGB) helfen insoweit nicht weiter. Sie sind auf das besondere „Übermachtverhältnis" des Unternehmers zugeschnitten und passen für die AG nicht. Auch ein Rekurs auf allgemeine Grundsätze zu den Informations- und Aufklärungspflichten gegenüber einem Vertragspartner beim Vertragsschluss kommt nicht in Betracht. Worüber ggf aufzuklären ist, erklärt sich insoweit aus der besonderen, vertragsspezifischen Interessenlage. Bei der AG geht es hingegen um eine gesellschaftsinterne Rechenschaftspflicht.

Zur Informationspflicht in einem Auftragsverhältnis verhält sich § 666 BGB, der aber ebenso wenig Erkenntnisgewinn bringt. Dort ist lediglich angeordnet, dass der Auftragnehmer die „erforderlichen" Nachrichten zu geben und über den „Stand" des Geschäfts, welches Gegenstand des Auftrags ist, Auskunft zu geben hat.

Auch aus § 131 III AktG *e contrario* lassen sich keine Schlüsse dafür ziehen, welche Informationen für den Aktionär „erforderlich" sind. In Abs 3 sind lediglich einige Ausnahmefälle geregelt, in denen der Vorstand in jedem Falle die Auskunft verweigern kann.

Als weiterführend erweist sich § 293g III AktG: Dort ist normiert, dass der Vorstand alle für den Vertragsschluss – dh für den Abschluss eines Unternehmensvertrags – wesentlichen Angelegenheiten aufzudecken hat. Allgemeiner ausgedrückt, muss der Vorstand alle *für denjenigen Gegenstand, der zur Abstimmung in der Hauptversammlung steht,* wesentlichen Umstände mitteilen.

Hinweis: Die Ausführungen zur Gesetzessystematik dürften auch kürzer ausfallen. § 293g III AktG muss nicht bekannt sein.

c. Diese Erkenntnis deckt sich mit der **Teleologie** der Norm: Der Aktionär soll einerseits über sein Informationsrecht in die Lage versetzt werden, eine informierte und sachkundige Entscheidung zu treffen. Dafür muss er in der Tat alles wissen, was für die anstehende Entscheidung wesentlich ist. Andererseits hat § 131 AktG den zweckmäßigen Ablauf der Hauptversammlung vor Augen. Vom Informationsrecht darf nicht ausufernd Gebrauch gemacht werden, nicht alles, was einem Aktionär wesentlich *erscheint*, kann er vom Vorstand verlangen. Vielmehr ist ein objektiver Maßstab anzulegen.

Auf den Fall angewendet ergibt das Folgendes: Die mögliche Verschwägerung des Vorstandsvorsitzenden mit dem Käufer lässt den „Anfangsverdacht", es könnte ein zu niedriger Preis ausgehandelt worden sein, als nicht völlig abwegig erscheinen. Andererseits entscheidet idR nicht der Vorstandsvorsitzende allein über den Verkauf, zudem lässt sich die Angemessenheit des Kaufpreises auch auf anderem Wege (mehr oder weniger) objektiv feststellen, nämlich über eine Unternehmensbewertung. Das Auskunftsrecht des Aktionärs, der sich über die Angemessenheit des Kaufpreises informieren will, muss sich auf solche sachlichen Informationen beziehen. Nur sie sind in dem Sinne wesentlich, dass der Aktionär ohne sie keine vernünftige Entscheidung treffen kann.

Die Frage nach der Verschwägerung des Vorstandsvorsitzenden mit dem Käufer ist deshalb nicht als zur sachgemäßen Beurteilung des TOP betreffend den Unternehmensverkauf erforderlich anzusehen.

4. Ob Aktionär B möglicherweise sein Auskunftsrecht aufgrund von § 28 WpHG verloren hat, braucht hier mithin nicht mehr erörtert zu werden.

5. Der Vorstand durfte die Auskunft verweigern.

Frage 2: Verpflichtung des Vorstands, die Zustimmung der Hauptversammlung zur Veräußerung der Tochtergesellschaft einzuholen

I. gemäß § 179a AktG

Die Verpflichtung des Vorstands, die Hauptversammlung der AG an der Entscheidung über die Veräußerung zu beteiligen, könnte zunächst aus § 179a AktG folgen. Dort ist allerdings lediglich die Veräußerung des *ganzen* Vermögens der AG an die Zustimmung der Hauptversammlung gebunden. Zu überlegen ist insoweit, ob das im Wege der Auslegung der Norm so verstanden werden kann, dass auch die Veräußerung eines **wesentlichen Teils** des Gesellschaftsvermögens zustimmungspflichtig sein soll.

Der Vergleich zu anderen Vorschriften spricht teils für, teils wider diese Annahme: Die Rechtsprechung fasst Verfügungen eines Ehegatten über wesentliche Teile seines Vermögens als Verfügung über sein Vermögen „im ganzen" an und unterwirft sie deshalb nach § 1365 BGB der Zustimmung des anderen Ehegatten. In § 37 I Nr 1 GWB hingegen wird unterschieden zwischen dem Erwerb eines anderen Unternehmens „ganz oder zu einem wesentlichen Teil". Insoweit lässt sich also keine letzte Klarheit gewinnen.

Berücksichtigt man allerdings, dass § 179a AktG gesetzeshistorisch den Fusionstatbeständen zuzuordnen ist, so wird klar, dass in der Tat nur die Übertragung des *gesamten* Vermögens der AG zur Zustimmung der Hauptversammlung führen kann. Denn ein fusionsähnlicher Tatbestand setzt die vollständige „Aufgabe" des vormals selbstständigen Unternehmens voraus.

Zudem lässt sich auch schwerlich willkürfrei sagen, was ein „wesentlicher", was noch *kein* wesentlicher Teil des Gesellschaftsvermögens sein soll.

§ 179 a AktG ist demnach weder direkt, noch bei einer extensiven Interpretation (oder im Wege der Analogie) anwendbar.

II. gemäß § 119 II AktG

Nach § 119 II AktG kann der Vorstand, hält man sich an den Wortlaut der Norm, freiwillig „Fragen der Geschäftsführung" der Hauptversammlung zur Entscheidung vorlegen. § 119 II AktG eröffnet, so verstanden, allerdings keine zwingend vom Vorstand zu beachtende Kompetenz der Hauptversammlung, sondern eine vom Vorstand abgeleitete Entscheidungsbefugnis.

Die Rechtsprechung hat § 119 II AktG in der grundlegenden **Holzmüller**-Entscheidung demgegenüber unter bestimmten Umständen eine Vorlagepflicht des Vorstands entnommen. Der Vorstand müsse die Hauptversammlung nach § 119 II AktG über bestimmte grundlegend wichtige Angelegenheiten entscheiden lassen und hat dies insbesondere an dem Merkmal eines „tiefen Eingriffs" in Aktionärsrechte und an der grundlegenden Bedeutung einer Entscheidung (im Fall: einer Ausgliederung von Vermögen auf eine Tochtergesellschaft) festgemacht.

Gegen diesen Ansatz sprechen, wie die Rechtsprechung im späteren **Gelatine**-Urteil selbst eingeräumt hat, dogmatische Bedenken. § 119 II AktG ist als Recht des Vorstands ausgestaltet. Die Norm gestattet es dem Vorstand, sich bei wichtigen Entscheidungen bei den Aktionären „rückzuversichern", um auf diesem Wege der Haftung aus § 93 II AktG zu entgehen, § 93 IV 1 AktG. Dieses Recht kann nicht in eine Pflicht umgedeutet werden.

§ 119 II AktG bietet deshalb keinen überzeugenden Ansatzpunkt für ein Beteiligungsrecht der Hauptversammlung bei der Frage der Veräußerung der Tochter.

III. aus „offener Rechtsfortbildung" (gesetzesübersteigender Rechtsfortbildung)

Der BGH hat sich im Gelatine-Urteil, in dem die materiellen Kriterien der Holzmüller-Entscheidung für eine Beteiigung der Hauptversammlung im Wesentlichen übernommen werden, für eine (ausnahmsweise) Anerkennung von ungeschriebenen Hauptversammlungskompetenzen auf der Basis offener Rechtsfortbildung ausgesprochen. Jedenfalls bei Maßnahmen, die in ihrer Bedeutung den „Kernbereich" der Gesellschaft beträfen und die „Unternehmensverfassung", also die Satzung, berührten, gebühre den

Aktionären ein gesellschaftsintern wirkendes (also nach außen für die Wirksamkeit der fraglichen Maßnahme unerhebliches) Entscheidungsrecht.

Allerdings ist die Gesamtanalogie als gesetzesimmanente Rechtsfortbildung der gesetzesübersteigenden Rechtsfortbildung vorrangig, so dass zunächst geprüft werden muss, ob nicht eine Gesamtanalogie in Betracht kommt.

Hinweis: Die gesetzesübersteigende Rechtsfortbildung vor der Gesamtanalogie zu erwähnen ist genau aus dem letztgenannten Grund nicht ganz „schulmäßig". Da sich die Lösung am Ende aber für den Gesamtanalogieansatz entscheidet und mithin für den „Gelatine"-Ansatz andernfalls nur das Hilfsgutachten bliebe, wird er hier vorangestellt.

IV. aus einer Gesamtanalogie zu den „Grundlagenkompetenzen" der Hauptversammlung (§§ 179, 179 a, 182 ff, 222 ff, 262, 274, 293 ff, 319 AktG, 123 ff, 13, 63 UmwG analog)

1. Die Analogie setzt zunächst eine **planwidrige Regelungslücke** im Kompetenzgefüge des Gesetzes voraus. § 119 I AktG scheint insoweit auf den ersten Blick für eine abschließende Regelung zu sprechen. Dort heißt es ausdrücklich, dass die Hauptversammlung nur in den gesetzlich oder satzungsmäßig bestimmten Fällen zu entscheiden hat. Zu verstehen ist diese Anordnung aber lediglich als Abkehr von der vorher – dh vor dem AktG 1937 – geltenden Zuständigkeit der Hauptversammlung als weisungsbefugtes „oberstes Organ" der AG. Eine unbedingt abschließende Regelung findet sich deshalb in § 119 I AktG nicht.

2. Als zweites ist zu klären, ob der Verkauf der Tochteranteile, die einen wesentlichen Teil des Gesellschaftsvermögens der AG ausmachen, denjenigen Fallgestaltungen **vergleichbar** ist, die gesetzlich geregelt sind.

Eine starke **Literatur**ansicht hat sich für eine generelle Zuständigkeit der Hauptversammlung betreffend alle grundlegend wichtigen „strukturändernden" Entscheidungen ausgesprochen. Es solle nach dem Gesetz der Hauptversammlung die Entscheidungsmacht über alle Grundlagenentscheidungen vorbehalten bleiben, die für den „Aufbau" der AG und damit für die Rechtsposition der Aktionäre von einschneidender Bedeutung seien. Insbesondere bei der Ausgliederung von beträchtlichem Vermögen auf Tochtergesellschaften oder bei der Veräußerung erheblicher Anteile des Gesellschaftsvermögens sei von einer solch einschneidenden Bedeutung auszugehen.

Gegen diese Lehre lässt sich die Unbestimmtheit ihrer Kriterien vorbringen. Was genau eine „Strukturmaßnahme" sein soll, ab welcher Schwelle hiervon zu sprechen ist und ob insbesondere vor dem Hintergrund von § 179a AktG die bloße wirtschaftliche Tragweite einer Maßnahme entscheidend für die Annahme einer Hauptversammlungskompetenz sein kann, ist durchaus zweifelhaft.

Berücksichtigt man andererseits lediglich die Fallgruppe der Veräußerung von Gesellschaftsvermögen, so ist nicht zu leugnen, dass eine Gefährdung des satzungsmäßigen Unternehmensgegenstands droht, wenn die AG weite Teile ihres Vermögens aus der Hand gibt. Insoweit ist eine Beteiligung der Aktionäre an dieser „Strukturmaßnahme" sehr sinnvoll. Die erforderliche Rechtssicherheit lässt sich zumindest in Bezug auf *diese* Fallgruppe durch eine strikte Schwellenwertbildung in der Rechtsprechung schaffen. Vergleichbares ist etwa iRv § 1365 BGB längst geschehen. Überzeugend ist es insoweit, mit dem Gelatine-Urteil hohe Anforderungen zu stellen und von einem Schwellenwert bei etwa 80 % des Gesellschaftsvermögens anzusetzen. Legt man diesen Wert zugrunde, so ist die Ausgangsfrage letztlich dahin zu beantworten, dass die Beteiligung der Hauptversammlung an der in Rede stehenden Maßnahme erforderlich war.

Hinweis: Die Lehre von den Strukturmaßnahmen ist inhaltlich nicht voll überzeugend (s iE Brauer Die Rechte der Aktionäre beim Börsengang und Börsenrückzug ihrer Aktiengesellschaft S 129ff). Es spricht mehr dafür, die Hauptversammlung generell bei allen Maßnahmen für zuständig zu halten, die einer Satzungsänderung gleichkommen (Brauer aaO S 161ff; mit anderer Argumentation auch Altmeppen ZIP 2004, 999ff; Fleischer NJW 2004, 2335ff). Der Nachweis ist allerdings in einer Klausur nur schwer zu führen. Daher wird hier eine klausurmäßig leichter darzustellende Argumentation vorgeschlagen.

Frage 3: Richtige Mehrheit

1. Geht man, wie hier vorgeschlagen, von einer ungeschriebenen Hauptversammlungszuständigkeit für die Frage der Veräußerung der Tochtergesellschaft aus, so bedurfte der Beschluss der qualifizierten Mehrheit, dh der Mehrheit der abgegebenen Stimmen sowie der Mehrheit von 3/4 in Bezug auf das bei der Beschlussfassung vertretene Grundkapital.

Die einfache Stimmenmehrheit ist im Fall erreicht (§ 134 I 1 AktG), vom vertretenen Grundkapital haben indessen scheinbar nur 63,9 % des Grundkapitals für den Beschluss gestimmt statt der erforderlichen mindestens 75 %. Zutreffend ist das allerdings nur dann, wenn die Stimmen des Aktionärs B auch tatsächlich als gültige Gegenstimmen – nämlich als *vertretenes* Grundkapital – gewertet werden können. Möglicherweise ist dies wegen § 28 WpHG indessen ausgeschlossen. B hat dann keine Rechte aus seinen Aktien, insbesondere keine Stimmrechte, wenn er gegen Mitteilungspflichten aus den §§ 21 ff WpHG verstoßen hat:

a. B hat durch **Erwerb 25 %** der **Stimmrechte** an der IT Sensation AG überschritten.

b. Bei der IT Sensation AG handelt es sich um eine **börsennotierte Gesellschaft** iSv § 21 II WpHG, denn ihre Anteile werden an einem „organisierten Markt" (§ 2 V WpHG), dem Geregelten Markt des Frankfurter Wertpapierbörse, gehandelt.

c. Den Erwerb musste B sowohl der Gesellschaft, als auch der BaFin mitteilen, § 21 I WpHG.

d. Gemäß § 28 WpHG standen B seit Beginn der Verletzung seiner Handlungspflicht keine Rechte mehr aus seinen Aktien zu. Erfasst sind von dieser Sanktion ausweislich des eindeutigen Wortlauts des § 28 WpHG nicht nur die zuletzt erworbenen, sondern *alle* Aktien des B.

2. Damit gilt für die Frage, ob die qualifizierte Mehrheit beim Beschluss erreicht war: Es mussten 3/4 des bei der Beschlussfassung vertretenen *und stimmberechtigten* Grundkapitals – und das sind 74,9 % des vollen Grundkapitals – erreicht sein. Dreiviertel von 74,9 % sind rund 56 %, dh 56 % des gesamten Grundkapitals mussten für die Veräußerung stimmen, um die qualifizierte Mehrheit zu erreichen. Tatsächlich haben 63,9 % des vollen Grundkapitals für die Veräußerung gestimmt, die erforderliche Mehrheit war also jedenfalls erreicht.

3. Damit lässt sich festhalten, dass der Beschluss ordnungsgemäß zustande kam.

Fall 9: Börsengang im Überschwang (Haftung am Kapitalmarkt)

Die Anteilseigner der IT Sensation AG mit Sitz in Hamburg streben die Notierung ihrer Aktien im Amtlichen Markt an der Frankfurter Wertpapierbörse an. Im Rahmen des geplanten Börsengangs ist auch eine Kapitalerhöhung für Dezember 2004 vorgesehen. Um hierfür möglichst viele neue Investoren zu gewinnen, werden seitens des Vorstandsvorsitzenden der AG, Volker Völler, gewaltige Umsätze fingiert und über die Tagespresse in der Öffentlichkeit lanciert. Auch im Emissionsprospekt, den die AG Ende November 2004 zwecks Zulassung der neu zu emittierenden Aktien zum Handel im Amtlichen Markt veröffentlicht hat, finden sich Angaben über die angeblichen Millionenumsätze, die es in dieser Form nie gegeben hat.

Die U-Invest oHG, welche die Emission als Emissionsbank begleitet und den Emissionsprospekt mit ausgearbeitet und unterzeichnet hat, zeichnet Mitte November 2004 die 750.000 Aktien aus der Kapitalerhöhung zum Nennbetrag (€ 5) auf der Basis eines „Übernahmevertrags". Ein Rückgaberecht hinsichtlich nicht verkaufter Anteile ist nicht im Vertrag vorgesehen. Die Börsenzulassung für die Aktien wird erteilt, und die Aktien werden an der Börse eingeführt.

Der U-Invest oHG gelingt es, noch im Dezember 90 % der Anteile öffentlich zu einem Preis von je € 15 im eigenen Namen und für Rechnung der Emittentin an das Publikum weiterzuveräußern. Dafür erhält sie auf der Basis des Übernahmevertrags eine Provision von € 1 pro verkaufter Aktie, den überschießenden Betrag leitet die Bank umgehend an die Emittentin weiter. Von den Anlegern, die ordnungsgemäß aufgeklärt werden, verlangt die U-oHG zudem (übliche) „Gebühren" iHv 1 % des Auftragsvolumens.

Bevor der U-Invest oHG die vollständige Weiterveräußerung der bis dahin rege nachgefragten Aktien gelingt, verdichten sich öffentlich die Gerüchte um einen Schwindel bei der IT Sensation AG, so dass die Bank die übrigen 10 % der Anteile nicht mehr am Markt unterbringen kann. Der Kurs der Papiere der IT Sensation AG stürzt von € 20,– (Kurs bei Börseneinführung) über € 10,– (mehrere Tage lang nach Bekanntwerden des Schwindels) auf schließlich € 5 im Januar 2005 (was dem wahren Marktwert der Anteile, unter Berücksichtigung der tatsächlichen, viel niedrigeren Umsatzzahlen, entspricht).

1. Anleger Knut Karlsen, der sich vom Prospekt hat überzeugen lassen, 500 Aktien zum Emissionspreis von der U-Invest oHG zu erwerben, fragt

nach seinen Ansprüchen gegen die IT Sensation AG und gegen die U-Invest oHG. Bei der IT Sensation AG ist man der Ansicht, die AG hafte nicht, weil schon im November 2004 die betreffenden Umsatzzahlen in der bekannten Tageszeitung „Passauer Neue Presse" angezweifelt worden seien. Zudem stünden gar keine ungebundenen Mittel jenseits des Grundkapitals zur „Abfindung" der Anleger (oder sonst potentiell Schadensersatzberechtigter) zur Verfügung, eine Begleichung der Ersatzpflichten würde damit gegen das Kapitalerhaltungsrecht verstoßen. Jedenfalls könne nur ein Schaden ersetzt werden, der bis zum ersten Kurssturz auf € 10,– gehe. Die „Schlafmützigkeit" derjenigen Anleger, die zu diesem Zeitpunkt nicht veräußert hätten, wolle und könne man nicht ausbaden.

2. Auch die Geschäftsführer der U-Invest oHG fragen nach Ansprüchen gegen die IT Sensation AG.

3. Bei der BaFin überlegt man, ob und inwieweit eine Richtigstellung des Prospekts erreicht werden kann und ob die BaFin diese erzwingen kann. Erörtern Sie kurz hierfür in Betracht kommende Rechtsgrundlagen.

Hinweise: Der „Übernahmevertrag" zwischen dem Emittenten und der emissionsbegleitenden Bank ist als Vertrag eigener Art mit Kauf- und Geschäftsbesorgungselementen anzusehen. Der Vertrag zwischen der IT Sensation AG und der U-Invest oHG enthält folgende Klausel:

„VI. Garantie
Die Gesellschaft (IT Sensation AG) garantiert der Emissionsbank (U-Invest oHG) unabhängig von einem etwaigen Verschulden der Gesellschaft und ungeachtet des Umstandes, dass die Emissionsbank gewisse Aspekte des Geschäftsbetriebs der Gesellschaft geprüft hat:
1. Die in den Platzierungsdokumenten (insbes. den Dokumenten für die Erstellung des Emissionsprospekts) enthaltenen Zahlen und Angaben über die wirtschaftlichen Verhältnisse der Gesellschaft sind jeweils richtig, vollständig und nicht auf anderem Wege irreführend und enthalten keine unrichtigen Erklärungen zu wesentlichen Tatsachen [...]."

Variante 1
Die IT Sensation AG ist börsennotiert im amtlichen Markt an der Frankfurter Wertpapierbörse. Um für die Emission von Aktien im Wege einer Kapitalerhöhung ausreichend Investoren zu gewinnen, fingiert Vorstand Volker Völler gewaltige Umsätze, die er im Wege einer ad hoc-Meldung in der Öffentlichkeit lanciert. Eine Prospektpflicht besteht für die Emission nicht, ein Prospekt wird auch nicht freiwillig veröffentlicht. Die neu zu emittierenden Anteile werden – wie im Grundfall – von der U-Invest oHG an das

Publikum veräußert. Es kommt zu dem im Grundfall beschriebenen Kurseinbruch.

1. Anleger Arnd Arnold, der schon länger Aktien der IT Sensation AG als potentielles Anlageobjekt im Auge hatte, hat wenige Tage nach der ad hoc-Meldung, die ihn vollends überzeugte, „zugeschlagen": Er hat 100 Aktien bei der U-Invest oHG erworben und möchte nun wissen, ob er die AG oder Volker Völler persönlich in die Haftung nehmen kann. Im Verhältnis des Arnold zur IT Sensation AG sind nur solche Ansprüche näher zu erörtern, die nicht bereits im Grundfall im Verhältnis Knut Karlsen – IT Sensation AG geprüft werden mussten.

2. Hat sich Volker Völler nach Vorschriften des WpHG strafbar gemacht? Kann oder muss die ad hoc-Meldung „widerrufen" werden? Wer kann die Befolgung einer solchen Pflicht ggf erzwingen?

Variante 2

Kurz bevor der Umsatzschwindel (s *Grundfall*) auffliegt, verkauft Volker Völler noch schnell sämtliche von ihm gehaltenen Aktien zum Kurs von € 20,–. Ist dieses Vorgehen aus kapitalmarktrechtlicher Sicht zu beanstanden?

Variante 3

Der bekannte „Börsen-Guru" Jens Peter Morgen beobachtet seit längerem die IT Sensation AG, die im amtlichen Markt an der Frankfurter Wertpapierbörse notiert ist und die er für ein interessantes Anlageobjekt hält. Als er dringend Geld benötigt, entschließt er sich, einige Aktien der Gesellschaft zu erwerben, um sie wenig später – er schreibt eine regelmäßig erscheinende Rubrik für eine renommierte Anlagezeitschrift – auch öffentlich zum Kauf zu empfehlen. Morgen erwartet, dass auf seine Empfehlung hin die Papiere verstärkt geordert werden und er folglich sein Aktienpaket nach einer deutlichen Kurssteigerung mit Gewinn veräußern kann.

Rechtlich völlig unbedenklich erscheint ihm das geplante Vorgehen jedoch nicht. Er entschließt sich daher vor der Veröffentlichung seiner Empfehlung (aber nach dem Kauf der Papiere), einen Rechtsanwalt um Rat zu fragen.

Welche Auskunft hat dieser ihm zu geben?

Lösung zu Fall 9

Schwerpunkte: Kapitalmarktrecht, insbesondere Prospekthaftung; fehlerhafte *ad hoc*-Meldungen; Insiderrecht

Leseempfehlung:

zum Grundfall

Brauer in: *Wilhelm* Kapitalgesellschaftsrecht 2. Aufl Rn 660 ff (Einführung in das Kapitalmarktrecht); *Lenenbach* Kapitalmarkt- und Börsenrecht Rn 7.108 ff (Muster eines Wertpapierverkaufsprospekts mit Erläuterungen); 7.72 ff (Muster eines Übernahmevertrags mit Erläuterungen); Rn 8.78 ff (Prospekthaftung); *Holzborn/Foelsch* NJW 2003, 932 (Haftung bei Anlegerverlusten).

§§ 30 ff, 44 f BörsG, 13 ff, 52 BörsZulV.

zur Variante 1

Brauer in: *Wilhelm* Kapitalgesellschaftsrecht 2. Aufl Rn 754 ff; *Lenenbach* Kapitalmarkt- und Börsenrecht Rn 10.55 ff (ad hoc-Publizität; zu den Neuerungen durch das AnsVG s etwa *Kuthe* ZIP 2004, 883; *Ziemons* NZG 2004, 537 sowie den Emittentenleitfaden der BaFin – download unter www.bafin.de); ferner *Fleischer* NJW 2004, 2977; *Möllers/Leisch* BKR 2002, 1071 (beide Beiträge zum Schadensersatz nach §§ 37b, 37c WpHG); *BGH* NJW 2004, 2664; 2668; 2971 (Infomatec – Vorstandshaftung bei fehlerhafter ad hoc-Meldung).

§§ 15; 37b, 37c; 20a WpHG; 399 f AktG.

zur Variante 2

Brauer in: *Wilhelm* Kapitalgesellschaftsrecht 2. Aufl Rn 741 ff; zu den Neuerungen im Insiderrecht durch das AnsVG s *Kuthe* und *Ziemons* (aaO, oben zur *Variante 1*), Emittentenleitfaden der BaFin.

§§ 12 ff WpHG.

zur Variante 3

BGH NJW 2004, 302 (Opel – zum „scalping").

§§ 12 ff, 20a WpHG.

Lösung des Grundfalls

Frage 1: Ansprüche des K gegen die I-AG und gegen die U-oHG

A. Ansprüche des K gegen die I-AG

I. K gegen die I-AG auf Zahlung von € 7.500,– aus §§ 453 I, 434, 437 Nr 2, 326 V, 346 BGB

Ob die kaufrechtlichen Gewährleistungsvorschriften auf den Erwerb von Aktien überhaupt Anwendung finden, kann hier dahin stehen, weil K seine Aktien jedenfalls nicht unmittelbar von der I-AG erworben hat. Deshalb scheidet der bezeichnete Gewährleistungsanspruch – ebenso wie sonstige Gewährleistungsansprüche im Verhältnis des K zur I-AG – aus.

II. K gegen die I-AG auf Zahlung von € 7.500,– aus §§ 453 I, 434, 437 Nr 2, 326 V, 346 BGB iVm den Grundsätzen über den Vertrag mit Schutzwirkung zugunsten Dritter

1. Möglicherweise kann K sich aber auf einen gewährleistungsrechtlichen Anspruch stützen, der seine unmittelbare Begründung im Verhältnis der U-oHG zur I-AG findet.

2. Die Wirkung fremder Ansprüche zugunsten des „Dritten" K kommt nur dann in Betracht, wenn diese Ansprüche als solche bestehen. Es ist also im ersten Schritt zu prüfen, ob der U-oHG Gewährleistungsansprüche gegen die I-AG zustehen.

a. Zunächst müsste das Gewährleistungsrecht dafür **anwendbar** sein, der Erwerb der Aktien durch die U-oHG von der I-AG müsste als Kauf einer Sache (§ 433 BGB) oder eines anderen Gegenstands (§ 453 I BGB) einzuordnen sein.

Die U-oHG hat die jungen Aktien der AG gezeichnet, also einen Zeichnungsvertrag abgeschlossen, der „eingebettet" war in einen großen Rahmenvertrag, den (typengemischten) Übernahmevertrag. Dieser Vertrag hat nach der Angabe im Sachverhalt ua kaufrechtlichen Charakter. Dies ist insbesondere auf die Übernahme, den Erwerb der Anteile, zu beziehen. Insoweit dürfen die kaufrechtlichen Vorschriften zumindest analog herangezogen werden, wo es um mögliche Mängel der „Kaufsache" geht. Insbesondere ist § 453 BGB zu entnehmen, dass der Erwerb von **Rechten** nach den §§ 433 ff BGB behandelt werden soll. Der Erwerb von (heute regelmäßig nicht mehr einzeln verkörperten) „Aktien" stellt sich im Allgemeinen als Erwerb von Miteigentumsanteilen an einer „Globalurkunde" dar, mithin als Rechtskauf. Auch wenn die Aktien einzeln verbrieft sein sollten, gälte nichts anderes. Dann würde es sich um eine Mischform aus einem Sachkauf (bezogen auf das Wertpapier) und einem Rechtskauf (bezogen auf die Mitgliedschaftsposition Aktie) handeln, der ebenfalls unter § 453 BGB zu subsumieren wäre.

b. Die von K erworbenen Aktien müssten bei Gefahrübergang **mangelhaft** sein, § 434 BGB. Ein **Rechtsmangel** scheidet insoweit aus. Die Anteile an der AG sind uneingeschränkt zugunsten der U-oHG entstanden. Ebenso wenig führt das Sachmängelrecht weiter. Es bedeutet keinen **Sachmangel** der Aktien, dass das *Bezugsobjekt* des Rechts Aktie, also das Unternehmen, möglicherweise einen Mangel – nämlich weniger Umsatz als versprochen – aufweist. Dies ist eine Frage der „Bonität" der veräußerten Rechtposition, die vom Gewährleistungsrecht nicht erfasst ist.

Hinweis: Das Sachmängelrecht wird nach herkömmlicher Ansicht ausnahmsweise auch dann angewendet, wenn (fast) alle Anteile an einer Gesellschaft veräußert werden (Unternehmenskauf – hier als share deal) und nicht die Anteile, sondern (wesentliche) Bestandteile des Unternehmensvermögens (also Sachen) fehlerhaft sind. Um eine solche Konstellation handelt es sich hier aber nicht. Zum Unternehmenskauf MüKo-BGB/Westermann 4. Aufl § 453 Rn 17 ff.

3. Auf die Grundsätze des **Vertrags mit Schutzwirkung zugunsten Dritter** kommt es mithin nicht mehr an. K stehen keine Gewährleistungsansprüche gegen die I-AG zu.

III. K gegen die I-AG auf Übernahme der Aktien und Zahlung von € 7.575 aus § 44 I Nr 2 BörsG

1. Ein Anspruch des K gegen die I-AG aus Börsenprospekthaftung setzt zunächst die Existenz eines **Prospekts** iS des § 44 BörsG voraus. Bezug genommen ist insoweit auf die allgemeinen Vorschriften über Börsenzulassungsprospekte; im Fall ist § 30 BörsG einschlägig. Die I-AG hat einen solchen Prospekt, wie er vor der erstmaligen Zulassung von Anteilen zum Handel im amtlichen Markt erforderlich ist, im Rahmen ihres Börsengangs veröffentlicht.

Zu den weiteren Voraussetzungen des § 44 I 1 BörsG ist zu sagen:

2. K ist **Erwerber** von **Wertpapieren**, die **aufgrund dieses Prospekts** zum Börsenhandel zugelassen worden sind.

3. Der Prospekt war auch **fehlerhaft**. Er enthielt falsche Angaben über die Höhe des Umsatzes der AG. Solche falschen Angaben darf der Prospekt

aber nicht enthalten, wie sich mittelbar aus den einzelnen Vorgaben der § 30 III Nr 2 BörsG iVm §§ 13 ff (insbes § 20 I Nr 2) BörsZulVO ergibt.

Die Frage ist nur, ob die (fehlerhafte) Angabe des Umsatzes für die Beurteilung der Wertpapiere auch **wesentlich** war. Dieser Begriff ist auszulegen. Auszugehen ist insoweit vor allem vom Regelungsziel der Vorschrift: Der Prospekt soll die Anleger in die Lage versetzen, sich ein wahrheitsgemäßes Bild von dem betreffenden Unternehmen zu machen und auf dieser Basis die Anlageentscheidung zu fällen. Andere Informationen als die im Prospekt enthaltenen stehen dem Anleger nämlich in aller Regel nicht zur Verfügung. Als wesentlich sind vor diesem Hintergrund alle diejenigen Angaben anzusehen, die für die Anlageentscheidung eines verständigen Anlegers erheblich sind. Das ist bei den Umsatzzahlen anzunehmen, da sie aussagekräftig für die Wirtschaftskraft und das Potenzial eines Unternehmens sind.

4. Die I-AG ist auch **Prospektverantwortliche** (§ 44 I 1 Nr 1 WpHG), sie hat durch ihre Unterschrift im Prospekt (§§ 30 II BörsG, 13 I 5, 14 BörsZulVO) die Gewähr für dessen Inhalt übernommen. Die I-AG ist Emittentin mit **Sitz im Inland** (§ 44 III BörsG).

5. K hat die Papiere **nach** der **Veröffentlichung** des Prospekts erworben, wobei es insoweit auf den Abschluss des schuldrechtlichen Geschäfts ankommt. Dieser Erwerb lag auch innerhalb des **6-Monats-Zeitraums nach Einführung** der Wertpapiere. Zwar äußert sich der Sachverhalt nicht dazu, wann die Wertpapiere der I-AG an der Börse eingeführt worden sind (§ 37 BörsG). Es ist denkbar, dass K seine Papiere sogar noch vor der Einführung erwarb. Das wäre aber nicht von Bedeutung. Die 6-monatige Frist soll nämlich lediglich im Interesse des Emittenten eine zeitliche Haftungsbegrenzung nach „hinten" festlegen.

6. Dass der fehlerhafte Prospekt für die Anlageentscheidung des K **kausal** war, wird vermutet, § 45 II Nr 1 BörsG. Ebenfalls vermutet wird das **Verschulden** der I-AG, § 45 I BörsG. Die AG wird im Fall in beiderlei Hinsicht voraussichtlich das Gegenteil auch nicht darlegen können.

7. Die AG schuldet K, dem **Inhaber** der Wertpapiere, grundsätzlich die Erstattung des Erwerbspreises (€ 7.500,–) sowie der üblichen Erwerbskosten. Diese betragen hier 1 % des Kaufpreises, also € 75. Laut Sachverhalt handelt es sich um in der Höhe übliche Gebühren. Die haftungsausfüllende Kausalität ist wiederum vermutet, § 45 II Nr 2 BörsG.

8. Es fragt sich jedoch, ob nicht der Anspruch des K wegen **Mitverschuldens** zu kürzen ist, § 254 BGB. Das kommt in Betracht, wenn K angesichts fallender Kurse veräußern musste, um den Schaden möglichst gering zu halten. Diese Obliegenheit traf ihn jedoch nicht. Zum Einen ist stets un-

sicher, wie sich Aktienkurse zukünftig entwickeln. Zum Anderen würde es für die AG auch gar keinen Vorteil bedeutet haben, wenn K veräußert hätte, da sie jedem Folgeerwerber wieder haftete, dies zudem inklusive der (üblichen) Erwerbskosten. Eine Veräußerung durch K hätte den Schaden letztlich also sogar noch *erhöhen* können, s § 44 II BörsG.

9. Ein Haftungsausschluss zugunsten der AG könnte sich aus § 45 II Nr 3 BörsG ergeben. Allerdings hatte K keine Kenntnis von der Fehlerhaftigkeit. Allenfalls begründete die Nachricht in der „Passauer Neuen Presse" die *Möglichkeit* einer **Kenntnis**, eher aber wohl eines bloßen Verdachts. Für einen Haftungsausschluss ist das nicht ausreichend.

10. Als Letztes stellt sich noch die Frage, ob der Anspruch aus der Börsenprospekthaftung deshalb ausgeschlossen ist, weil K als Aktionär durch die Geltendmachung letztlich seine Einlage zurückerhalten würde. Das könnte zu einem **Verstoß gegen §§ 57, 62 AktG** oder gegen **§§ 71 ff AktG** führen.

Ein gänzlicher Ausschluss der Haftung des Emittenten unter Hinweis auf das Kapitalerhaltungsrecht, insbesondere auf §§ 57, 62 AktG, kommt sicher nicht in Betracht. Auf diese Weise wäre die Prospekthaftung bedeutungslos. Man könnte allerdings daran denken, eine Ersatzpflicht nur insoweit zu befürworten, als die AG im Rahmen der §§ 71 ff AktG Anteile zurückerwerben darf, und/oder die Möglichkeit von Ersatzleistungen auf Beträge zu beschränken, die aus freien Rücklagen und Überschüssen der AG bestritten werden können.

Überzeugender ist aber eine andere Argumentation: Die Kollision der Prospekthaftung mit dem Kapitalerhaltungsrecht besteht, ist aber mit dem Eintreten des Gesetzgebers für die Börsenprospekthaftung letztlich auch gelöst: Er hat die Haftung in Kenntnis der strengen Vermögensbindung (die im Übrigen das gesamte Vermögen der AG betrifft, auch die Rücklagen und Überschüsse) und des nur eingeschränkt zulässigen Erwerbs eigener Anteile in Kraft gesetzt und damit den **Vorrang** des Anlegerschutzes durch die Börsenprospekthaftung zum Ausdruck gebracht.

Hinweis: Die Gegenansicht ist vertretbar. Wichtig ist, dass das Problem als ein Schwerpunkt der Klausur erkannt und dementsprechend argumentativ aufbereitet wird. Wichtig ist dabei die Differenzierung zwischen dem Verhältnis der Kapitalerhaltungsvorschriften zur Börsenprospekthaftung als möglicher lex specialis einerseits und zu den allgemeinen bürgerlich-rechtlichen Ansprüchen andererseits (dazu mehr sogleich unter V.).

Zum Streit s die übersichtliche Zusammenfassung von MüKo-AktG/Bayer 2. Aufl § 57 Rn 14 ff. Häufig wird in der Literatur und Rechtsprechung – im

Anschluss an die Rechtsprechung des RG – unterschieden zwischen solchen Anlegern, die durch Zeichnung und Übernahme der ursprünglichen Beteiligung Aktionär wurden (und bei denen ein Schadensersatzanspruch wegen Vorrangs des Kapitalerhaltungsrechts nicht in Betracht kommen soll) und solchen Anlegern, die erst „derivativ" ihre Aktionärsstellung einnahmen (mit der grundsätzlich Möglichkeit eines Schadensersatzanspruchs). Der Gesetzgeber (BT-Drucks 13/8933 S 78) hat sich mittlerweile für einen generellen Vorrang der Prospekthaftung vor dem Kapitalerhaltungsrecht ausgesprochen.

11. Nach alldem kann K von der I-AG die Übernahme der Anteile und Zahlung von € 7.575 verlangen.

IV. K gegen die I-AG auf Zahlung von € 7.575 aus c. i. c. iVm den Grundsätzen über die Eigenhaftung Dritter, §§ 311 II, III, 280 I BGB

1. K kann daneben nur dann einen Anspruch aus c. i. c. gegen die I-AG haben, wenn nicht die Börsenprospekthaftungsregeln das allgemeine Haftungsinstitut des BGB verdrängen.

§ 47 II BörsG gibt für diese Konkurrenzfrage dahin Auskunft, dass bürgerlich-rechtliche Anspruchsnormen „auf Grund von Verträgen" **anwendbar** bleiben. Das ist für die c. i. c. zwar nicht nach dem Wortlaut anzunehmen, doch handelt es sich um einen vertragsähnlichen Anspruch, welcher der Sache nach ebenfalls nicht ausgeschlossen sein kann.

2. Allerdings ist zu bedenken, dass eine c. i. c.-Haftung der AG nur als Vertrauenshaftung gerade bezogen auf die Angaben im Börsenprospekt und damit als „allgemeine bürgerlich-rechtliche Prospekthaftung" in Betracht käme. Die Rechtsprechung hat gesetzesergänzende Grundsätze entwickelt, nach denen bei einer Emission bestimmter Anlageprodukte (speziell des „Grauen Kapitalmarkts", mithin vor allem (GmbH & Co)KG- Anteile) die „eigentlich Verantwortlichen" kraft typisierten Vertrauens der Anleger haften. Was jedoch die Haftung gerade wegen Angaben in einem Prospekt und des Vertrauens auf diese Angaben angeht, ist die Börsenprospekthaftung als abschließend anzusehen (str, s *Schwark* Kommentar zum Kapitalmarktrecht 4. Aufl § 45 Rn 73 mwN).

Hinweis: Eine kurze Darstellung der Rechtsprechung zur allgemeinen bürgerlich-rechtlichen Prospekthaftung findet sich im Urteil BGH NJW 2004, 2666 f (mwN).

3. Ein Anspruch des K gegen die I-AG aus c. i. c. besteht nicht.

V. K gegen die I-AG auf Zahlung von € 7.575 aus § 823 II BGB iVm § 263 I StGB

1. § 263 StGB ist ein **Schutzgesetz** iSd § 823 II BGB.

2. Das **Schutzgesetz** müsste auch **verletzt** sein:

a. Der Vorstand der I-AG hat über **Tatsachen getäuscht**, nämlich über die Höhe des Umsatzes der Gesellschaft. Durch die Täuschung ist ein **Irrtum** bei den Anlegern erregt worden. Diese haben aufgrund des Irrtums die Anteile gezeichnet, also eine „**Vermögensverfügung**" vorgenommen, und es ist ihnen dadurch auch ein **Vermögensschaden** entstanden, denn die Anteile sind weniger wert als gedacht. Das Verhalten des Vorstands ist der Gesellschaft über § 31 BGB analog zurechenbar.

b. Der Vorstand hat insoweit **vorsätzlich** gehandelt. Fraglich ist lediglich, ob er die **Absicht** hatte, sich oder einem Dritten rechtswidrig einen „stoffgleichen" Vermögensvorteil zu verschaffen. In Hinblick auf sich, den Vorstand, selbst und in Bezug auf die AG scheidet dies aus. Denn beide erhalten keinen unmittelbaren Vermögensvorteil aus dem Vermögen der geschädigten Anleger (s allg *BGH* NJW 2004, 2666). Der höhere Kurs der Aktien mag ein Vorteil für den Vorstand oder jedenfalls die AG sein, dieser ist aber nicht die „Kehrseite" des Schadens der Anleger. Notwendig hatte der Vorstand indessen Drittbereicherungsabsicht zugunsten der Emissionsbank (U-oHG). Denn der Vorstand wollte auf dem „Umweg" über die Bank durch seine Angaben eine größere Nachfrage nach den Aktien der I-AG erzielen und damit einen Verkaufserfolg der Bank „ankurbeln".

c. Damit ist § 263 I StGB verletzt.

3. K ist auch ein **Schaden** entstanden. Zu berechnen ist dieser nach den §§ 249 ff BGB. Insoweit ist allerdings nicht eindeutig, von welchem „ordnungsgemäßen" hypothetischen Kausalverlauf ausgegangen werden muss:

a. Es ist zum Einen vorstellbar, dass K bei ordnungsgemäßem Publikationsverhalten der AG die Anteile zu einem geringeren, angemessenen Preis erworben hätte. Sein Schaden bzgl der Anteile beliefe sich dann auf € 5.000,– (500 Anteile mal € 10,– Überzahlung gegenüber angemessenem Preis) aus der Kursdifferenz sowie € 25 aus der niedriger anzusetzenden „Gebühr" der Bank beim Verkauf der Anteile.

b. Denkbar ist aber auch, dass er überhaupt keine Aktien gezeichnet hätte, wenn er zutreffend über die Umsätze der AG informiert worden wäre. Der Schaden des K beträgt dann € 7.500, wobei K verpflichtet wäre, die Anteile an die AG zurückzugewähren (Naturalrestitution), zzgl € 75, da überhaupt keine Erwerbskosten angefallen wären.

Hinweis: Der Schaden beträgt bei dieser Betrachtungsweise nicht etwa nur € 5.000, weil K noch einen „Restwert" von Aktien in seinem Vermögen hat. Vielmehr ist es Inhalt des Naturalrestitutionsanspruchs, dass die I-AG dem K diese Anteile abnehmen muss.

c. Welchen Schaden K liquidieren kann, ist eine Frage der **Beweislast:** Er muss darlegen, dass er die Aktien überhaupt nicht erworben hätte, will er den höheren Schadensersatz erzielen.

4. Zu fragen ist allerdings auch insoweit, ob das bisher gefundene Ergebnis vor dem **Kapitalgesellschaftsrecht** und seinen **Prinzipien** Bestand haben kann. Könnte K unter Hinweis auf die fehlerhafte Information den vollen Schadensersatz gegen Rückgabe seiner Anteile durchsetzen, so könnte er der AG Kapital entziehen und damit letztlich seine Einlage zurückerhalten. Die AG müsste unter Umständen entgegen §§ 71ff AktG und unter Verstoß gegen §§ 57, 62 AktG Anteile zurücknehmen.

Dieses Bedenken ist schon oben im Zusammenhang mit der Börsenprospekthaftung aufgeworfen worden. Anders als dort, lässt sich hier mit dem *lex specialis*-Gedanken aber *nicht* operieren. Das Deliktsrecht ist nicht spezieller gegenüber den §§ 57, 62, 71ff AktG. So gesehen, muss der Anspruch aus § 823 II BGB, soweit K auf den vollen Schadensersatz iHv € 7.575 gegen Rücknahme der Anteile geht, unter den Vorbehalt gestellt werden, dass die AG die Anteile überhaupt zurückerwerben darf. Sodann müssen die §§ 57, 62 AktG Beachtung finden, es darf also ggf nur ein angemessener Preis für die Aktien bezahlt werden.

Die Rechtsprechung hat solche Einschränkungen in jüngerer Zeit zumindest für den Anspruch aus § 826 BGB beiseite geschoben (*OLG Frankfurt* ZIP 2005, 710 (Comroad) – nicht rechtskräftig). Es gehe bei Erwerbsvorgängen am Kapitalmarkt nicht im eigentlichen Sinne um eine gesellschaftsrechtliche, sondern um eine kapitalmarktrechtliche Beziehung zwischen Anleger und Gesellschaft. Das überzeugt aber nicht. §§ 57, 62 und §§ 71ff AktG knüpfen schlicht an die Eigenschaft als Gesellschafter an. *Wie* diese erlangt ist, kann keinen Unterschied machen. Es bedarf einer im Grundsatz einheitlichen Lösung der Problematik von Schadensersatzforderungen des Gesellschafters gegen die AG aus der Übernahme von Anteilen. Die Grenzen solcher Forderungen zeigt eben das Kapitalerhaltungsrecht – vorbehaltlich einer Spezialregelung wie der Börsenprospekthaftung – auf.

Hinweis: Diese Rechtsprechung muss nicht bekannt sein. Wichtig ist, dass das Problem – deliktische Haftung trotz Kapitalerhaltungsrechts? – erkannt wird.

5. Als **Ergebnis** ist demnach festzuhalten: K hat gegen die I-AG einen Schadensersatzanspruch. Die genaue Höhe dieses Anspruchs ist aufgrund der Angaben im Sachverhalt nicht ermittelbar, sondern bedarf weiterer Darlegungen. Es gelten die §§ 71 ff sowie §§ 57, 62 AktG als Begrenzung des Anspruchs.

VI. K gegen die I-AG auf Zahlung von € 7.575 aus § 823 II BGB iVm § 264a StGB

Auch bei § 264a StGB handelt es sich um ein Schutzgesetz. Dieses ist auch verletzt, die Verletzung ist der AG über § 31 BGB analog zuzurechnen. Dass der Kaufentschluss des K jedenfalls auch auf den fehlerhaften Mitteilungen des Vorstands beruhte, ist nach dem Sachverhalt eindeutig.

Hinsichtlich des Schadens des K gelten die eben (unter *V. 3.*, *4.*) angestellten Überlegungen entsprechend.

VII. K gegen die I-AG auf Zahlung von € 7.575 aus § 823 II BGB iVm § 400 AktG

1. Auch bei § 400 AktG handelt es sich um ein Schutzgesetz.

2. V als Mitglied des Vorstands hat § 400 AktG verletzt, indem er die Verhältnisse der Gesellschaft hinsichtlich des Umsatzes in einer „Darstellung über den Vermögensstand", nämlich im Emissionsprospekt, vorsätzlich unrichtig wiedergegeben hat. Dieses Verhalten ist der AG zuzurechnen, § 31 BGB analog.

3. Zum Schaden gilt wieder das bereits oben (*V. 3.*, *4.*) Ausgeführte.

VIII. K gegen die I-AG auf Zahlung von € 7.575 aus § 823 II BGB iVm § 399 I Nr 4 AktG

Dieser Anspruch besteht nicht, weil die Angaben zum Umsatz nicht „zum Zwecke der Eintragung" der Kapitalerhöhung gemacht worden sind.

IX. K gegen die I-AG auf Zahlung von € 7.575 aus § 823 II BGB iVm § 20a WpHG

§ 20a WpHG ist kein Schutzgesetz, sondern dient ausschließlich öffentlichen Belangen. Das Verbot der Marktpreismanipulation soll die Zuverlässigkeit und Wahrheit der Preisbildung und damit die Funktionsfähigkeit des Kapitalmarkts gewährleisten (so *BGH* NJW 2004, 2664, 2665 zu § 88 BörsG aF, der Vorgängernorm von § 20a WpHG; ebenso *Schwark* Kommentar zum Kapitalmarktrecht 4. Aufl § 20a WpHG Rn 5 mN auch zur Gegenansicht).

X. K gegen die I-AG auf Zahlung von € 7.575 aus § 826 BGB

1. K ist seitens des Vorstands der AG **geschädigt** worden, dies ist der Gesellschaft über § 31 BGB zurechenbar. Die **Kausalität** der Falschangaben des Vorstands für den Erwerb der Papiere durch K ist im Sachverhalt vorgegeben, K hat nämlich aufgrund der Angaben im Prospekt gekauft.

Hinweis. In der Praxis ist die Kausalitätsfrage häufig ein „Knackpunkt", weil der Anleger insoweit häufig in Beweisnot ist. Deshalb wird diskutiert, dem Anleger hier mit einem Anscheinsbeweis zu helfen, und zwar in Anlehnung an die Rechtsprechung zur „Anlagestimmung" bei der gesetzlichen Prospekthaftung aF (vor Einführung der Beweislastumkehr in § 45 II Nr 1 BörsG – s zu dieser Frage vertiefend BGH NJW 2004, 2666). In einer Klausurlösung dürften dazu keine Ausführungen erwartet werden.

2. V schädigte die Anleger, unter ihnen K, **vorsätzlich**. Ihm war klar, dass die Erfindung von Umsätzen zu einer Überbewertung der Aktien führen musste.

3. Diese Schädigung müsste als **sittenwidrig** einzustufen sein, sie müsste also gegen das Anstandsgefühl aller billig und gerecht Denkenden verstoßen. Besonders verwerflich war das Vorgehen des V deshalb, weil er sich eines Massenmediums bediente, um auf diese Weise einen großen Kreis von Anlegern mit der – direkt vorsätzlich lancierten – Fehlinformation zu erreichen. Zu berücksichtigen ist dabei auch, dass gerade der Kapitalmarkt auf Informationen von Unternehmensseite in besonderem Maße angewiesen ist.

4. Zum **Schaden** gilt wieder: Wie hoch dieser ausfällt, ist eine Beweislastfrage. Die Einschränkungen des Kapitalerhaltungsrechts haben Vorrang (näher oben V. 3., 4.).

B. Ansprüche des K gegen die U-oHG

I. K gegen die U-oHG auf Zahlung von € 7.575 aus §§ 453 I, 434, 437 Nr 2, 326 V, 346 BGB

1. Gemäß § 47 II BörsG sind gewährleistungsrechtliche Ansprüche neben etwaigen Börsenprospekthaftungsansprüchen **nicht ausgeschlossen**.

2. K hat Aktien, also Wertpapiere, von der U-oHG erworben. In welcher Form – ob als tatsächlich verbriefte Papiere oder wie heute üblich in Form

von Miteigentumanteilen an einer „Globalurkunde" – ist nach dem Sachverhalt nicht bekannt. In jedem Fall bestehen aber an der prinzipiellen **Anwendbarkeit** des Gewährleistungsrechts auf den Kauf keine Bedenken: Über § 453 BGB erfasst das Kaufrecht nicht nur den Sach-, sondern auch den Rechtskauf und den Kauf sonstiger Gegenstände. Auch wenn also der Kauf „echter" Wertpapiere als Mischform von Sach- und Rechtskauf in Rede stünde, wären §§ 433 ff BGB anwendbar.

3. Allerdings fehlt es an einem **Mangel** der verkauften Rechtsposition. Dass die I-AG als *Bezugsobjekt* der Rechtsposition nicht den versprochenen Umsatz vorweisen kann, ist jedenfalls kein Mangel der Aktie bzw des Miteigentumsanteils.

Deshalb scheiden gewährleistungsrechtliche Ansprüche zugunsten K aus.

II. K gegen die U-oHG auf Zahlung von € 7.575 aus c. i. c. (§§ 311 II, 280 I BGB)

1. Auch hinsichtlich der c. i. c. stellt sich zunächst die Frage der **Anwendbarkeit** des Rechtsinstituts.

a. Die gewährleistungsrechtlichen Vorschriften des **Kaufrechts** sind uU vorrangig, soweit es um Rechte aus einem Mangel des Kaufgegenstands geht. Das ist hier aber nicht der Fall.

b. Auch mit einem möglichen **Anfechtungsrecht** des K gegenüber der U-oHG kollidiert die c. i. c. nicht. Denn in Betracht kommt allenfalls eine Anfechtung wegen arglistiger (also *vorsätzlicher*) Täuschung. Diese schließt die Anwendung der c. i. c. nicht aus. Zum Einen ist in einem solchen Fall keine Aushebelung der Beschränkung des Anfechtungsrechts auf vorsätzliche Täuschungen durch die c. i. c. zu befürchten, zum Anderen ist auch der arglistig Täuschende generell nicht zu privilegieren.

c. Schließlich stellt sich auch wieder die Frage des Verhältnisses zur **Börsenprospekthaftung**: Insoweit gilt wieder: Ansprüche des K gegen die U-oHG, gestützt auf das Rechtsinstitut der c. i. c., könnten nur mit Blick auf die fehlerhaften Prospektangaben – und damit im Sinne einer allgemeinen bürgerlich-rechtlichen Prospekthaftung – in Betracht gezogen werden. Insoweit ist aber die gesetzlich normierte Prospekthaftung das vorrangige Institut.

2. Ein Anspruch des K aus c. i. c. besteht deshalb nicht.

III. K gegen die U-oHG auf Zahlung von € 7.575 gegen Rückgabe der Anteile aus § 44 I 1 Nr 1 BörsG

Auch die U-oHG ist Prospektverantwortliche iSv §§ 49 I 1 Nr 1, 30 II BörsG, 13 I 5, 14 BörsZulVO. Zu den übrigen tatbestandlichen Voraussetzungen gilt das oben zum Verhältnis des K zur I-AG Ausgeführte entsprechend: Die Haftungserfordernisse sind sämtlich erfüllt, der Anspruch des K besteht also.

Ein möglicher Vorrang des Kapitalerhaltungsrechts vor dem Recht der Prospekthaftung spielt im Verhältnis K-U-oHG dabei keine Rolle.

IV. K gegen die U-oHG auf Zahlung von €7.575 aus § 812 I 1 Var 1 BGB

1. Die U-oHG hat entweder Eigentum und Besitz an Geldscheinen oder – wahrscheinlicher – ein **Guthaben** von € 7.575 **erlangt**, und zwar durch **Leistung** des K.

2. Diese Leistung ist ihr auf der Grundlage eines Kaufvertrags zugeflossen, der – als **Rechtsgrund** – allerdings möglicherweise im Wege der Anfechtung durch K beseitigt werden kann, § 142 I BGB. K kann nämlich die erforderliche Anfechtungserklärung (§ 143 BGB) innerhalb der Frist des § 124 BGB noch abgeben, wenn ein Anfechtungsgrund nach § 123 BGB besteht.

Eine arglistige Täuschung des K ist hier nicht seitens der U-oHG, wohl aber seitens des Vorstands der I-AG festzustellen. Es fragt sich deshalb, ob der Vorstand „**Dritter**" iSv § 123 II BGB ist oder ob das Verhalten des Vorstands auch gegen die U-oHG wirkt. Wer Dritter iSd Vorschrift ist, lässt sich am einfachsten negativ darstellen: *Nicht* als Dritter iSd Anfechtungsregel anzusehen sind all diejenigen, die als Verhandlungsführer oder Gehilfen des potentiellen Anfechtungsgegners auftreten oder sonst seinem „Lager" zuzurechnen sind. Denn in diesem Fall ist es gerechtfertigt, das Verhalten des „Nicht-Dritten" wie eigenes wirken zu lassen. So ist es auch hier: Der Emittent (insbesondere dessen Vorstand) wirkt mit der Emissionsbank bei der Emission und vor allem bei der Verfassung des Prospekts, um den es hier geht, eng zusammen. Der Emittent ist, wirtschaftlich betrachtet, der eigentliche „Verkäufer" der Aktien, die Bank lediglich als Hilfsperson „zwischengeschaltet". Beide treten als Einheit am Markt auf. Das rechtfertigt es, den Vorstand des Emittenten im Verhältnis zur Emissionsbank nicht als „Dritten" einzuordnen. Die U-oHG muss also die vorsätzliche Täuschung des Vorstands gegen sich gelten lassen.

3. Ficht K an, so muss die U-oHG das von K geleistete Geld **zurückgewähren** bzw **Wertersatz** hierfür leisten (§ 818 II BGB).

Frage 2: Ansprüche der U-oHG gegen die I-AG

I. U-oHG gegen I-AG auf Zahlung von € 3,75 Mio aus §§ 453 I, 434, 437 Nr 2, 326 V, 346 BGB

Wie schon oben im Verhältnis des K zur U-oHG festgestellt: Ein Mangel der (wie auch immer rechtlich zu erfassenden) Anteile liegt im zu niedrigen Umsatz nicht begründet.

II. U-oHG gegen I-AG auf Zahlung von € 3,75 Mio aus § 44 I Nr 2 BörsG

Der Anspruch besteht nicht, da die U-oHG die Anteile nicht aufgrund des Prospekts erworben hat. Sie hat die Anteile vielmehr unabhängig hiervon auf der Basis eines Übernahmevertrags gezeichnet.

III. U-oHG gegen I-AG auf Freistellung von Schadensersatz-ansprüchen der Anleger gegen die U-oHG (bzw auf Zahlung, soweit diese schon beglichen sind), auf Zahlung von € 375.000,– gegen Rücknahme der 10 % bei der U-oHG verbliebenen Anteile sowie auf Zahlung von € 86.250,– aus der Garantieklausel im Übernahmevertrag

Hinweis: Als Anspruchsgrundlage ist nicht § 280 I BGB zusätzlich zu zitieren. Die Schadensersatzpflicht ergibt sich als Folge der Garantie und mithin aus dem Vertrag selbst.

1. Bei der einschlägigen Klausel *VI.* des Übernahmevertrags handelt es sich um eine **selbstständige Garantieabrede.** Der Emittent soll die U-oHG auf der Basis der Vereinbarung nämlich erkennbar – §§ 133, 157 BGB – von allen negativen Folgen aus unzutreffenden Darstellungen über das Unternehmen, die auf Angaben des Emittenten basieren, freistellen.

2. Bevor auf die einzelnen in Betracht kommenden Schadensposten eingegangen wird, ist jedoch die **Wirksamkeit** der Garantieklausel kurz zu überprüfen.

a. Was das **fehlende Verschuldenserfordernis** angeht, so ist dies unproblematisch. Dies ist typischer Inhalt einer Garantieabrede und, wie man § 276 I 1 BGB entnehmen kann, ohne Weiteres zulässig.

b. Auch dass der U-oHG Schadensersatz **unbeschadet eigener Prüfungen** der Bank zugestanden wird, ist rechtlich unbedenklich (§ 138 BGB). Eine solche Klausel, die die Berücksichtigung eines etwaigen Mitverschuldens der U-oHG ausschließt, ist ebenfalls Ausdruck des besonderen *garantiemäßigen* Einstehenwollens des Erklärenden.

3. Damit ist zum zu ersetzenden **Schaden** zu kommen: Die Reichweite des wegen der – klauselwidrigen – Fehlinformationen seitens der I-AG zu leistenden Schadensersatzes richtet sich nach dem Inhalt der Garantieabrede. Diese ist auszulegen. Im Grundsatz kann davon ausgegangen werden, dass für die Schadensberechnung die allgemein gültigen Grundsätze der §§ 249 ff BGB, herangezogen werden sollen (s Palandt/*Sprau* BGB 63. Aufl vor § 765 Rn 18).

a. Zu ersetzen ist der Bank zunächst ihr „**Haftungsschaden**". Dadurch, dass die U-oHG der I-AG unzutreffende Umsatzzahlen nannte und diese in den Prospekt übernommen wurden, geriet die Bank in die (Prospekt-) Haftung gegenüber den Anlegern. Von den betreffenden Ansprüchen muss die I-AG die Bank freistellen. Soweit die Bank schon Schadensersatz geleistet hat, kann sie die Zahlung des entsprechenden Geldbetrags verlangen.

b. Des Weiteren ist grundsätzlich Schadensersatz hinsichtlich der noch von der U-oHG gehaltenen **Anteile** an der I-AG zu leisten. Insoweit fragt sich wiederum, ob der Anspruch auf Ausgleich des Minderwerts der Anteile gerichtet ist – dann hätte die I-AG keinen Ersatz zu leisten, da die U-oHG ja zum Nennwert von € 5 gezeichnet hat, was dem wahren Wert der Anteile entspricht – oder ob Schadensersatz dahin zu leisten ist, dass die AG die komplette Einlage gegen Rücknahme der Anteile schuldet.

Im Verhältnis des K zur AG ist dies oben unter Hinweis auf den Grundsatz der Naturalrestitution grundsätzlich angenommen worden, zumindest wenn der Geschädigte darlegen kann, dass er bei ordnungsgemäßem Verhalten des Schädigers nicht erworben hätte. Für die U-oHG gilt an sich nichts anderes: Kann sie beweisen, dass sie bei zutreffendem Informationsverhalten der AG die Anteile nicht übernommen hätte, so kann sie die Übernahme grundsätzlich rückgängig machen.

Fraglich ist jedoch, ob sich daraus etwas anderes ergibt, dass im Übernahmevertrag eine „feste Übernahme" der Anteile vereinbart worden ist, die eine Rücknahme der Anteile durch die AG an sich ausschließt. Dieser Ausschluss ist aber auf den regulären Geschäftsverkehr (also in Hinblick auf das Absatzrisiko der Bank) getroffen und hat für die Schadensersatzpflicht aus der Garantieabrede keine Bedeutung. Damit kann die U-oHG grundsätzlich auch Rückzahlung der auf die noch gehaltenen 10 % der Anteile geleisteten Einlage verlangen (also 75.000,– Anteile à € 5 = € 375.000,–).

c. Schließlich kann die Bank im Grundsatz noch Ersatz **entgangener Provisionen und Gebühren** verlangen (entsprechend § 252 BGB). Der U-oHG ist es aufgrund der Falschinformationen durch den Vorstand der

I-AG nicht mehr gelungen, die restlichen Anteile am Markt unterzubringen. Sie kann insoweit den entgangenen Gewinn ersetzt verlangen (1% Gebühren bei 75.000,– noch zu verkaufenden Anteilen à € 15, also € 11.250, sowie € 1 Gebühr pro verkaufter Aktie, dh weitere € 75.000,–).

4. Die U-oHG kann also grundsätzlich zum Ersten Freistellung von Haftungsansprüchen verlangen. Sie kann zum Zweiten, entsprechende Beweise vorausgesetzt, Zahlung von € 375.000,– gegen Rückgabe der noch gehaltenen Aktien verlangen. Zum Dritten schuldet die I-AG der Bank € 86.250,– entgangene Provisionen und Gebühren.

5. Auf der Basis der oben zu *Frage 1* angestellten Überlegungen ergibt sich auch hier, dass die Schadensersatzpflichten der AG im Grundsatz vor dem **Kapitalerhaltungsrecht** des AktG müssen bestehen können.

a. Das bedeutet zum Einen, dass das etwaige Verlangen eines Rückerwerbs durch die U-oHG sich im Rahmen der Vorgaben der §§ 71 ff AktG halten muss.

b. Zahlungen der AG an den Aktionär, denen kein angemessener Gegenwert gegenüber steht, sind zum Anderen vor dem Hintergrund von §§ 57, 62 AktG an sich ausgeschlossen. Das gilt auch hinsichtlich der Schadensersatzforderungen der U-oHG gegen die I-AG. Insoweit darf auch nicht etwa das Erlöschen einer vermeintlichen Schadensersatzforderung des Aktionärs als Gegenwert betrachtet werden. Das wäre ein Zirkelschluss. Es bleibt dabei: Zahlungen der AG, für die sie keinen angemessenen Gegenwert erhält, sind grundsätzlich unzulässig.

c. Eine **Ausnahme** von der Anwendung der §§ 57, 62 AktG lässt sich jedoch daraus herleiten, dass die Bank von vornherein nur aus „technischen" Vertriebsgründen, durchgangsmäßig, Anteilseignerin wird. Wie § 186 V AktG in anderem Zusammenhang zeigt, soll die bloß technische Einschaltung von Banken bei der Emission von Aktien auch als solche behandelt werden, eine in jeder Hinsicht „vollwertige" Aktionärsstellung resultiert daraus nicht. Das lässt sich als Argument dafür verwenden, auch schadensersatzrechtlich die Bank wie einen Dritten zu stellen. Die U-oHG kann mithin unabhängig vom Kapitalersatzrecht die Zahlung von Schadensersatz fordern.

An den Schranken des §§ 71 ff AktG ist in Bezug auf die übrig gebliebenen Anteile allerdings nicht zu rütteln. Insoweit ist es nämlich objektiv bei der Aktionärsstellung der Bank geblieben. Sie kann insoweit, da sie nun einmal die Anteile, rechtlich gesehen, erworben hat und auch zurückgeben möchte, nicht einfach als „Dritte" behandelt werden. Eine Ausnahme kommt hier also nicht in Betracht.

d. Die Bank kann mithin ungeachtet der Kapitalerhaltungsgrundsätze Freistellung bzw Zahlung von der I-AG verlangen.

Hinweis: Es ist auch gut vertretbar, die einmal eingeschlagene Richtung – grundsätzlich Haftungsausschluss angesichts des Kapitalerhaltungsrechts – konsequent zur Anwendung zu bringen und eine Haftung der I-AG gegenüber der U-oHG auszuschließen. Wie hier Groß Kapitalmarktrecht 2. Aufl §§ 45, 46 BörsG Rn 8 mwN; zweifelnd MüKo-AktG/Bayer § 57 Rn 89 f.

IV. U-oHG gegen I-AG auf Ersatz des von der U-oHG an Anleger geleisteten Schadensersatzes aus § 426 I BGB

Soweit die U-oHG bereits pflichtgemäß Schadensersatz an Anleger bezahlt haben sollte, kann sie Regress bei der I-AG nehmen. Die Höhe dieses Regresses weicht aufgrund der vertraglichen Regelung im Übernahmevertrag vom Grundsatz hälftiger Teilung ab. Da die Haftung aus Fehlinformationen der AG beruht, ist diese im Innenverhältnis alleine verpflichtet, den Schaden zu tragen.

Zur möglichen Kollision von Zahlungspflichten der AG mit dem Kapitalerhaltungsrecht ist das Notwendige eben (*III.*) gesagt worden.

V. U-oHG gegen I-AG auf Freistellung von Schadensersatzansprüchen der Anleger gegen die U-oHG (bzw auf Zahlung, soweit diese schon beglichen sind), auf Zahlung von € 375.000,– gegen Rücknahme der 10 % bei der U-oHG verbliebenen Anteile sowie auf Zahlung von € 86.250,– aus § 823 II BGB iVm § 264 a StGB

Das Schutzgesetz ist verletzt, das Verhalten des Vorstands ist der AG zurechenbar, § 31 BGB analog.

Zum **Umfang** der Schadensersatzverpflichtung der AG kann auf die Ausführungen unter *III. 3.–5.* verwiesen werden. Diese ergeben:

Die Bank kann die Zahlung von € 375.000,– gegen Rücknahme der 10 % Anteile verlangen, wenn sie beweisen kann, dass sie bei zutreffenden Angaben des Vorstands die Anteile nicht gezeichnet hätte.

Des Weiteren kann sie die Freistellung von Schadensersatzansprüche, die Anleger gegen die Bank haben, verlangen (bzw Zahlung, soweit Schadensersatz geleistet worden ist).

Schließlich steht ihr ein Ersatzanspruch iHv € 86.250,– zu, weil ihr Provisionen und Gebühren entgangen sind.

Es gelten jedoch die Grenzen der §§ 71 ff AktG.

VI. U-oHG gegen I-AG auf Freistellung von Schadensersatz-ansprüchen der Anleger gegen die U-oHG (bzw auf Zahlung, soweit diese schon beglichen sind), auf Zahlung von € 375.000,– gegen Rücknahme der 10 % bei der U-oHG verbliebenen Anteile sowie auf Zahlung von € 86.250,– aus § 823 II BGB iVm § 400 AktG

Auch dieser Anspruch besteht. § 400 AktG ist ein Schutzgesetz, welches der Vorstand der AG verletzt hat. Das ist der AG über § 31 BGB analog zurechenbar. Zum Umfang des Anspruchs gilt das bereits Gesagte.

VII. U-oHG gegen I-AG auf Freistellung von Schadensersatz-ansprüchen der Anleger gegen die U-oHG (bzw auf Zahlung, soweit diese schon beglichen sind), auf Zahlung von € 375.000,– gegen Rücknahme der 10 % bei der U-oHG verbliebenen Anteile sowie auf Zahlung von € 86.250,– aus § 826 BGB

Auch dieser Anspruch ist erfüllt. Vorsätzlich und sittenwidrig geschädigt sind nicht nur die Anleger am Kapitalmarkt (dazu oben *Frage 1 A. X.*), sondern ist auch die Emissionsbank.

VIII. U-oHG gegen I-AG auf Zahlung von € 3,75 Mio aus § 812 I 1 Var 1 BGB

1. Möglicherweise kann die Bank darüber hinaus sogar den vollen Einlagebetrag aus Bereicherungsrecht herausverlangen. Die I-AG hat eine Zahlung in entsprechender Höhe – genauer: ein Guthaben bei ihrer Bank in entsprechender Höhe – **erlangt**.

2. **Ohne rechtlichen Grund** ist diese **Leistung** der U-oHG geflossen, wenn der zugrunde liegende Vertrag – das ist der „Zeichnungsvertrag" mit der AG – unwirksam ist. Das ist denkbar kraft einer **Anfechtung**, die die Bank freilich bisher nicht erklärt hat (§ 143 I BGB), möglicherweise aber noch erklären kann. Insoweit bedürfte sie eines Anfechtungsgrundes:

Dass der Vorstand der I-AG hinsichtlich der Umsatzzahlen arglistig getäuscht hat iSv § 123 I BGB, ist bereits an anderer Stelle erörtert worden. Fraglich ist indessen, ob eine Anfechtung mit Blick auf kapitalgesellschafts-rechtliche Prinzipien, insbesondere mit Blick auf das Gebot vollständiger Kapitalaufbringung in Betracht kommen kann. Grundsätzlich handelt es sich beim Zeichnungsvertrag um einen schuldrechtlichen Vertrag, der nach den allgemeinen Vorschriften des BGB zu beurteilen ist und als solcher auch angefochten werden kann, §§ 119 ff BGB. Bei dieser Beurteilung kann es bleiben, soweit lediglich das Innenverhältnis zwischen Gesellschaft und Gesellschafter betroffen ist. Ab dem Zeitpunkt der Eintragung der Kapitalerhöhung in das Handelsregister treten indessen Verkehrsschutzinteressen hinzu. Denn in diesem Zeitpunkt darf der Rechtsverkehr auf die volle und effektive Aufbringung des erforderlichen Haftungskapitals vertrauen. Aus Gründen des Verkehrsschutzes kann eine Anfechtung ab Eintragung keinen Erfolg mehr haben.

Es ist auch keine Ausnahme von diesem Prinzip denkbar, wie sie oben (*III. 5.*) für die Leistung von Schadensersatz durch die AG (teilweise) befürwortet worden ist. Dass das Kapitalerhaltungsrecht teilweise keine Anwendung finden sollte, wurde unter Hinweis auf die nur „technische" Einschaltung der Bank bei der Emission begründet. Diese Sichtweise kann es aber der Bank nicht gestatten, sich gänzlich aus der Aktionärsstellung „heraus zu stehlen". Insoweit gebührt der Rechtssicherheit der Vorrang.

Hinweis: Hier eine in sich schlüssige Argumentation beizubehalten ist durchaus schwierig. Man sollte sich an dieser Stelle von einem Blick auf das „richtige Ergebnis" leiten lassen. So wie oben die Anwendung der §§ 71ff AktG trotz der nur „technischen" Einschaltung der Bank befürwortet worden ist, weil die Bank eben doch rechtlich Anteilseignerin wurde, sollte man hier die allgemeinen Regeln betreffend die Anfechtung von Zeichnungsverträgen zum Zuge kommen lassen.

3. Damit besteht *kein* Anspruch der U-oHG gegen die I-AG aus § 812 I 1 Var 1 BGB.

Frage 3: „Richtigstellung" des Prospekts; Hinwirken durch die BaFin

A. Richtigstellung des Prospekts

Zu unterscheiden ist hinsichtlich der Richtigstellung des Prospekts wie folgt:

1. Eine Richtigstellung des Prospekts im Wege der Prospektänderung nach § 52 II **BörsZulV** wird erforderlich, wenn sich in den Verhältnissen des Emittenten bis zur Börseneinführung materiale Änderungen ergeben. Dieser Zeitpunkt ist hier bereits verstrichen.

2. Es gibt lediglich noch die Möglichkeit, nicht aber die Pflicht zur Berichtigung des Prospekts nach dem Börsenrecht, § 45 Nr 4 **BörsG**.

3. Zu denken ist aber darüber hinaus an die allgemeinen Verpflichtungen der Gesellschaft aus dem WpHG. Hier kommt eine **ad hoc-Pflicht** nach § 15 WpHG in Betracht:

a. Die I-AG ist Emittentin von Aktien, also von einem Finanzinstrument iSv §§ 15 I 1, 2 IIa, I Nr 1 WpHG. Die Aktien sind **zum Handel** an einem inländischen organisierten Markt (§ 2V WpHG), der Frankfurter Wertpapierbörse (Segment Amtlicher Markt) **zugelassen.**

b. Die Kenntnis von den falschen Umsatzzahlen müsste eine **Insiderinformation** (§ 13 WpHG) sein. Damit ist (ua) eine konkrete Information über nicht öffentlich bekannte Umstände gemeint, die sich auf den Emittenten von Insiderpapieren (§ 12 WpHG) beziehen und die geeignet sind, im Falle ihres öffentlichen Bekanntwerdens den Börsenpreis der Papiere erheblich zu beeinflussen. Bei den Aktien der I-AG handelt es sich um Insiderpapiere in diesem Sinne, denn sie sind an einer inländischen Börse zum Handel zugelassen. Die zutreffenden Umsatzzahlen sind auch konkrete Informationen über einen nicht öffentlich bekannten Umstand. Dass diese Information im Falle ihres öffentlichen Bekanntwerdens auch den Kurs der Papiere erheblich zu beeinflussen vermöchte, dass also – § 13 I 2 WpHG – ein verständiger Anleger die Information bei seiner Kaufentscheidung berücksichtigen würde, zeigt bereits die Auswirkung der Gerüchte auf den Kursverlauf. Zudem ist im Sachverhalt von der Fiktion „gewaltiger" Umsätze die Rede, die überhaupt nicht existierten. Da Umsatzzahlen für die Wirtschaftskraft von Unternehmen und damit für ihre Bewertung von erheblicher Bedeutung sind, ist von einem erheblichen Kursbeeinflussungspotential auszugehen.

c. Die Insiderinformation **betrifft** die I-AG **unmittelbar** (§ 15 I 1,2 WpHG).

d. Daraus folgt, dass die AG sowohl die Fehlerhaftigkeit der im Prospekt veröffentlichten Umsatzzahlen, als auch die zutreffenden Zahlen im Wege einer ad hoc-Meldung in der vorgeschriebenen Form zu publizieren hat.

B. Hinwirken durch die BaFin

Die BaFin ist diejenige Institution, die gemäß § 4 I, II WpHG für die Einhaltung der Verpflichtungen aus dem WpHG Sorge trägt. Sie kann als solche den Emittenten anweisen, seiner ad hoc-Pflicht nachzukommen und ggf ein Bußgeld verhängen, §§ 39 II Nr 5 Buchst a, 40 WpHG, 35 I Nr 1 OWiG

Sie kann aber auch selbst eine nach § 15 WpHG gebotene Veröffentlichung auf Kosten des Pflichtigen vornehmen, § 4 VI WpHG.

Lösung der Variante 1

Frage 1: Ansprüche des K gegen die I-AG und gegen V

A. Ansprüche des A gegen die I-AG

I. Ansprüche des A gegen die I-AG aus Gewährleistungsrecht, c. i. c. und Delikt

die wegen § 15 VI 2 WpHG in Betracht zu ziehen sind, sind bereits im Grundfall zur Sprache gekommen. Sie müssen daher hier nicht erörtert werden.

Ansprüche aus gesetzlicher Börsenprospekthaftung scheiden mangels Prospektes aus.

II. A gegen die I-AG auf Zahlung von € 1.515 aus c. i. c. (§§ 311 I, II, 280 I BGB – „allgemeine bürgerlich-rechtliche Prospekthaftung")

Bei der allgemeinen Prospekthaftung handelt es sich um ein in der Rechtsprechung entwickeltes, auf „typisiertem" Vertrauen basierendes Haftungsinstitut (s etwa *BGH* NJW 1978, 1625 und sodann ständige Rechtsprechung).

Die ad hoc-Meldung ist allerdings kein – umfassend informierender – „Prospekt" iS dieser Rechtsprechung, ein Anspruch des A scheidet deshalb aus.

III. A gegen die I-AG auf Zahlung von € 1.515 aus § 37c I Nr 1 WpHG

1. Die I-AG ist Emittent von Aktien, also **Finanzinstrumenten** (§ 2 IIa iVm I Nr 1 WpHG) iSd Vorschrift.

2. Die Aktien sind auch zum Handel an einer inländischen Börse **zugelassen**, wie es § 37c I WpHG voraussetzt.

3. Der Vorstand der AG hat auch eine **ad hoc-Mitteilung** publiziert, die **unwahre** Insiderinformationen (§ 13 WpHG) enthält, welche den Emittenten (I-AG) **unmittelbar betrafen**.

4. A hat die Aktien nach der Veröffentlichung der ad hoc-Meldung **erworben**.

5. Ob die fehlerhafte Meldung für den Erwerb der Papiere **kausal** sein muss, sagt das Gesetz nicht ausdrücklich. Der Vergleich zur Börsenprospekthaftung (§ 45 II Nr 1 BörsG) legt dieses Erfordernis einerseits nahe, weil die Haftung von der Struktur her ähnlich ist. Andererseits lässt sich argumentieren, dass der Gesetzgeber diese Ähnlichkeit gesehen haben dürfte und offenbar gerade *keine* Kausalität fordern wollte.

Hier kann all' das dahinstehen, denn jedenfalls wollte A die Aktien schon länger erwerben, die ad hoc-Meldung gab dann aber den Ausschlag, so dass die Meldung kausal war.

6. A ist auch noch **Inhaber** der Papiere zum Zeitpunkt des Bekanntwerdens der Unrichtigkeit der Meldung.

7. Ein „**Haftungsausschluss**" zugunsten der Gesellschaft nach § 37c II, III WpHG kommt nicht in Betracht. Weder wird die Gesellschaft nachweisen können, dass sie (dh ihr Vorstand – § 166 I BGB analog) die Unrichtigkeit der publizierten Insiderinformation nicht kannte, noch wird sie darlegen können, dass A die Unrichtigkeit der Umsatzzahlen bei Erwerb der Papiere kannte.

8. Die I-AG schuldet A daher Ersatz des **Schadens**, der durch das Vertrauen auf die Richtigkeit der Information entstanden ist, §§ 249 ff BGB. A ist mit anderen Worten zu stellen, wie er beim Nichteintritt des schädigenden Ereignisses stünde.

Insoweit sind wieder mehrere Lösungen denkbar: Zum Einen könnte A so zu stellen sein, als hätte er vom Vertrag ganz Abstand genommen. Als Zweites kommt ein bloßer Ausgleich der Kursdifferenz in Betracht. Richtigerweise ist auch hier nach der **Beweislast** zu entscheiden: Kann A beweisen, dass er ohne die ad hoc-Meldung nicht gekauft hätte, schuldet die AG den vollen Schadensersatz, sonst die Kursdifferenz.

9. Wie die Börsenprospekthaftung sind auch die §§ 37b, 37c als *leges speciales* gegenüber dem Kapitalgesellschaftsrecht mit seinen **Kapitalerhaltungsprinzipien** (insbesondere den §§ 71 ff AktG) anzusehen.

10. Der Anspruch des A gegen die I-AG aus § 37c WpHG besteht.

B. Ansprüche des A gegen V persönlich

I. A gegen V auf Zahlung von € 1.515 aus § 93 II, V AktG

§ 93 AktG normiert eine reine Innenhaftung des Vorstands. Die Voraussetzungen eines Gläubigerverfolgungsrechts sind nicht erfüllt.

II. A gegen V auf Zahlung von € 1.515 aus § 823 II BGB iVm § 15 WpHG

Wie aus § 15 VI WpHG ersichtlich, handelt es sich nicht um ein Schutzgesetz.

III. A gegen V auf Zahlung von € 1.515 aus § 823 II BGB iVm § 20a WpHG

Dass auch § 20a WpHG kein Schutzgesetz ist, wurde schon dargelegt.

IV. A gegen V auf Zahlung von € 1.515 aus § 823 II BGB iVm § 400 AktG

Zwar handelt es sich bei § 400 AktG um ein Schutzgesetz. Eine ad hoc-Meldung enthält aber keine Darstellung über den Vermögensstand der AG, die Norm ist also nicht verletzt.

V. A gegen V auf Zahlung von € 1.515 aus § 823 II BGB iVm § 264a StGB

Auch dieser Anspruch ist nicht erfüllt, weil keine fehlerhafte Information in Prospekten oder in Darstellungen oder Übersichten über den Vermögensstand der AG geliefert worden ist.

VI. A gegen V auf Zahlung von € 1.515 aus § 823 II BGB iVm § 263 StGB

Wie oben schon zum Grundfall in entsprechender Weise gesehen, handelt der vorsätzlich fehlinformierende Vorstand betrügerisch. Der Anspruch besteht also.

Zur Schadenshöhe ist wieder die Beweisbarkeit des Verhaltens des A bei ordnungsgemäßem Verhalten des Vorstands entscheidend.

VII. A gegen V auf Zahlung von € 1.515 aus § 826 BGB

V fällt eine vorsätzliche sittenwidrige Schädigung zur Last (vgl oben entsprechend *Frage 1 A. X.*). Die falsche Mitteilung war insbesondere kausal für den Erwerb der Anteile durch A.

Der Schaden des A ist auch insoweit von dem abhängig, was er als hypothetischen Kausalverlauf darlegen kann.

Frage 2: Strafbarkeit des V; „Widerruf" der ad hoc-Meldung

1. Nach § 39 II Nr 5 Buchst a, IV WpHG handelt es sich bei der fehlerhaften ad hoc-Meldung des V um eine Ordnungswidrigkeit, die mit bis zu € 1 Mio Geldbuße belegt werden kann.

2. Gemäß § 15 II 2 WpHG iVm § 4 III WpAIV besteht eine Widerrufspflicht.

3. Die BaFin kann die Einhaltung dieser Pflicht erzwingen, § 4 II 1, VI WpHG.

Lösung der Variante 2

Bürgerlich-rechtliche und (allgemein) strafrechtliche Relevanz des Verhaltens des V sind nicht zu prüfen, gefragt ist allein nach der **kapitalmarktrechtlichen** Einordnung:

1. Es kommt ein Verstoß gegen §§ 12 ff WpHG **(Insiderrecht)** in Betracht, insbesondere könnte V das Verbot des § 14 I Nr 1 WpHG verletzt haben.

a. Die von V veräußerten Aktien sind **Insiderpapiere** iSv §§ 12, 2 IIb, I WpHG.

b. Weiter müsste es sich bei der Information über die Höhe des wahren Umsatzes der Gesellschaft um eine **Insiderinformation** handeln, § 13 WpHG. Das Gesetz verlangt zunächst eine konkrete Information über nicht öffentlich bekannte Umstände. Solche „Umstände" können Tatsachen, aber auch Werturteile und Prognosen sein, die Gesetzesfassung ist insoweit sehr weit. Die Höhe des Umsatzes ist eine Tatsache. Diese bezieht sich auf die I-AG als eine Emittentin von Insiderpapieren. Die Information ist auch geeignet, im Falle ihres Bekanntwerdens den Börsenpreis der Aktien der I-AG erheblich zu beeinflussen, wie nicht zuletzt der später tatsächlich erfolgende Kursausschlag nach unten im Anschluss an das Bekanntwerden der wahren, um ein vielfaches niedrigeren Umsatzhöhe belegt. Denn ein „verständiger Anleger" berücksichtigt diese Information bei seiner Anlageentscheidung (§ 13 I 2 WpHG).

2. V hat die Information zur Veräußerung seiner Aktien **verwendet:** Er hat im Bewusstsein und letztlich in Ausnutzung seines Wissens um die wahren Umsatzzahlen gehandelt.

3. Wenn V Vorsatz nachzuweisen ist, kann er für eine Straftat nach § 38 I Nr 1 WpHG mit Freiheitsstrafe bis zu fünf Jahren oder mit einer Geldstrafe belangt werden.

Lösung der Variante 3

1. Das Vorgehen des M (sog „**scalping**") ist möglicherweise ein verbotenes **Insidergeschäft** iSd §§ 12 ff WpHG. Dann müsste es sich bei der Empfehlung oder bei dem Wissen um die Empfehlung oder die Empfehlungsabsicht um eine **Insiderinformation** handeln, § 13 I WpHG.

Zutreffenderweise lässt es sich aber nicht als „konkrete Information" ansehen, wenn eine Person über etwas Bescheid weiß, das sie selbst erst noch tun will. Man „informiert" sich nämlich nicht über eigene Gedanken, der Vorgang des Sich-Informierens setzt vielmehr ein externes Vorgehen, einen irgendwie gearteten Bezug zur „Außenwelt" voraus.

2. Das Verhalten des M könnte aber das Verbot der **Kurs- und Marktpreismanipulation** verletzen, § 20a WpHG. Einschlägig ist § 20a I Nr 3 WpHG, wenn M eine Empfehlung ausspricht. Die Täuschungshandlung des M liegt dann darin, dass die Empfehlung *mit dem Ziel der Kursbeeinflussung* ausgesprochen würde, während die Anleger von einer objektiven Bewertung der Anteile ausgehen. Insoweit kommt es nicht darauf an, dass die jeweiligen Aktien auch bei sachgerechter Beurteilung durchaus empfehlenswert und „ihr Geld wert" sind.

Das Verhalten des M wäre also nach § 20a iVm § 38 II bzw § 39 I Nr 2 WpHG zu beanstanden.

Fall 10: (Ver)schiebung

Hans Halmig ist seit 1990 Inhaber mehrerer Textilunternehmen in Köln. Er betreibt unter anderem eine Textilfabrik in der HaTex Produktionsgesellschaft mbH (im Folgenden: HaTex GmbH), welche zu 70 % ihm, zu 30 % seiner Frau gehört. Sie ist dort auch Geschäftsführerin. In der Fabrik lässt Halmig Stoffe färben und nähen. Des Weiteren ist er Alleingesellschafter der HaTex Design AG, in der teure Designerbekleidung verkauft wird. Schließlich gehört ihm auch noch die „HaTex Direct", über die er als Einzelkaufmann II.-Wahl-Ware in Form eines Fabrikverkaufs vertreibt.

Die Bekleidungsproduktion rentiert sich wegen des zurückhaltenden Konsumverhaltens der Deutschen ab dem Jahre 2001 immer weniger, so dass Halmig seine Kräfte bald vor allem auf die HaTex Design AG konzentriert. Insgeheim erscheint es ihm als gar nicht so schlechte Lösung, die GmbH zu vernachlässigen und am Ende möglicherweise „ausbluten" zu lassen, um auf diese Weise lästige Gläubiger loszuwerden. Um für sich noch das Mögliche zu retten, spricht Halmig folgendes Vorgehen mit seiner Frau ab:

Die gut gehende Designerware aus der HaTex GmbH wird in einer Vielzahl von Fällen, die später im einzelnen nicht mehr nachvollziehbar sind, unter den Produktionskosten an die HaTex Design AG veräußert. Die II.-Wahl Ware aus der Produktion der GmbH wird umgehend zu den Geschäftsräumen der HaTex Direct gefahren, die Erlöse verbleiben in diesem Unternehmen. In welchem Umfang dies geschieht, ist später nicht rekonstruierbar. Außerdem zieht Halmig einige verdiente Mitarbeiter aus zentralen Positionen der GmbH zur HaTex Design AG ab, so dass in der GmbH auch aus diesem Grund das Wirtschaften erschwert wird.

Wegen bald eintretender finanzieller Engpässe bei der GmbH wird es immer schwieriger, noch Lieferanten zu finden. Allein Sigfried Seta, der Halmigs GmbH schon lange mit Stoffen beliefert, lässt sich im September 2004 von Halmig, der auf die langjährige gute Geschäftsverbindung sowie darauf hinweist, das Seta sein Geld noch immer bekommen habe, überreden, nochmals eine größere Lieferung hochwertiger Stoffe zum Preis von € 75.000,– zur Verfügung zu stellen.

Am 1. 12. 2004 wird die Eröffnung eines Insolvenzverfahrens über das Vermögen der HaTex GmbH mangels Masse abgelehnt. Seta, der mit seinen Forderungen gegen die AG ausgefallen ist, fragt, ob es doch noch ein Chance für ihn gibt, an Geld zu kommen. Dafür möchte er einen Überblick über alle ihm irgendwie nützlichen Ansprüche.

Bereiten Sie die Auskunft gutachtlich vor.

Lösung zu Fall 8

Schwerpunkte: Konzernrecht; Haftung im (früher:) „qualifizierten faktischen Konzern" bzw Haftung wegen existenzvernichtenden Eingriffs, Durchgriffshaftung

Leseempfehlung:

BGH NJW 2001, 3622 (Bremer Vulkan), dazu *Altmeppen* NJW 2002, 321; *BGH* NJW 2002, 3024 (KBV), dazu *Altmeppen* ZIP 2002, 1553; zum Ganzen *Wilhelm* NJW 2003, 175 sowie Kapitalgesellschaftsrecht 2. Aufl Rn 478 ff.

A. Ansprüche des S gegen die HaTex GmbH (im Folgenden: H-GmbH)

Die GmbH schuldet den Kaufpreis iHv € 75.000,– aus Kaufvertrag (§ 433 II BGB). Der Anspruch ist aber, wie die Ablehnung der Eröffnung eines Insolvenzverfahrens mangels Masse zeigt, wohl nicht realisierbar. Dies gilt jedenfalls vorbehaltlich der Prüfung von Ansprüchen der H-GmbH, die das Gesellschaftsvermögen „auffüllen" könnten (und die bei der negativen Entscheidung über die Eröffnung des Insolvenzverfahrens, aus welchem Grund auch immer, außer Betracht geblieben sein könnten).

B. Ansprüche des S gegen die HaTex Design AG

Solche Ansprüche gibt es jedenfalls nicht in der Form, dass S selbst Inhaber von Ansprüchen wäre.

Nützen können ihm im wirtschaftlichen Ergebnis aber auch – etwa konzernbedingte – Ansprüche der H-GmbH gegen die AG, da er diese pfänden und sich überweisen lassen oder iVm einem etwaigen Gläubigerverfolgungsrecht sogar selbst wahrnehmen kann. Was solche durch S möglicherweise „verfolgungsfähigen" Ansprüche angeht, bleibt die Prüfung der Ansprüche der H-GmbH gegen die HaTex Design AG abzuwarten. Es handelt sich jedenfalls nicht um Ansprüche des S selbst.

C. Ansprüche der H-GmbH gegen H

Hinweis: Es ist nicht nur nach Ansprüchen des S gegen H persönlich gefragt, sondern nach allen Ansprüchen, die ihm irgendwie zugute kommen können. Wie eben (B.) gezeigt, gilt das für jedwede Ansprüche der GmbH. Es empfiehlt sich, mit den Ansprüchen der GmbH gegen H zu beginnen (und nicht gleich auf Ansprüche des S gegen H einzugehen), weil zumindest aus der Sicht der Rechtsprechung die mangelnden Erfolgsaussichten der Ansprüche der Gesellschaft gegen ihren Gesellschafter die („subsidiäre") „Durchgriffshaftung" des Gesellschafters gegenüber Gläubigern (dazu näher unten) erst begründen. Diesem Gedankengang wird hier zwar nicht im Ergebnis, wohl aber für den Lösungsweg gefolgt.

I. H-GmbH gegen H auf Herausgabe von Waren bzw auf Ersatz für die Warenlieferungen in noch zu beziffernder Höhe aus §§ 31 I, 30 I GmbHG

1. Gleich mehrere Verstöße gegen § 30 GmbHG könnten hier darin liegen, dass H in einer Vielzahl von Fällen Waren der H-GmbH ohne Gegenleistung an die HaTex Direct liefern und an die HaTex Design AG unter den Produktionskosten veräußern ließ.

2. a. Dafür müssten diese Leistungen zunächst als **Auszahlungen** von **Vermögen der Gesellschaft** iSv § 30 I GmbHG zu qualifizieren sein. § 30 GmbHG basiert – wie § 57 AktG – auf dem Gedanken der Kapitalerhaltung im Gläubigerinteresse. Weil den Gläubigern nur ein beschränkter Haftungsfonds zur Verfügung gestellt wird, soll dieser nicht von den Gesellschaftern einseitig zu Lasten der Gesellschaft geschmälert werden können. Dieses Regelungsziel erklärt, dass zum Einen nicht nur „Auszahlungen" im wörtlichen Sinne von der Vorschrift erfasst sein können, sondern dass jeder **Abfluss von Gesellschaftsvermögen** eine „Zahlung" sein kann. Zum Anderen ergibt sich aus dem Sinn und Zweck des § 30 I GmbHG, dass nur solche Leistungen der Gesellschaft, denen – bei bilanzieller Betrachtung – **kein ausreichender Gegenwert** gegenüber steht (der das Gesellschaftsvermögen also wieder auffüllen würde), eines Ausgleichs bedürfen.

Hinweis: Der Hinweis auf die bilanzielle Betrachtung ist immer erst dann von Bedeutung, wenn ein Vermögensgegenstand aus dem Gesellschaftsvermögen an den Gesellschafter ausgekehrt wird, der nicht in Geld besteht. Der Aspekt wird deshalb hier nicht vertieft behandelt, es ist aber wichtig, sich diese Grundlage der Vermögensrechnung klar zu machen. Dazu Wilhelm Kapitalgesellschaftsrecht 2. Aufl Rn 357ff, insbes 371.

In beiden Punkten scheint der Sachverhalt eindeutig: Es sind durch die nicht oder zu gering vergüteten Warenlieferungen im dargelegten Sinne „Zahlungen" an die HaTex Direct einerseits und an die HaTex Design AG andererseits geflossen.

b. Zu fragen ist allerdings noch genauer nach dem konkreten **Gegenstand des Vermögensabflusses**. Nur, wenn das Vermögen der H-GmbH durch die diversen Warenlieferungen wirklich wirtschaftlich geschmälert worden ist, und in eben dieser Höhe, kommt eine In-Anspruch-Nahme des Empfängers nach dem Kapitalerhaltungsrecht in Betracht.

H hat als Einzelkaufmann Waren der GmbH empfangen. Jedoch konnte das Eigentum an diesen nicht nach §§ 929 ff BGB auf ihn übergehen: Eine Übereignung zulasten der GmbH scheiterte am kollusiven Zusammenwirken der Frau des H als Geschäftsführerin der GmbH einerseits (§§ 164 ff BGB mit § 35 GmbHG) und des H auf der anderen Seite. Sie haben übereinstimmend, bewusst zum Nachteil des Vertretenen gehandelt, weshalb die Frau des H (für diesen ersichtlich) keine Vertretungsmacht für die GmbH besaß. Abgeflossen ist also mangels dinglicher Einigung „nur" der **Besitz** an den Waren.

Hinweis: AA ist insoweit Wilhelm *Kapitalgesellschaftsrecht 2. Aufl Rn 361. Er entnimmt der Regelung der §§ 30, 31 GmbHG, dass es nicht zur dinglichen Unwirksamkeit des Geschäfts komme. Vielmehr gingen die Vorschriften – die insoweit als* leges speciales *zum Bereicherungsrecht zu verstehen seien – von der Wirksamkeit des Vermögensabflusses aus. Es spricht aber mehr dafür, die Gesellschaft möglichst weit gehend zu schützen und deshalb von der dinglichen Unwirksamkeit nach den allgemeinen Grundsätzen auszugehen. Andernfalls schneidet man der Gesellschaft zB die dinglichen Folgeansprüche der §§ 987 ff BGB ab.*

Soweit die Waren an die HaTex Design AG geliefert worden sind, lässt sich auf Basis des Sachverhalts nicht mit letzter Sicherheit sagen, ob die für die AG handelnde Person in das kollusive Zusammenwirken zulasten der GmbH mit eingebunden war oder ob dem für die AG Auftretenden der Missbrauch der Vertretungsmacht durch Frau H evident war. Grundsätzlich ist hier vom „Normalfall" auszugehen, dass die Vertretungsmacht bestand, § 35 GmbHG. Dies angenommen, wurde die AG **Eigentümerin** der Waren.

3. Nachdem der Sinn und Zweck der Kapitalerhaltungsvorschriften oben bereits dargelegt worden sind, lässt sich die Frage, ob diese Leistungen als Zahlungen **an einen Gesellschafter** iSv § 30 I GmbHG erfolgten, ebenfalls beantworten:

a. Für die Leistungen an die HaTex Direct ist dies von vornherein unproblematisch, da H diese als Einzelkaufmann betreibt und folglich auch rechtlich *in persona* – und mithin: als Gesellschafter – die Leistungen der H-GmbH erhält.

b. Etwas schwieriger ist es auf den ersten Blick hinsichtlich der Leistungen an die HaTex Design AG, die nicht selbst Gesellschafterin der GmbH ist. Erinnert man sich aber an die von § 30 GmbHG geschützten Interessen, so wird klar, dass auch Zahlungen an Personen, die mit einem Gesellschafter *wirtschaftlich identisch* sind, sanktioniert sein müssen. Denn verhindert werden soll eine Übervorteilung der Gläubiger durch die Gesellschafter der Kapitalgesellschaft. Da H Alleinaktionär in der AG ist und die Leistungen mithin wirtschaftlich ihm zufließen, ist ohne Weiteres von einer Leistung an H auszugehen.

4. Die nächste Frage ist, ob und in welchem Umfang durch die Leistungen der H-GmbH an H bzw an die AG Vermögen aus der Gesellschaft geflossen ist, welches **zur Deckung des Stammkapitals erforderlich** war. Damit ist die Frage aufgeworfen, ob zum Zeitpunkt der jeweiligen Vermögensverschiebung stets noch Eigenkapital (also ein Überschuss der Aktiva über die Passiva der GmbH) in der Gesellschaft vorhanden war, welches im Wert die Stammkapitalziffer erreichte, also das Stammkapital „deckte".

Der Sachverhalt lässt insoweit lediglich erkennen, dass im Nachhinein die Zahl und der Umfang der Vermögensverschiebungen, die letztlich zur Zahlungsunfähigkeit der GmbH führten, nicht mehr rekonstruierbar waren. Zu welchem Zeitpunkt und aufgrund welcher konkreten Maßnahmen die Gesellschaft in die Unterdeckung geriet, ist also offen.

Damit ist die **Beweislast** entscheidend: Obliegt es der GmbH (oder einem Gläubiger, der Ansprüche der GmbH pfänden und sich überweisen lassen oder der sich auf ein Gläubigerverfolgungsrecht stützen möchte), den konkreten Umfang der „schädlichen" Einwirkungen darzulegen, so müsste die weitere (ggf im Prozesswege durchzufechtende) Verfolgung der Ansprüche als eher aussichtlos eingestuft werden. Müsste sich H hingegen hinsichtlich der erhaltenen Leistungen *ent*lasten, so verspräche ein Vorgehen Erfolg.

Nach allgemeinen prozessualen Grundsätzen obliegt es im Grundsatz der GmbH als Anspruchstellerin, sämtliche anspruchsbegründenden Tatsachen – also auch für die Frage der Unterschreitung des Stammkapitals – vorzutragen und ggf den Beweis für sie zu erbringen.

Zu bedenken ist aber, dass der Gesellschafter, der in erheblichem Umfang auf die Geschäfte seiner Gesellschaft einwirkt und sie lenkt, eben „geschäftsführend" tätig wird. Das BGB kennt insoweit – ebenso wie zB das Haftungsrecht des AktG, s § 93 II 2 AktG – eine **Beweislastumkehr** zu Lasten des Geschäftsführers: Wie § 675, 666 zeigen, muss derjenige, der in fremdem Interesse tätig wird, darlegen, wie und in welchem Umfang sich diese Tätigkeit ausgewirkt hat. Das gilt auch und gerade für Einwirkungen in einem Konzernverhältnis, wie es zwischen H und seiner H-GmbH festzustellen ist (§§ 18 I 3, 17 I, II, 16 I AktG). Denn dieses Verhältnis ist insbesondere durch einen die Geschäftsführung der Untergesellschaft prägenden Einfluss der Obergesellschaft – und mithin ein Geschäftsführungsverhältnis – gekennzeichnet, das man als GbR-Verhältnis einstufen kann (so dass man insoweit auch über § 713 zu § 666 BGB gelangt). Damit gereicht es H nicht zum Vorteil, dass er selbst die Nachvollziehbarkeit der Vermögensverschiebungen verhindert hat.

Hinweis: Die vorstehenden Ausführungen werden der Sache nach von Teilen der Literatur und von der Rechtsprechung nicht geteilt (s aber zu Recht Wilhelm Kapitalgesellschaftsrecht 2. Aufl Rn 510). Trotzdem wird hier diese Lösung empfohlen, weil sie das dogmatisch ungesicherte und unklare Vorgehen insbesondere der Rechtsprechung vermeidet und in sich überzeugend dargestellt werden kann. Die Gegenansicht ist natürlich gut vertretbar. Folgt man ihr, so hat man festzustellen, dass voraussichtlich aus faktischen Gründen Ansprüche aus §§ 30, 31 GmbHG nicht in Betracht kommen werden. Es ist nämlich unsicher, inwieweit sich konkrete Verstöße gegen § 30 GmbHG werden nachweisen lassen.

5. Vor diesem Hintergrund kommt eine erfolgreiche Geltendmachung von Ansprüchen der GmbH aus §§ 30, 31 GmbHG gegenüber H durchaus in Betracht. Gerichtet wäre der Anspruch auf Wiedereinräumung des Besitzes an den Waren (soweit an H persönlich geliefert) bzw auf Rückübereignung und Rückgabe (soweit an die AG geliefert) oder – bei Unmöglichkeit – auf Wertersatz. Insoweit wäre der Verkehrswert der Waren anzusetzen.

II. H-GmbH gegen H auf Schadensersatz in noch zu beziffernder Höhe aus pVV des Gesellschaftsvertrags („Treuepflichtverletzung"), § 280 I BGB

1. Durch seine Einwirkungen könnte H eine Treupflicht gegenüber seiner Gesellschaft verletzt haben.

2. Zu ermitteln ist zunächst, inwieweit es eine solche Treupflicht der GmbH-Gesellschafter, soweit es um Einwirkungen auf die Geschäftsführung der GmbH geht, überhaupt geben kann.

Die Rechtsprechung hat sich im Zusammenhang mit Einwirkungen eines Gesellschafters im Konzern schon früh zu einer Treupflicht in der GmbH bekannt (und zwar im „ITT-Urteil"). Sie hat angenommen, dass eine Treupflicht sowohl im Verhältnis des Mehrheitsgesellschafters zum

Minderheitsgesellschafter als auch im Verhältnis des Gesellschafters zu seiner Gesellschaft bestehen könne.

3. Auf die Annahme einer solchen Treuepflicht kann jedoch verzichtet werden. Sie ist weder von ihrem **dogmatischen Ausgangspunkt** klar umrissen, noch in ihren „**tatbestandlichen Voraussetzungen**" eindeutig und ist damit zur Lieferung verlässlicher Anspruchsvoraussetzungen nicht tauglich.

Hinweis: Zu den Unsicherheiten, die generell im Recht aus der Konstruktion diverser „Sorgfaltspflichten" und ähnlicher Pflichten entstanden sind, s den Beitrag von Braun *AcP 205 (2005), 127 ff.*

Vorzugswürdig ist die Heranziehung konkreter Normen, wie sie hier vorgeschlagen wird (sogleich unter *III.*). Denn die vom BGH mit der Treuepflicht ausgefüllte Rechtsbeziehung ist in Wirklichkeit im Gesetz geregelt.

4. Eine weitere „Einwendung" gegen die hier angesprochene Anspruchsgrundlage liefert die Rechtsprechung in Fällen wie dem vorliegenden selbst: Sie geht davon aus, dass bei einer Vielzahl von im einzelnen **nicht mehr isolierbaren Einwirkungen** mit einer „Treuepflichtverletzung" nicht mehr operiert werden kann. Auch deshalb müsste diese Anspruchsgrundlage – zumindest auf der Basis der Rechtsprechungsansicht (zur hier vertretenen Beweislastumkehr s schon oben *C.I.4.*) – als nicht Erfolg versprechend abgelehnt werden.

III. H-GmbH gegen H auf Schadensersatz in noch zu beziffernder Höhe aus §§ 311, 317 I 1 AktG (analog)

1. In Betracht kommt neben dem Anspruch aus §§ 30, 31 GmbHG ein konzernspezifischer Ausgleichsanspruch der GmbH gegen H.

2. Erste Voraussetzung dieses Anspruchs ist, dass § 317 AktG überhaupt auf die im Sachverhalt angegebene Konstellation **Anwendung** finden kann.

a. Das Aktienkonzernrecht kennt einige rechtsformunabhängige Vorschriften (§§ 15 ff AktG). Zu diesen zählt § 317 AktG jedoch nicht.

b. Das Konzernrecht der §§ 291 ff und der 311 ff ist sodann auf die GmbH insoweit direkt anwendbar, als die genannten Vorschriften lediglich zugrunde legen, dass die jeweilige *Untergesellschaft* die Rechtsform einer AG hat, während die *Obergesellschaft* durchaus in einer anderen Rechtsform, wie zB der GmbH, betrieben sein kann. Hier ist aber gerade die *Untergesellschaft* eine GmbH.

c. In Frage kommt somit nur eine **analoge** Anwendung der Vorschriften. Eine planwidrige Regelungslücke im GmbHG besteht. Zwar hat es Pläne zur Schaffung eines GmbH-Konzernrechts gegeben, doch sind diese seinerzeit zugunsten weiterer Ausbildung des Rechtsgebiets durch die Praxis vom Gesetzgeber verworfen worden.

Auch die Vergleichbarkeit der Interessenlagen lässt sich feststellen: Das Konzernrecht reagiert auf bestimmte Gefährdungen der Untergesellschaft, ihrer Gesellschafter und ihrer Gläubiger durch den von einer Obergesellschaft ausgehenden „Druck", im Konzerninteresse statt ausschließlich im eigenen Interesse zu wirtschaften. Das ist in der konzernierten GmbH nicht anders als in einer AG als Untergesellschaft. Wie gesehen, ersetzen auch nicht etwa Überlegungen zu einer „Treuepflicht" der Gesellschafter in sinnvoller Weise die analoge Anwendung der speziell für die beschriebene Konstellation geschaffenen Konzernvorschriften.

3. Damit ist als nächstes zu prüfen, ob ein **faktischer Konzern** iSv § 317 I AktG zwischen H und der H-GmbH besteht.

H ist, wie bereits angedeutet, ein herrschendes Unternehmen iSv § 317 I AktG (analog). Bereits der Umstand, dass er in mehreren Gesellschaften mehrheitlich beteiligt ist, spätestens aber die Tatsache, dass H auch einzelkaufmännisch tätig ist, machen ihn zu einem „Unternehmen". Sein beherrschender Einfluss wird vermutet, §§ 17 II, I, 16 I AktG, die GmbH ist dementsprechend abhängiges Unternehmen.

4. H hat auch die H-GmbH zu **nachteiligen Rechtsgeschäften** veranlasst, ohne dass der dadurch entstehende **Nachteil** irgendwie **ausgeglichen** worden wäre. Im Gegenteil ist die GmbH sogar noch in weiterer Hinsicht (durch den Abzug von Mitarbeitern) geschwächt worden.

5. Deshalb ist H zum **Schadensersatz** aus § 317 I AktG analog (iVm §§ 249 ff BGB) verpflichtet. Auch insoweit gelten wieder die bereits oben ausgeführten Grundsätze der Beweislastumkehr: Wie weit der Schaden im einzelnen reicht, muss nicht die Gesellschaft in allen Einzelheiten darlegen. Dies ist vielmehr Sache des „Geschäftsführers". Das ist das herrschende Unternehmen, H.

IV. H-GmbH gegen H auf Schadensersatz in noch zu beziffernder Höhe aus § 43 II GmbHG (analog)

1. H war nicht formeller Geschäftsführer der GmbH. Er könnte jedoch als „faktischer Geschäftsführer" aufgetreten sein.

2. In Betracht kommt insoweit nur eine Analogie zu § 43 II GmbHG. Wie oben ausgeführt, handelt es sich bei Einwirkungen auf ein Unternehmen, die letztlich auf eine Konzernierungssituation zurück zu führen sind, um ein vom Gesetz als besonders gelagert verstandenes Geschäftsführungsverhältnis, dem das Gesetz besondere Haftungstatbestände zuordnet. Die

Analogie zu §§ 311, 317 AktG ist in diesem Sinne als „speziellere" Analogie
zu verstehen, der Rückgriff auf § 43 II GmbHG ist damit entbehrlich.

V. H-GmbH gegen H auf Verlustausgleich aus § 302 AktG analog

1. Bisher sind lediglich Regelungen aus dem Bereich des Rechts der „faktischen Konzerne" erörtert worden. Die Rechtsprechung, die sich *gegen* die
Anwendung dieser Vorschriften aus dem AktG auf den GmbH-Konzern
ausgesprochen hat (sie stützt sich, wie gesehen, statt dessen grundsätzlich
auf Überlegungen zu Treuepflichtverletzungen), hat in einer über mehrer
Jahre hin entwickelten, changierenden Rechtsprechung in bestimmten Fällen die Anwendung von § 302 AktG, einer Vorschrift aus dem AG-Vertrags-
konzernrecht, zwischen den Gesellschaften befürwortet. Sie hat mit anderen
Worten in bestimmten Fällen, die sie als den Zustand eines „qualifizierten
faktischen Konzerns" bezeichnet hat, eine **pauschale Ausgleichspflicht** des
herrschenden dem abhängigen Unternehmen gegenüber angenommen.
Das kommt auch im Verhältnis der H-GmbH zu H in Betracht.

*Hinweis: Die Prüfungseröffnung ist hier nicht ganz „schulmäßig" – eine kurze
„Einführung" des Lesers in die Problematik ist wegen der komplexen Überlegungen aber angezeigt.*

2. Die Analogie ist von der Rechtsprechung etwa wie folgt begründet worden:
    a. In bestimmten Fallkonstellationen seien einzelne „Eingriffe" in das
Vermögen der abhängigen Gesellschaft nicht mehr nachvollziehbar und
isolierbar. Dann hülfen auf einen „Einzelausgleich" schädlicher Maßnahmen angelegte Vorschriften wie die Kapitalerhaltungsvorschriften (§§ 30,
31 GmbHG) und ebenso die Grundsätze über „Treuepflichtverletzungen"
oder §§ 311 ff AktG in analoger Anwendung nicht weiter. Dementsprechend
müsse nach einem anderen Ausgleich gesucht werden. Als vom Umfang und
der Art der Einwirkungen ähnlich hat die Rechtsprechung die Situation des
Vertragskonzerns gehalten und folglich versucht, den dort vorgesehenen
pauschalen Verlustausgleich auf den („qualifizierten") faktischen GmbH-
Konzern zu übertragen.
    b. Diese Analogie vermag – unabhängig von der Frage, ob zwischen der
H-GmbH und H überhaupt ein solcher „qualifizierter faktischer Konzern"
bestand – nicht zu überzeugen. Zunächst trifft bereits die Annahme nicht
zu, dass es eines pauschalen Ausgleichs bedürfe, weil ein Einzelausgleich
nicht zu leisten sei. Man kann sich insoweit mit einer Beweislastumkehr
sehr wohl behelfen (s oben zu C. I.). Darüber hinaus ist die Anwendung von

Vorschriften des Vertragskonzerns auf eine Konstellation („qualifizierter") faktischer Konzernierung mangels Vergleichbarkeit abzulehnen. Erst das Weisungsrecht (§ 308 AktG) bzw die Aufhebung der Vermögensbindung (§ 291 III AktG) und die damit verbundene fusionsähnliche Verbindung zwischen den beteiligten Unternehmen rechtfertigen die scharfe Sanktion der pauschalen Verlustübernahmepflicht durch das herrschende oder gewinnbeziehende Unternehmen aus § 302 AktG.

Ein Anspruch der GmbH auf Ausgleich sämtlicher Verluste durch H existiert nicht.

Hinweis: Die dargestellte Rechtsprechung ist aufgegeben worden, muss aber einstweilen noch bekannt sein – und dementsprechend in einer Klausur zumindest überschlägig dargestellt werden. Der bloße Hinweis, dass die Rechtsprechung diesen Ansatz aufgegeben habe, kann nicht die (kurze) Auseinandersetzung und Argumentation in dieser Hinsicht ersetzen.

VI. H-GmbH gegen H auf Herausgabe der Waren (§ 985 BGB) bzw Schadensersatz in noch zu beziffernder Höhe (§§ 985, 989, 990 I BGB) sowie aus §§ 987 I, II, 990 I BGB auf Nutzungsersatz

1. Wie oben gesehen, scheiterte die Übereignung der Waren seitens der GmbH an H am kollusiven Zusammenwirken von Frau und Herrn H. Die GmbH blieb also Eigentümerin.

2. H hat den Besitz an den Waren zunächst erhalten, ohne sich insoweit auf ein Besitzrecht stützen zu können (§ 986 BGB). Auch der jeweilige schuldrechtliche Vertrag war nämlich unwirksam.

3. Soweit die Waren – sei es durch Veräußerung, sei es durch ihren Untergang – nicht mehr im Besitz des H befinden und ihm die Herausgabe folglich unmöglich ist, haftet H nach § 989 auf Schadensersatz. Vorausgesetzt ist dabei jeweils ein Verschulden des H.

4. Des Weiteren schuldet H Ersatz für tatsächlich gezogene (§ 987 I BGB) und, unter den Voraussetzungen des § 987 II BGB, für unterlassene Nutzungen.

VII. H-GmbH gegen H auf Schadensersatz in noch zu beziffernder Höhe aus § 823 II BGB iVm § 266 StGB

1. § 266 StGB ist ein Schutzgesetz zugunsten der GmbH.

2. H hat durch die Veranlassung der Vermögensverschiebungen seine auf dem GmbH-Gesetz basierende Befugnis, auf das GmbH-Vermögen einzuwirken und über es zu verfügen, missbraucht und die Gesellschaft da-

durch geschädigt. Seine Pflichtenstellung ist als „Vermögensbetreuungspflicht" iSd § 266 StGB aufzufassen. Die Schädigung ist auch vorsätzlich erfolgt.

3. Fraglich ist damit allein noch der genaue Schaden der GmbH, zu berechnen nach §§ 249 ff BGB. Auch hier gilt wieder: Lässt sich nicht ohnehin im Einzelnen rekonstruieren, zu welchen „Einzelschädigungen" es gekommen ist, so genügt der pauschale Nachweis schädlicher Maßnahmen durch H. Dieser muss sich – insoweit sind die Beweislastgrundsätze, die oben zu §§ 30, 31 GmbHG entwickelt wurden, zu übertragen – in der Folge „exkulpieren".

D. Ansprüche der H-GmbH gegen Frau H

I. H-GmbH gegen Frau H auf Wertersatz für die Waren aus §§ 31 I, III, 30 I GmbHG

Soweit H haftet, haftet Frau H unter den näheren Voraussetzungen des § 31 III GmbHG mit. Eine Beschränkung ihrer Haftung auf die Stammkapitalziffer ist mangels gesetzlichen Anhaltspunktes abzulehnen.

Hinweis: Näher dazu die Lösung zu Fall 7 – Frage 2.

II. H-GmbH gegen Frau H auf Zahlung von Schadensersatz in noch zu beziffernder Höhe aus § 43 II GmbHG

bestehen. Frau H hat an den Verstößen gegen §§ 30, 31 GmbHG vorsätzlich mitgewirkt und damit ihre Pflichten verletzt. Auch die Annahme einer formellen Weisung durch den Alleingesellschafter H an die Geschäftsführerin würde diese nicht entlasten, weil die Weisung rechtswidrig war (zu Grenzen der Weisungsbefugnis allg Roth/Altmeppen/*Altmeppen* GmbHG 4. Aufl § 37 Rn 6 f).

Für die Beweislast betreffs des Verschuldens gilt § 93 II 2 AktG entsprechend, für die Schadenshöhe gelten die oben (*C. I. 4.*) erörterten Beweislastgrundsätze.

III. H-GmbH gegen Frau H auf Zahlung von Schadensersatz in noch zu beziffernder Höhe aus pVV des Geschäftsführervertrags, § 280 I BGB

Ansprüche der GmbH gegen ihre Geschäftsführerin sind in § 43 II GmbHG abschließend geregelt.

IV. H-GmbH gegen Frau H auf Schadensersatz aus § 823 II BGB iVm § 266 StGB

Die Voraussetzungen der Schutznorm sind auch von Frau H als Geschäftsführerin der GmbH erfüllt. Es gelten insoweit die Ausführungen zu *C. VII.* entsprechend.

E. Ansprüche der H-GmbH gegen die AG

I. H-GmbH gegen die HaTex Design AG auf Ersatz für die Warenlieferungen aus §§ 31 I, 30 I GmbHG

1. Wie gesehen, haftet H möglicherweise wegen der an die AG geflossenen Zahlungen. Fraglich ist darüber hinaus, ob neben H auch noch die AG haftet.

2. Nimmt man die oben angestellte wirtschaftliche Betrachtung ernst und verweist darauf, dass im wirtschaftlichen Ergebnis an den H geleistet worden ist (warum dieser ja auch haftet), so muss es bei diesem Ergebnis bleiben. Der GmbH erwächst dadurch schon deshalb kein Nachteil, weil H mit seinem gesamten Vermögen haftet, welches die Anteile an der AG umfasst.

3. Ein Anspruch der GmbH gegen die AG besteht deshalb nicht.

II. H-GmbH gegen HaTex Design AG auf Herausgabe der Waren aus § 985 bzw auf Schadensersatz aus §§ 989, 990 I BGB und auf Nutzungsherausgabe, §§ 990 I, 987 I, II BGB

Ob diese Ansprüche bestehen, lässt sich nicht genau sagen. Ob nämlich die zu niedrigen Preise, zu denen die AG Waren von der H-GmbH bezog, so niedrig waren, dass dem Vorstand der AG – dessen Identität der Sachverhalt offen lässt – ein Missbrauch der Vertretungsmacht evident war, ist nicht erkennbar. Hier wird der „Normalfall" – keine für die AG schädliche (§ 166 I BGB analog) Kenntnis des Vorstands – zugrunde gelegt. Dann bestehen solche Ansprüche nicht.

III. H-GmbH gegen HaTex Design AG auf Schadensersatz in noch zu beziffernder Höhe aus § 826 BGB

Auch das Bestehen dieses Anspruchs lässt sich nicht abschließend beurteilen. Ob der Vorstand der AG „eingeweiht" war und seinerseits eine vorsätzliche sittenwidrige Schädigung zu verantworten hat (für welche die AG über § 31 BGB analog haftete), ist offen.

IV. H-GmbH gegen HaTex Design AG auf Herausgabe des Besitzes an den Waren bzw Wertersatz aus § 812 I 1 Var 1 bzw § 812 I 1 Var 1 iVm 818 I BGB

Diese Unsicherheit besteht auch in Anbetracht der schuldrechtlichen Seite der Geschäfte. Deshalb kann über den möglichen Rechtsgrund für die Warenlieferungen (Kaufverträge) – und damit über das Bestehen bereicherungsrechtlicher Ansprüche – nicht mit letzter Sicherheit eine Aussage getroffen werden. Legt man zugrunde, dass der Vorstand „gutgläubig" war, so ist ein Rechtsgrund vorhanden, denn die schuldrechtlichen Verträge, auf deren Grundlage geliefert wird, sind dann zustande gekommen.

Hinweis: Oben (B.) war die Frage nach der (Gläubiger-)Verfolgung von Ansprüchen der H-GmbH gegen die AG aufgeworfen worden. Dieser Gedanke braucht in Ermangelung solcher Ansprüche hier nicht wieder aufgegriffen zu werden.

F. Ansprüche des S gegen H persönlich

I. S gegen H aus c. i. c. iVm den Grundsätzen über die Eigenhaftung Dritter, §§ 311 II Nr 1, III, 280 I BGB

Ein solcher Anspruch besteht nicht. H nimmt kein besonderes persönliches Vertrauen für sich in Anspruch, sondern verweist lediglich darauf, dass die Geschäftsbeziehungen zwischen der GmbH und S bisher stets befriedigend verlaufen seien. Deshalb besteht kein c. i. c.-Anspruch gegen ihn.

II. S gegen H auf Zahlung von € 75.000,– aus Kaufvertrag iVm den Grundsätzen über die „Durchgriffshaftung" (§ 128 HGB analog)

1. H haftet dem S, der an sich nur Gläubiger der H-GmbH geworden ist, möglicherweise deshalb persönlich, weil ausnahmsweise die Haftungsbeschränkung, die aus der Existenz der GmbH als eigenständiger juristischer Person folgt, zu durchbrechen ist.

2. Eine solche Argumentation verlangt vorab Klärung in zweierlei Hinsicht: Zum Einen ist die **dogmatische Erklärung** für die aufgezeigte „Durchbrechung der Haftungsbeschränkung" aufzuzeigen, dh insbesondere ist die zutreffende Anspruchsgrundlage zu ermitteln. Zum Anderen muss man sich Klarheit darüber verschaffen, unter welchen Voraussetzungen dies ggf möglich sein soll.

a. *Nicht* zu einer „Durchgriffshaftung" zu erheben ist jedenfalls eine reguläre Haftung aus § 826 BGB. Auch wenn gelegentlich in diesem Zusammenhang von einer Durchgriffshaftung die Rede ist, so hat sie mit einem echten „Durchgriff" nichts zu tun, sondern beschäftigt sich allein mit der Frage einer deliktischen Haftung, die hier separat zu klären ist. Als richtige Anspruchsgrundlage scheidet § 826 BGB einstweilen aus.

b. Überwiegend wird für die vermeintliche Durchbrechung der Haftungsbeschränkung auf eine Art „Rechtsformmissbrauch" abgestellt. Es wird im Kern danach gefragt, ob das Verhalten des Gesellschafters oder der Gesellschafter mit der von ihm intendierten Haftungsbeschränkung vereinbar ist:

Fänden sich eine oder mehrere Personen, die ihr Unternehmen in Form einer juristischen Person betreiben wollten, so sei das vorrangige Motiv dieses Wirtschaftens, der „eigentlich" vom Gesetz vorgesehenen persönlichen Haftung der Unternehmenseigner(-gemeinschaft) zu entgehen. Dann hätten sich die Betreffenden aber auch an die „Spielregeln" des Kapitalgesellschaftsrechts zu halten. Dieses gehe insbesondere davon aus, dass für die Beendigung einer juristischen Person ein bestimmtes geordnetes Verfahren stattzufinden habe. Werde das Verfahren dadurch gezielt umgangen, dass eine Gesellschaft „existenzvernichtenden Eingriffen" ausgesetzt werde, so verwirkten die Beteiligten damit zugleich das „Haftungsprivileg" der Kapitalgesellschaft. Im Kern soll es hier folglich um eine **teleologische Beschränkung des § 13 II GmbHG** gehen – hinter der gleichsam die analoge Anwendung von § 128 HGB (bzw der Grundsatz der persönlichen Haftung von Einzelpersonen) als *lex generalis* „lauern" soll.

Damit ist zugleich die zentrale „tatbestandliche" Voraussetzung umrissen: Erforderlich für die Ausschaltung des Haftungsprivilegs soll ein „existenzvernichtender Eingriff" sein, wie er in unserem Fall im „Ausbluten"lassen der GmbH durch die Warenlieferungen sowie das Abziehen wichtiger Mitarbeiter zu sehen sein könnte.

c. Bei näherer Betrachtung erweist sich indessen schon der Ausgangspunkt der dargestellten, insbesondere von der Rechtsprechung vertretenen Ansicht als fehlerhaft. § 13 GmbHG ordnet nämlich gar keine „Haftungsbeschränkung" an, sondern anerkennt die Existenz einer eigenständigen juristischen Person. Die Vorstellung, dass diese sich als „Haftungsbarriere" zwischen Außengläubiger und Gesellschafter schiebe, geht fehl. Die GmbH kennt – wie die AG – vielmehr *überhaupt keine* persönliche Haftung, sondern geht von *einem einzigen* Haftungssubjekt aus. Es kann dementsprechend gar nicht ausreichen, einen – wie auch immer festzustellenden – Rechtsformmissbrauch darzulegen. Es geht nämlich nicht um die „Beseitigung" einer nur „ausnahmsweise" vorhandenen Haftungsbeschränkung, sondern in Wirklichkeit um die erstmalige *Installation* einer persönlichen Haftung, die das eigentliche Haftungssubjekt missachtet. Es geht also – und das ist das zweite Argument gegen den Durchgriffsansatz – auch gar nicht darum, § 128 HGB analog anzuwenden, sondern es müsste begründet werden, warum eine Person *anstelle* einer anderen haften soll.

Dafür ist der Rechtsformmissbrauchsgedanke aber nicht hilfreich. Denn den „existenzvernichtenden Eingriffen" kann zB eine jahrelange Betätigung der Kapitalgesellschaft ohne jeden Missbrauch vorausgehen, so dass man nicht argumentieren kann, die Form der juristischen Person sei von vornherein eine bloße „Hülle" gewesen. Warum aber nach einer „regulären" Betätigung der GmbH in der Folge bestimmte Einwirkungen auf das Vermögen, die sich im Außenrechtsverkehr mit Gläubigern gar nicht einmal manifestieren müssen, zu einem „Umschlagen" der gesamten Haftungssituation (insbesondere auch im Verhältnis zu „Altgläubigern" aus Zeiten vor diesen Eingriffen) sollten führen können, erklären solche Erwägungen nicht. Die Grundsätze der vermeintlichen Durchgriffshaftung sind schon deshalb – jedenfalls in der hier zu begutachtenden Konstellation – abzulehnen.

d. Das gilt im Übrigen in gleicher Weise für das Abstellen auf eine undurchdringbare **Vermögensvermischung**, eine weitere diskutierte Begründung für einen „Durchgriff". Diese Fallgruppe ist durch ein „Verwischen" verschiedener Vermögensmassen bei einer undurchdringlichen Buchführung gekennzeichnet. Auch wenn man dies im Fall annehmen wollte: Dieser Ansatz führt aus den eben genannten Gründen ebenso wenig weiter, soweit man mit ihm eine „Aufhebung der Haftungsbeschränkung" begründen wollte.

e. Es fehlt demnach bereits an einem überzeugenden dogmatischen Erklärung eines Durchgriffs. Für die „Verbiegung" gesellschaftsrechtlicher Grundsätze besteht auch gar kein Bedürfnis, weil man die Durchgriffshaftung in Fällen der „Existenzvernichtung" bereits mit den allgemeinen Anspruchsgrundlagen iVm Beweislastgrundsätzen in den Griff bekommt.

Hinweis: Mit dem letzten Argument ist wieder die vermeintliche „Subsidiarität" der Durchgriffshaftung angesprochen.

3. Die hier aufgeworfene Durchgriffshaftung im Konzern gibt es nicht.

III. S gegen H auf Zahlung von € 75.000,– aus § 823 II BGB iVm § 266 StGB

Ein solcher Anspruch besteht nicht, da § 266 StGB kein Schutzgesetz zugunsten der Gläubiger, sondern zugunsten des Treugebers ist. Das ist die GmbH.

IV. S gegen H auf Zahlung von € 75.000,– aus § 826 BGB

Der Anspruch besteht. H schädigt S vorsätzlich und sittenwidrig, indem er seine Gesellschaft gezielt „ausbluten" lässt, um sich der Gläubiger zu entledigen. Für die Sittenwidrigkeit fällt besonders ins Gewicht, dass H in Kenntnis der veränderten Umstände (nämlich der Aufgabe des Willens, die GmbH fortzuführen) auf die langjährige Geschäftsbeziehung verweist und insoweit das Vertrauen des S „erschleicht".

H schuldet S deshalb € 75.000,– aus § 826 BGB.

V. S gegen H auf Sicherheitsleistung, § 303 AktG analog, bzw auf Zahlung, § 322 AktG analog

Auch diese Analogie würde in das Recht der Vertragskonzerne (bzw ins Recht der Eingliederung) führen. Das ist für eine Konstellation des *faktischen* Konzerns nicht möglich. Es fehlt an der Vergleichbarkeit der Fallgestaltungen. Die Einwirkungen auf eine vertragskonzernierte Untergesellschaft sind mit Blick auf das Weisungsrecht der Obergesellschaft (§ 308 AktG) und die Aufhebung der Vermögensbindung (§ 291 III AktG), wie bereits dargelegt, gänzlich anderer Art als Einwirkungen im faktischen Konzern.

Hinweis: Die Rechtsprechung hat früher im Bereich des qualifizierten faktischen Konzerns mit der Analogie nicht nur zu § 302 AktG (zugunsten der Obergesellschaft), sondern auch mit einer Analogie zu § 303 und § 322 AktG – zugunsten des Gläubigers – gearbeitet. Sie sah dabei den an sich erfüllten Anspruch (auf Sicherheitsleistung) aus § 303 AktG (analog) durch denjenigen aus § 322 AktG („doppelt" analog) ersetzt an, wenn klar war, dass der Gläubiger mit seiner Forderung gegen die Untergesellschaft ausfallen würde. Dann sei der Umweg über eine Sicherheitsleistung verzichtbar und es sei wie bei der Eingliederung von einem direkten Zahlungsanspruch auszugehen.

G. Ansprüche des S gegen Frau H persönlich

bestehen nicht. Es ist nicht ersichtlich, dass sie selbst S schädigen wollte (§ 826 BGB).

Fall 11: Anteile und Anteile von Anteilen

Im Notariat erscheint Frau A in Begleitung ihrer Eltern, Frau M und Herrn V. Sie erklären:

Wir sind Gesellschafter der T-GmbH mit dem Sitz in Obernburg. Sie ist eingetragen im Handelsregister des Amtsgerichts Aschaffenburg, HRB 1000. Sie hat ein Stammkapital von € 30.800,–.

Ich, A, bin alleinige Geschäftsführerin der GmbH und war dies seit ihrer Gründung. Ich bin zugleich an dieser GmbH mit einem Geschäftsanteil von € 2.800,– beteiligt.

Wir, M und V, sind an der GmbH jeweils mit Geschäftsanteilen zu insgesamt € 6.050,– beteiligt. Den Gesellschaftsvertrag legen wir vor. Dem können Sie entnehmen, dass wir zwar bei Gründung der GmbH nicht an ihr beteiligt waren. Wir haben aber später Geschäftsanteile erworben. Die Erwerbsurkunde von mir, V, lege ich in Kopie vor (URNr. 48/2004). Die Urkunde 49/2004 ist parallel formuliert; in ihr habe ich, M, 4 Anteile à € 2.800,– von H, I, J und K erworben.

Ich, V, habe dann mit Urkunde 563/2004 Geschäftsanteile auf den Mitgesellschafter F übertragen. Diese Urkunde lege ich gleichfalls in Kopie vor. In gleicher Weise habe ich, M, mit Urkunde URNr. 564/2004 Geschäftsanteile auf den Mitgesellschafter D übertragen. Diese Urkunde kann ich heute zwar nicht vorlegen. Sie ist aber wiederum parallel zu derjenigen URNr. 563/2004 formuliert.

Wir möchten nun Geschäftsanteile auf A übertragen und zwar von M einen € 450,– Anteil, von V € 2.800,– und € 450,– Anteile. Letzterer Anteil ist der bei mir, V, „übriggebliebene" Anteil zu € 450,– aus URNR. 563/2004. Wir möchten Kauf und Abtretung gleich beurkunden. Die Urkunde soll möglichst sofort voll wirksam sein. Die Gegenleistung, den Nominalbetrag der Anteile, haben wir schon vorab von unserer Tochter bekommen.

Ein eingeholter Handelsregisterauszug ergibt, dass alleinige Geschäftsführerin der T-GmbH die A ist. Das Registergericht teilt aber auch mit, dass seit 2002 keine neue Liste der Gesellschafter mehr eingereicht wurde. Auf Nachfrage des Notars erklärt A: Von den eben erwähnten Geschäftsanteilsabtretungen habe ich in meiner Eigenschaft als Geschäftsführerin ausdrücklich nichts gehört. Ich bin lediglich über Dritte von den früheren Abtretungen informiert worden oder habe mir Abschriften dieser Urkunden beim Registergericht selbst beschafft. Weder in meiner Eigenschaft als Geschäftsführerin noch in meiner Eigenschaft als Gesellschafterin habe ich mich zu den Geschäftsanteilsabtretungen oder anderen, damit im Zusammenhang stehenden Erklärungen geäußert. Ich kann auch sicher mitteilen, dass niemals in einer Gesellschafterversammlung solche Fragen behandelt, geschweige denn Beschlüsse hierzu gefasst worden wären. Soweit ich weiß, sind auch die anderen Gesellschafter, sofern sie nicht unmittelbare Vertragspartei waren, von den Vorgängen nicht informiert worden.

Daraufhin vertagt der Notar die Beurkundung. Er möchte zunächst in einem Rechtsgutachten geklärt wissen, ob V und M die angestrebten Anteilsabtretungen überhaupt wirksam vornehmen können. Insbesondere erscheint ihm die Anteilsinhaberschaft von V und M zweifelhaft. Die o. g. Urkunden sind nachfolgend auszugsweise wiedergegeben. Da die Vorgänge betreffend V und M wortlautidentisch beurkundet wurden, sich etwaige Rechtsfragen bei V und M damit in gleicher Weise stellen, soll sich das Gutachten auf die angestrebte Weiterveräußerung von V beschränken.

Satzung der T-GmbH [auszugsweise]

§ 1 Firma, Sitz, Dauer

1. Die Gesellschaft ist eine Gesellschaft mit beschränkter Haftung unter T-GmbH.
2. Die Gesellschaft hat ihren Sitz in Obernburg.
3. Der Gesellschaftsvertrag ist auf unbestimmte Zeit geschlossen.

§ 2 Gegenstand des Unternehmens

1. Gegenstand des Unternehmens ist der Betrieb einer Tennishalle und aller damit im Zusammenhang stehenden Maßnahmen.
2. Die Gesellschaft kann alle Geschäfte betreiben, die dem Gesellschaftszweck unmittelbar oder mittelbar zu dienen geeignet sind.
3. Die Gesellschaft kann Zweigniederlassungen errichten und sich an gleichen oder ähnlichen Unternehmen beteiligen.

§ 3 Stammkapital und Stammeinlagen

1. Das Stammkapital der Gesellschafter beträgt € 30.800,– (in Worten dreißigtausendachthundert EURO).
2. Hierauf übernimmt der Gesellschafter
   - A eine Stammeinlage in Höhe von € 2.800,–
   - B eine Stammeinlage in Höhe von € 2.800,–
   - C eine Stammeinlage in Höhe von € 2.800,–
   - D eine Stammeinlage in Höhe von € 2.800,–
   - E eine Stammeinlage in Höhe von € 2.800,–

- F eine Stammeinlage in Höhe von € 2.800,–
- G eine Stammeinlage in Höhe von € 2.800,–
- H eine Stammeinlage in Höhe von € 2.800,–
- I eine Stammeinlage in Höhe von € 2.800,–
- J eine Stammeinlage in Höhe von € 2.800,–
- K eine Stammeinlage in Höhe von € 2.800,–
3. Die Stammeinlagen sind in voller Höhe erbracht.
[…]

§ 5 Geschäftsführung

1. Die Gesellschaft hat einen oder mehrere Geschäftsführer, die von den Gesellschaftern bestellt und abberufen werden.
2. Die Geschäftsführer sind verpflichtet, die Weisungen der Gesellschafter zu befolgen, insbesondere eine von den Gesellschaftern aufgestellte Geschäftsordnung zu beachten und von den Gesellschaftern als zustimmungspflichtig bezeichneten Geschäfte nur mit deren Zustimmung vorzunehmen.
3. Die Geschäftsführer sind von dem Verbot des Selbstkontrahierens gem. § 181 BGB befreit.
[…]

§ 8 Abtretung von Geschäftsanteilen und sonstigen Verfügungen

1. Die Abtretung, Sicherungsabtretung und Verpfändung von Geschäftsanteilen ist ebenso wie die Bestellung eines Nießbrauchrechtes und die Einräumung einer stillen oder Unterbeteiligung nur mit schriftlicher Zustimmung sämtlicher Gesellschafter zulässig.
2. Die Geschäftsanteile sind vererblich, jedoch im Wege der vorweggenommenen Erbfolge nur mit Zustimmung der übrigen Gesellschafter abtretbar.

Auszug aus der Urkunde über die Abtretung von Geschäftsanteilen an der T-GmbH des Notars X vom 30. Januar 2004

URNr. 48/2004

Verhandelt

zu ...

am 30. 01. 2004

Vor dem unterzeichneten Notar X mit dem Amtssitz in ... im Bezirk des Oberlandesgerichts Frankfurt/M. erschienen heute:

1. D
2. E
3. F
4. G
5. V

Die Erschienenen zu 1) bis 4) erklären:

Am Stammkapital der T-GmbH, eingetragen im Handelsregister des Amtsgerichts Aschaffenburg unter HRB 1000 – im folgenden „die Gesellschaft" genannt – mit dem Sitz in Obernburg von 30.800,– € sind die Erschienenen zu 1) bis 4) mit einem Geschäftsanteil von jeweils 2.800,– € – im folgenden „der Geschäftsanteil" genannt – beteiligt. Der Geschäftsanteil ist voll eingezahlt.

Die Erschienenen baten um die Beurkundung des folgenden

Kaufvertrages nebst Abtretung eines Geschäftsanteils:

Die Erschienenen zu 1) bis 4) (Verkäufer) verkaufen hiermit ihre Geschäftsanteile an den Erschienenen zu 5), Herrn V (Käufer).

Der Kaufpreis je Geschäftsanteil beträgt € 2.800,– (in Worten: zweitausendachthundert Euro).

Der Kaufpreis ist bereits an die Verkäufer gezahlt.

Der auf den Geschäftsanteil entfallende Gewinn, der seit Beginn des zur Zeit laufenden Geschäftsjahres erwirtschaftet wurde, steht dem Käufer zu.

Die Verkäufer gewährleisten, dass die Geschäftsanteile nicht mit Rechten Dritter belastet sind und dass er über die Geschäftsanteile frei verfügen kann. Im übrigen erfolgt der Verkauf frei von jeglicher Haftung für Rechts- und Sachmängel.

Die Verkäufer treten hiermit ihre Geschäftsanteile an den Käufer ab. Dieser nimmt die Abtretung

an.

[...]

Auszug aus der Urkunde über die Abtretung von Geschäftsanteilen an der T-GmbH des Notars X vom 30. Januar 2004

URNr. 563/2004

Verhandelt

zu ...

am 30. 11. 2004

Vor dem unterzeichneten Notar X mit dem Amtssitz in ... im Bezirk des Oberlandesgerichts Frankfurt/M.
erschienen heute:

1. V
2. F

Die Erschienenen sind dem Notar von Person bekannt.

Der Erschienene zu 1), Herr V erklärte vorab:

Am Stammkapital der T-GmbH, eingetragen im Handelsregister des Amtsgerichts Aschaffenburg unter HRB 1000 – im Folgenden „die Gesellschaft" genannt – mit dem Sitz in Obernburg – von € 30.800,– ist der Erschienene zu 1) mit vier Geschäftsanteilen von jeweils € 2.800,– beteiligt.

Die Geschäftsanteile sind voll eingezahlt.

Es handelt sich um die folgenden Geschäftsanteile:

* ein Geschäftsanteil in Höhe von   € 2.800,–
* ein Geschäftsanteil in Höhe von   € 2.800,–
* ein Geschäftsanteil in Höhe von   € 2.800,–
* ein Geschäftsanteil in Höhe von   € 2.800,–.

Ich teile nunmehr einen Geschäftsanteil in Höhe von € 2.800,– in sechs Anteile auf, und zwar wie folgt:

* ein Geschäftsanteil in Höhe von   €   450,–
* ein Geschäftsanteil in Höhe von   €   450,–
* ein Geschäftsanteil in Höhe von   €   450,–
* ein Geschäftsanteil in Höhe von   €   450,–
* ein Geschäftsanteil in Höhe von   €   500,–
* ein Geschäftsanteil in Höhe von   €   500,–

insgesamt   € 2.800,–.

Sodann baten die Erschienenen um die Beurkundung des folgenden

Kaufvertrages nebst Abtretung von Geschäftsanteilen:

Herr V (Verkäufer) verkauft hiermit seinen Geschäftsanteil in Höhe von € 2.800,– sowie seine Geschäftsanteile in Höhe von € 450,–, € 450,–, € 450,–, € 500,–, € 500,–, insgesamt somit seine Geschäftsanteile in Höhe von € 5.150,– an die Erschienene zu 2), Frau F (Käuferin).

Der Kaufpreis für die Geschäftsanteile beträgt € 5.150,– (in Worten: fünftausendeinhundertfünfzig EURO).

Der Kaufpreis ist bereits an den Verkäufer gezahlt.

Der auf den Geschäftsanteil entfallende Gewinn, der seit Beginn des zur Zeit laufenden Geschäftsjahres erwirtschaftet wurde, steht der Käuferin zu.

Der Verkäufer gewährleistet, dass die Geschäftsanteile nicht mit Rechten Dritter belastet sind und dass er über die Geschäftsanteile frei verfügen kann. Im Übrigen erfolgt der Verkauf frei von jeglicher Haftung für Rechts- und Sachmängel.

Der Verkäufer tritt hiermit seine Geschäftsanteile an die Käuferin ab. Diese nimmt die Abtretung hiermit an.

[...]

Lösung zu Fall 11

Hinweis (von Volmer – s. Vorwort): Der Sachverhalt entstammt meiner notariellen Praxis. Den Fall habe ich noch um Varianten „entschärft": Tatsächlich trat in der Urkunde 563/2004 noch eine weitere Person – nennen wir sie „Z" – als Veräußerer auf. Bei genauer Nachforschung ergab sich aber, dass Z nie einen Geschäftsanteil erworben hatte. I. ü. vgl. Schlußhinweis.

Schwerpunkte: Gesellschaftsanteil in der GmbH – Übertragung, Teilbarkeit

Leseempfehlung:

Neben den jeweils genannten Hinweisen die Erläuterungen zu den zitierten §§ des GmbHG in *Roth/Altmeppen* GmbHG 5. Aufl 2005.

Die Durchführbarkeit der angestrebten Abtretung der Anteile von V an A

Geschäftsanteile an einer GmbH können gemäß § 15 I GmbHG als ein „anderes Recht" nach §§ 413, 398 ff BGB abgetreten werden. Ergänzend zu § 398 BGB stellt § 15 III GmbHG höhere Formerfordernisse für die Einigung über die Abtretung auf, indem deren notarielle Beurkundung verlangt wird. Da A und V zur Einigung bereit und auch die sonstigen schuldrechtlichen Vertragsmodalitäten abgesprochen sind, könnten die dingliche Abtretung wie auch der zugrundeliegende schuldrechtliche Kaufvertrag (vgl. auch § 15 IV GmbH) notariell beurkundet werden.

Klausurtipp und praktischer Hinweis: Wie die im Sachverhalt mitgeteilten Urkunden zeigen, enthält die notarielle Urkunde in der Regel sowohl das schuldrechtliche wie das dingliche Rechtsgeschäft (hier: Kauf einerseits, Abtretung als dingliches Erfüllungsgeschäft andererseits). Die Beurkundung beider Geschäfte ist insbesondere dann erforderlich, wenn die Abtretung zur Absicherung des Verkäufers auf die Kaufpreiszahlung bedingt wird (analog § 449 I BGB). Die Fragestellung betrifft aber nur die dingliche Ebene der Inhaberschaft. Deswegen kommt es nur auf die Wirksamkeit der Abtretung an, nicht auf die womöglich anders zu beurteilende Wirksamkeit der Kaufverträge.

Allerdings bestehen angesichts der mitgeteilten Vorgeschichte Zweifel, ob V Inhaber von Geschäftsanteilen an der GmbH ist.

I. Kein gutgläubiger Erwerb

Zugunsten A greift kein Rechtsscheintatbestand ein, der weitere Fragen nach dem ordnungsgemäßen und wirksamen Erwerb von V überflüssig machen würde. Die Abtretung richtet sich allein nach §§ 398 ff BGB; ein gutgläubiger Erwerb findet danach nicht statt – ganz abgesehen davon, dass die tatsächliche Rechtsscheingrundlage fehlen würde, weil Publizitätsakte wie zB die Einreichung einer neuen Gesellschafterliste zum Handelsregister (§ 40 GmbHG) nicht durchgeführt wurden.

Stattdessen muss anhand der früheren Erwerbsakte die Inhaberschaft von V an den nun abzutretenden Geschäftsanteilen positiv festgestellt werden. Aus der Gründung heraus hat V keine Geschäftsanteile an der T-GmbH übernommen; er könnte sie derivativ von D, E, F und G erworben haben.

II. Vor-Inhaberschaft von D, E, F und G

Die Veräußerer in URNr 48/2004, nämlich D, E, F und G, hatten aus der Gründung der GmbH heraus wirksam je einen Geschäftsanteil zu € 2.800,– übernommen und erworben.

Klausurtaktischer Hinweis: Nach den erheblichen Vollzugsdefiziten der Vorurkunden sollte natürlich aus Sicht des Praktikers vorsorglich auch die Gründung der GmbH soweit als möglich durchleuchtet werden. Für die Klausur gilt das aber nicht. Wenn die Ordnungsmäßigkeit der Gründung angezweifelt wird, läuft die Klausur völlig aus dem Ruder, weil jegliche Sachverhaltsangabe fehlt. Die Geschäftsanteile an einer GmbH (§ 14 GmbHG) sind nicht verbrieft. Sie entstehen von selbst mit Eintragung der GmbH im Handelsregister und stehen den Gründern zu. Bei der AG hingegen geht das Gesetz von der Verbriefung jedenfalls in einer Globalaktie aus (§ 10 V AktG.). Hier kann und wird sogar in der Regel der Fall eintreten, dass die Eintragung der AG im Handelsregister und die Schaffung der Aktie (die ja nicht vom Handelsregister, sondern von der AG erstellt wird) zeitlich auseinanderfallen. Dies regelt § 41 IV AktG.

1. Erwerb durch Urkunde 48/2004

V könnte deren vier Anteile à € 2.800,– mit Urkunde 48/2004 erworben haben. Die Anteile sollten von D, E, F und G gemäß §§ 398, 413 BGB iVm § 15 GmbHG an V abgetreten werden. Die (sachenrechtlich-dingliche) Abtretung der Geschäftsanteile wurde, wie von § 15 III GmbHG verlangt, notariell beurkundet.

a. Einhaltung der Vinkulierungsklausel

Fraglich ist aber, ob sonstige vertragliche Wirksamkeitserfordernisse beachtet wurden. Ein solches zusätzliches Wirksamkeitserfordernis enthält nämlich § 8 der Satzung, wonach eine Anteilsabtretung nur mit schriftlicher Zustimmung aller Gesellschafter möglich ist. Derartige Vinkulierungsklauseln gestattet § 15 V GmbHG, wobei die in dieser Norm genannte Genehmigung „der Gesellschaft" nur exemplarischen Charakter hat. § 15 V GmbHG erlaubt auch die Statuierung einer Genehmigungspflicht durch „die Gesellschafter", so dass § 8 der Satzung wirksam ist. Nun hat A erläutert, dass weder sie noch andere Gesellschafter um Zustimmung zur Anteilsabtretung in der Urkunde 48/2004 gebeten wurden.

Literaturhinweis: Zu Vinkulierungsklauseln siehe Wilhelm *Kapitalgesellschaftsrecht 2. Aufl Rn 632.*

b. Konkludente Zustimmung der anderen Gesellschafter

Im Ansatz überlegenswert erscheint, eine konkludente Zustimmung der anderen Gesellschafter zu erwägen. Allerdings könnte eine zustimmende Mitwirkungshandlung zwar gemäß § 133 BGB in diesem Sinne auszulegen sein, und auch die Förmlichkeiten der Ladung zu einer Gesellschafterversammlung wären ja prinzipiell disponibel (§§ 48 II, 51 III GmbHG). Schließlich wäre bei einer notariell beurkundeten Mitwirkung die von der Satzung verlangte Schriftform gewahrt, § 126 IV BGB.

Jedoch müssten dann alle Gesellschafter entsprechend mitgewirkt haben, und daran fehlt es jedenfalls bei A, B und C. Die Vinkulierungsklausel wurde damit nicht erfüllt, die Abtretung ist derzeit noch nicht wirksam geworden.

Praxishinweis: Gerade bei (Familien-) GmbH mit kleinem Gesellschafterkreis ist die Vollversammlung unter Verzicht auf alle Förmlichkeiten der Einberufung der Hauptfall der Gesellschafterversammlung! (Für die pathologischen Praxisfälle und damit auch für die Klausur gilt das natürlich nicht – zu diesen Förmlichkeiten oben in Fall 4.)

c. Nachholung der Gesellschafterzustimmung

Für das weitere Vorgehen stellt sich daran anschließend die Frage, ob die erforderliche Gesellschafterzustimmung noch nachgeholt werden kann, oder ob sie bei Beurkundung von URNr 48/2004 am 30. 1. 2004 bereits hätte vorhanden sein müssen. In letzterem Fall wäre die Abtretung unheilbar unwirksam.

Für die Zulässigkeit der Genehmigung spricht jedoch einerseits die Legaldefinition des § 184 I BGB, wonach auch die Genehmigung unter den Begriff der Zustimmung fällt. Eine Vermutung spricht dafür, dass in juristisch-fachmännisch entworfenen Texten (hier die wegen § 2 GmbHG notariell beurkundete Satzung) Rechtsbegriffe entsprechend ihrer juristischen Fachbedeutung benutzt werden. Für die Zulässigkeit der Genehmigung spricht zudem ein praktisches Bedürfnis: Einerseits werden die anderen Gesellschafter durch die Zulassung der Genehmigung nicht nachteilig betroffen, weil der Zessionar der schwebend unwirksamen Abtretung die Geschäftsanteile (noch) nicht wirksam erworben hat, er also Ansprüche und Rechte aus seiner Mitgliedschaft (noch) nicht geltend machen kann. Andererseits liegt bei Einholung der Genehmigung – anders als bei der Einwilligung – der Vertrag fest; die anderen Gesellschafter kennen also alle Einzelheiten, denen sie zustimmen sollen, sie sind besser informiert.

Alle Argumente sprechen also dafür, die Genehmigung – im rechtstechnischen Sinn – als Zustimmung im Rahmen der satzungsrechtlichen Vinkulierungsklausel zuzulassen. Daraus aber folgt die Möglichkeit, durch Einholung der Zustimmung die Abtretung noch wirksam werden zu lassen.

d. Genehmigung durch A als Geschäftsführerin

Möglicherweise könnte sogar die anwesende A in ihrer Eigenschaft als Geschäftsführerin die noch ausstehende Zustimmung erklären. Die Durchführung von Vinkulierungsklauseln vollzieht sich jedenfalls gegenüber Erwerbern, die bisher nicht Gesellschafter der GmbH sind, in zwei Stufen. Im Innenverhältnis muss dasjenige Organ zustimmen, welches nach der Satzungsbestimmung den Ausspruch über die Wirksamkeit oder Unwirksamkeit vorzunehmen hat, hier also die anderen Gesellschafter. Die Erklärung der Zustimmung gegenüber dem Erwerber ist dann aber Außenakt, welcher über § 35 I GmbHG in die Kompetenz des Geschäftsführers fällt. Zugunsten des außenstehenden Erwerbers greift damit aber auch der Schutz des § 37 II GmbHG auf das Vertrauen in die unbeschränkbare Vertretungsbefugnis des Geschäftsführers durch, m. a. W: Die Erklärung des Geschäftsführers gilt gegenüber dem Erwerber, selbst wenn die Gesellschafter anders oder überhaupt nicht abgestimmt hatten.

Literaturhinweis: Roth/Altmeppen *aaO § 15 Rn 97, 106.*

Eine Ausnahme als allgemeine Begrenzung der eigentlich unbeschränkbaren Vertretungsbefugnis des Geschäftsführers besteht jedoch im Fall des Missbrauchs der Vertretungsmacht, also dann, wenn der Erklärungsadressat – hier der Erwerber V – erkennt oder doch greifbar hätte erkennen können, dass der Geschäftsführer ohne die erforderliche Rückbindung im Innenverhältnis handelte. So aber würde der Fall hier liegen: Aufgrund der Vorbesprechung weiß V, dass die erforderliche Zustimmung der Gesellschafter im Innenverhältnis nicht erteilt wurde und eine anderslautende Erklärung der A in ihrer Eigenschaft als Geschäftsführerin ohne Grundlage wäre. Mit einer entsprechenden Erklärung würde A ihre Vertragsmacht missbrauchen; die Erklärung wäre ohne Wirkung.

Literaturhinweis zum Missbrauch der Vertretungsmacht: Flume *Das Rechtsgeschäft 4. Aufl § 45 II 3. Abgesehen davon tut man sich als Notar natürlich schwer, den Vertragsparteien Erklärungen von zweifelhafter Richtigkeit in den Mund zu legen.*

e. Zwischenergebnis

Als Zwischenergebnis ist damit festzuhalten, dass der Anteilserwerb von V in URNr. 48/2004 noch nicht wirksam geworden ist. Die Wirksamkeit kann aber durch Einholung der Zustimmung der anderen Gesellschafter (§ 8 der Satzung) noch herbeigeführt werden.

2. Inhaberschaft am Teilgeschäftsanteil von € 450,-

Sofern die Abtretung in URNr. 48/2004 nach entsprechender Zustimmung der Gesellschafter wirksam ist, wird V – ex tunc – Inhaber von vier Geschäftsanteilen à € 2.800,–. Fraglich ist dann weiter, ob V durch nachfolgende Veräußerung der Teil-Geschäftsanteile Inhaber eines Anteils zu € 450,– geworden ist.

a. Beteiligung

Die Beteiligung an einer GmbH kann aus einer Gründung oder Kapitalerhöhung heraus nur einheitlich sein (§ 5 II, ggf iVm § 55 IV GmbHG): Für den Fall des späteren Zuerwerbs von Geschäftsanteilen gilt das Gebot der Einheitlichkeit der Beteiligung jedoch nicht. Im Gegenteil behalten die Geschäftsanteile zB wegen der unterschiedlichen Haftung (§ 22 GmbHG) ihre Selbständigkeit und können nur unter bestimmten Voraussetzungen und in einem besonderen Verfahren zusammengelegt werden. Andererseits setzt auch die Teilung eines Geschäftsanteils ein besonderes Verfahren gemäß § 17 GmbHG voraus.

Wenn V Inhaber eines oder mehrerer Anteile von € 2.800,– geworden ist, bedeutet dies also nicht, dass er ohne weiteres daraus einen Teilgeschäftsanteil von € 450,– abtreten könnte. Der hier zur Abtretung avisierte Geschäftsanteil von € 450,– könnte aber in Durchführung und Abwicklung der Urkunde 563/2004 entstanden sein.

b. Beachtung der Vinkulierungsklausel

Zunächst fehlt auch zu dieser Geschäftsanteilsabtretung gemäß § 15 V GmbHG in Verbindung mit § 8 der GmbH-Satzung die schriftliche Zustimmung der Gesellschafter, welche aber nachgeholt werden kann. Diese Feststellung ändert aber nichts daran, dass V Inhaber jedenfalls der abzutretenden Geschäftsanteile geblieben ist.

c. Beachtung des Verfahrens der Teilung

Vor der Veräußerung in URNr 563/2004 wurde ein Geschäftsanteil des V à € 2.800,– geteilt in vier Anteile zu € 450,– und zwei Anteile zu € 500,–. Die Teil-Geschäftsanteile sind von ihrem Nominalbetrag her zulässig (§ 5 I, III 2 GmbHG).

Hinweis zur Anteilsstückelung: Auch nach der Einführung des Euro können Alt-GmbH ihr in DM beziffertes Stammkapital beibehalten; für diese GmbH

gelten dann hinsichtlich der Stückelung die früheren DM-Beträge. Ein Zwang
zur Umstellung auf den Euro besteht nur bei Kapitalmaßnahmen. Einzelhei-
ten regelt § 86 I GmbHG. Beachte auch § 86 I 4 GmbHG als lex specialis zu
§ 5 I, III 2 GmbHG: Kleinere Stückelung zulässig für Alt-GmbH, die auf Euro
umstellen.

Fraglich ist aber, ob das gesetzlich vorgeschrieben Verfahren des § 17
GmbHG eingehalten wurde. Auch dieses Verfahren läuft in zwei Schritten
ab.

Im Innenverhältnis unterliegt die Teilung von Geschäftsanteilen gemäß
§ 46 Nr 4 GmbHG „der Bestimmung der Gesellschafter", die darüber gemäß
§ 47 GmbHG durch Beschlussfassung entscheiden. Eine rechtlich zwar
mögliche, von § 46 GmbHG abweichende Bestimmung enthält die Satzung
der T-GmbH nicht. Der somit erforderliche Zustimmungsbeschluss wurde
nach Angabe von A nicht gefasst. Eine Auslegung der maßgeblichen Vor-
urkunde im Sinne einer konkludenten Zustimmung scheidet aus, weil an
der Beurkundung nicht alle Gesellschafter teilgenommen haben.

Im Außenverhältnis wird die Genehmigung gegenüber dem künftigen
Erwerber durch den Geschäftsführer ausgesprochen; dieser Erklärungsakt
fällt unter § 35 I GmbHG. § 17 I GmbHG spricht eben von der Genehmigung „der Gesellschaft".

Trotz § 37 III GmbHG wäre aber eine Zustimmungserklärung durch A
als vertretungsberechtigte Geschäftsführerin wegen Missbrauchs der Vertretungsmacht unwirksam. Auch insoweit hat V jedenfalls aufgrund der
notariellen Vorbesprechung Kenntnis von den Gesellschaftsinterna. Der
Gesellschafterbeschluß muß also noch gefasst werden.

Die Genehmigung iSd § 17 I GmbHG ist jedenfalls eine Genehmigung
gemäß § 184 BGB. (Es würde auch die Zustimmung dem. § 183 BGB darunter fallen, wie § 17 III 2. HS GmbHG zeigt; darauf kommt es nun aber
nicht mehr an.) Sie kann somit nachgeholt werden. Erforderlich wäre ein
Gesellschafterbeschluss, der aber mit Einverständnis aller Gesellschafter
auch im Umlaufverfahren eingeholt werden könnte.

d. Einheitlichkeit der Beteiligung

Die bis hierher erörterten Wirksamkeitsmängel der URNr 563/2004 wären
noch heilbar. Jedoch könnte diese Urkunde wegen Verstoßes gegen § 17 V
GmbHG (unheilbar) nichtig sein. § 17 V GmbHG wiederholt für den Fall
der Anteilsteilung mit nachfolgender Abtretung das in § 5 III GmbHG schon
enthaltene Verbot der gleichzeitigen originären Übernahme mehrerer Ge-

schäftsanteile. Zwar kann ein Geschäftsanteil *uno actu* in mehr als zwei Geschäftsanteile geteilt werden, dies allerdings nur dann, wenn mehrere unterschiedliche Erwerbe durchgeführt werden sollen. Verboten ist die Teilung, wenn unmittelbar anschließend mehrere der entstehenden Teil-Geschäftsanteile vom selben Erwerber erworben werden sollen. So liegt es aber hier: Von den entstehenden sechs Teil-Geschäftsanteilen sollten fünf an denselben Erwerber, nämlich F, abgetreten werden. Dieser Verstoß gegen § 17 V GmbHG führt in einem ersten Schritt zur Nichtigkeit der Abtretung an F gemäß § 134 BGB. Es handelt sich dabei um ein gesetzliches Verbot, das nicht zur Disposition der Gesellschafter steht. Eine Heilung scheidet damit aus. Die Nichtigkeit der Abtretung schlägt auf die Nichtigkeit der Teilung durch. Aus § 17 VI 1 GmbHG folgt ein (zweites) Verbot der Vorratsteilung. Genau diese Vorratsteilung träte in der Person des V aber ein, wenn man die Teilung in sechs Anteile ohne sofortige Abtretung aufrecht erhielte.

Klausurhinweis: In der Literatur ist str, wann die „gleichzeitige Übertragung", von der § 17 V GmbHG spricht, bei zeitlich gestreckten Vorgängen bejaht werden muß. Darauf kommt es hier nicht an, weil ohnehin alle Vorgänge in derselben Urkunde niedergelegt sind.

e. Individualisierung des Anteils

Mit Wirksamkeit der URNr 48/2004 wird V Inhaber mehrerer, bis auf weiteres selbständiger Geschäftsanteile an der T-GmbH, wobei die fortdauernde Selbständigkeit ua auf einer potentiell unterschiedlichen Stammeinlagehaftung beruht (s. o.) Eine Weiterabtretung einzelner Geschäftsanteile verlangt dann aber eine zumindest konkludente Angabe, welcher von mehreren Anteilen Objekt der Abtretung sein soll. Nur dann kann zB entsprechend der gesetzlichen Vorgabe (§ 22 GmbHG) die Veräußerungskette nachvollzogen werden. Der Urkunde Nr 563/2004 lässt sich aber auch im Wege der Auslegung nicht entnehmen, welcher Anteil zur Teilung anstand, welche Geschäftsanteile ungeteilt bei V verbleiben sollten und welche Anteile (geteilt oder ungeteilt) V an F abtreten wollte. Da somit der Urkunde auch im Wege der Auslegung kein gesetzlich vorgegebener Inhalt entnommen werden kann, besteht der Ausweg allein darin, sie auch insoweit für nichtig zu halten.

Literaturhinweis: KG GmbHR 1990, 603.

3. Ergebnis

Die Erwerbsurkunde 48/2004 ist derzeit schwebend unwirksam, so dass V noch nicht Inhaber der Geschäftsanteile geworden ist. Die Wirksamkeit kann aber noch herbeigeführt werden. Die Verfügungen in der Urkunde 563/2004 sind aus mehreren Gründen nichtig. Insbesondere erfasst die Nichtigkeit die Anteilsteilung. Der zur Abtretung vorgesehene Geschäftsanteil zu € 450,– besteht derzeit als selbstständiger Anteil nicht. Er müsste im Verfahren des § 17 GmbHG zunächst geschaffen werden.

Praxishinweis: Damit ist die Fallfrage beantwortet, die praktischen Probleme kommen aber erst. Die Beteiligten, derart aufgeklärt über die Rechtslage, wollen ja nicht nur eine wirksame neue Urkunde, sondern auch die Bereinigung der bisherigen Vorgänge. Das mag wegen Urkunde 48/2004 harmlos sein, verlangt aber zur Urkunde 563/2004 die vollständige Neubeurkundung unter Vermeidung der Nichtigkeitsgründe. Erklären Sie das aber den Gesellschaftern!